PRINCIPES

DU

DROIT INTERNATIONAL PRIVÉ

DANS LEUR APPLICATION AUX

PRIVILÈGES & HYPOTHÈQUES

AU POINT DE VUE DU DROIT POSITIF FRANÇAIS

Par MICHEL MILHAUD

Avocat, Docteur en droit.

PARIS

LIBRAIRIE COTILLON

F. PICHON, SUCCESSEUR, ÉDITEUR

Libraire du Conseil d'État et de la Société de Législation comparée,

1885

INTRODUCTION

DE LA COEXISTENCE DES ÉTATS AU POINT DE VUE DU DROIT

1. Relations entre les nationaux des différents États. — Leurs avantages. — 2. Aucune corrélation entre la conduite des Etats vis-à-vis de l'étranger et leurs rapports entre eux. — 3. Questions de droit que fait naître la coexistence des États. — 4. Différence de solutions dans les législations. — 5. Rôle de l'intérêt. — 6. Le droit international privé a deux branches.— 7. Opinion qui conteste qu'il soit une science. Réfutation. — 8. Tout conflit de lois impose l'examen d'une double question. — 9. Opinion de M. de Savigny. — 10. Erreur des anciens auteurs. — 11. Erreur de la théorie des nationalités.

§ I. — *Questions que fait naître la coexistence des États.*

1. — Les relations que les nationaux des divers pays ont entre eux sont pour les divers États une cause de développement et de prospérité ; elles leur procurent les produits que leur sol ne fournit pas, les objets que leur industrie ne fabrique pas, augmentent ainsi leur bien-être matériel ; elles rendent possible la division du travail, loi nécessaire pour les nations comme pour les individus ; par elles, les peuples peuvent acquérir un peu des qualités qui leur manquent et sont la caractéristique des autres nations, puiser dans les œuvres étrangères, dans les.

découvertes scientifiques faites à l'étranger des idées, des connaissances, des procédés qui ajoutent à la richesse, à l'éclat de leurs sciences, de leurs lettres et de leurs arts. Elles sont, en un mot, pour les nations, à tous les points de vue, matériel, intellectuel, artistique, une cause certaine de perfectionnement.

Chez les nations anciennes, la difficulté des communications était un obstacle aux relations entre nations. En outre, la guerre étant entre elles l'état normal, il leur paraissait naturel, logique d'avoir à l'encontre de l'étranger un droit très rigoureux. Athènes, Sparte le reléguaient dans un quartier de la ville; les douze Tables disaient à propos du citoyen des États avec lesquels Rome n'avait pas de traité : *adversus hostem æterna auctoritas esto;* l'ancien droit français avait contre l'étranger les droits d'aubaine, chevage, etc.

2. — De nos jours, les États ne font pas, en général, dépendre leur conduite vis-à-vis de l'étranger de la nature des rapports qu'ils ont entre eux. Leurs lois règlent la condition des étrangers chez eux. Presque toujours au contraire les besoins de la politique guident leur conduite entre eux. Aussi voyons nous les étrangers, à quelque nationalité qu'ils appartiennent, avoir dans un État la même situation, tandis que les procédés d'un État diffèrent selon la puissance en face de laquelle il se trouve. Aucun pouvoir constitué ne régit en son ensemble le *modus vivendi* des États entre eux. Sans doute, sur certaines matières, il existe entre deux ou plusieurs d'entre eux des traités ; sans doute ils observent entre eux certaines règles du Droit international public ;

mais il n'est pas rare de les voir changer brusquement de ligne de conduite les uns vis-à-vis des autres et ne tenir aucun compte du Droit international public. Ils sont loin d'avoir désarmé ; l'ère des guerres n'a pas cessé ; le rêve généreux de l'abbé de Saint-Pierre demeure irréalisable ; parfois encore des guerres éclatent, dues soit à des vieilles rancunes de race, soit au besoin d'occuper des peuples jeunes, pauvres, nombreux, groupés d'une façon un peu artificielle, que la victoire peut seule maintenir sous le même drapeau, dues surtout à l'intérêt, mobile qui est celui des États eux-mêmes qui placent les guerres sous le couvert du doigt de Dieu.

En général, sur le terrain du droit privé, les législations ne tirent aucune conséquence des faits de guerre ; le plus souvent, elles n'y voient pas des circonstances de nature à modifier leur conduite vis-à-vis de l'étranger. Toutes les législations civilisées reconnaissent à l'étranger des droits civils, lui accordent au moins les droits civils qui n'ont rien de personnel, de propre à la nation ; il est à constater que, de plus en plus, leur tendance est d'assimiler l'étranger au national au point de vue des droits civils. Le code italien a fait cette assimilation. Art. 3, C. Civ. I^{en}.

3. — Les relations qui se forment entre nationaux de divers pays, qui s'établissent d'un pays à un autre, donnent naissance à des questions de droit d'un ordre spécial. Elles ont pour résultat de mettre en présence plusieurs lois qui, toutes, ont plus ou moins de raisons pour régir le rapport de droit. D'où la délicate question de savoir laquelle est applicable. Ainsi, qu'on suppose qu'un

étranger a son domicile, réside ou est simplement de passage dans un pays. Sa loi nationale, celle de son domicile, celle du lieu où il se trouve sont en présence. Quelle est celle qui a compétence pour régir son état, sa capacité, soit au point de vue de ses droits de famille, soit au point de vue des rapports de droit privé? De même, des actes juridiques ont pu intervenir entre personnes de nationalité distincte ; faits dans un lieu, il se peut qu'ils doivent recevoir leur exécution dans un autre, qu'ils soient relatifs à des biens situés dans un autre. La question est alors de savoir quelle est entre la loi nationale des parties, celle du lieu où l'acte est fait, où il est exécuté, où les biens sont situés, la loi applicable.

4. — Ces questions ne se présentaient pas chez les nations anciennes. Dans l'ancien droit, elles ont existé, surtout entre coutumes d'un même pays, très différentes les unes des autres. De nos jours, les législations diffèrent beaucoup dans les solutions qu'elles leur donnent. Parmi les plus récentes, la législation italienne a consacré de très grands progrès. D'une manière générale, on peut dire que les États ne se sont pas suffisamment prémunis, en ces questions, contre des idées inexactes, des préventions. Presque tous, poussant trop loin la crainte de voir leur souveraineté atteinte, l'ont vue en question là où elle ne l'était pas, ont trop peu accordé à l'application des lois étrangères, ont trop fait de l'intérêt le seul juge en ces questions. Néanmoins, on peut plutôt espérer voir les États adopter des règles uniformes, fixes, en Droit international privé qu'en Droit international public.

5. — L'intérêt, lui-même, qui est, en définitive, le mobile des guerres, conseille aux États d'accorder les droits civils aux étrangers et de ne pas s'opposer chez eux à toute application des lois étrangères. Traité avec défaveur, l'étranger s'abstiendrait de venir sur le territoire, d'y apporter ses capitaux ; si on lui refusait toujours le bénéfice de ses lois, même dans les cas où il a le plus légitimement pu compter sur leur application, son pays userait de représailles, et les relations entre nations s'en ressentiraient. Aussi, y a-t-il des exemples de lois qui n'ont accordé aux étrangers des droits qui longtemps leur avaient été refusés, qu'en vue des intérêts territoriaux. Ainsi la loi du 14 juillet 1819, abolitive des articles 726,912, C. civ. fr. qui enlevaient à l'étranger la capacité de recueillir *ab intestat*, par testament ou autrement en France, au dire de son rapporteur M. de Serre, n'a été faite qu'en vue des intérêts français. De même une opinion considérable n'accorde application aux lois étrangères qu'autant que l'intérêt bien entendu de l'État lui paraît le demander. Peut-être aussi l'intérêt rendra-t-il dans l'avenir les guerres plus rares. A mesure que les relations entre nations s'accroissent, grâce aux facilités de communiquer et de correspondre fournies par la science, les guerres peuvent devenir de plus en plus une cause de ralentissement pour les affaires de tous les pays, une cause de ruine pour le commerce, pour la fortune des nationaux de tous les États. Qui sait si les États n'hésiteront pas, de plus en plus, avant de provoquer de si grands désastres.

En résumé, la coexistence des États fait naître trois

grandes catégories de questions : 1° rapports des États entre eux, objet du Droit International public ; 2° condition civile des étrangers fixée par le Droit civil de chaque pays ; 3° conflits de lois, objet du droit international privé. — Nous ne nous occuperons que de questions de Droit international privé.

§ II — *Du droit international privé.*

6. — Il a deux branches : 1°· Il recherche quelles règles les législations civilisées donnent à tous les con-flits de lois de droit privé ; 2° il dit quelles sont les règles dont le droit théorique, abstrait, réclamerait l'application.

7. — Il n'est pas universellement reconnu en doctrine que le Droit international privé ait ce double objet. Beaucoup d'auteurs restreignent son étude à l'exposé des solutions que les législations donnent aux conflits de lois, contestent qu'il soit un droit, une science, qu'il y ait en ces questions des solutions obligatoires pour les États.

Voici quel peut être le résumé des arguments qu'ils invoquent : On ne doit pas parler d'application obligatoire des lois étrangères sur un territoire, car l'État est maître absolu chez lui. L'application de droit d'une loi étrangère en donnant autorité à un pouvoir autre que le pouvoir territorial, porterait atteinte à la souveraineté de l'État. Il faut que l'État puisse apprécier s'il doit appliquer ou rejeter les lois étrangères, car il se peut qu'elles lèsent les intérêts territoriaux à la protection desquels il est préposé. Sans doute, en certains cas, il laisse sortir à effet des lois étrangères, mais c'est une concession gracieuse qu'il fait, soit que son intérêt la lui conseille, soit qu'il agisse par bienveillance, courtoisie. L'ancien Droit disait que la coutume le cédait à la coutume voisine, *ex comitate gentium, ob reciprocam utilitatem.* Dans· ce sens se prononçaient Boullenois, d'Argentré. De nos jours telle est l'opinion de MM. Fœlix, Valette, Aubry et Rau. C'est la manière de voir des Anglo-Américains. On ne peut peut-être pas affirmer que ce soit celle de la législation française, mais parfois la jurisprudence française s'y rallie et ne se préoccupe en ses solutions que de l'intérêt français. C'est ainsi que souvent elle refuse de régir la capacité de l'étranger par sa loi nationale, parce que son application lèserait un intérêt français. Fœlix, D. I. P. C. I. p. 19. à 36 ; — Proudhon, aug[té] par Valette, État des personnes, **3°** édition, 1842, p. 79 ; — Aubry et Rau, t. I, §§ 31, p. 80 ; — Cass. 16 janvier 1861, S. 61. 1.305 ; — Paris, 17 juin 1834, S. 34. 2.371.

Cette opinion est facilement réfutable : 1° Elle se fait de la souveraineté une idée fausse, réclame pour elle des prérogatives qui ne sont fondées sur rien et ne l'agrandissent pas, néglige d'en demander qui, rationnellement devraient lui appartenir et lui donneraient sa véritable expansion ; 2° elle raisonne des pouvoirs de l'État, en fait le droit, bien que ces deux termes, pouvoir et droit, soient absolument distincts ; 3° elle reconnaît certains cas d'application aux lois étrangères, ce qui suffit à prouver son mal-fondé ; 4° les idées qui se dégagent de l'ensemble de l'ancien Droit lui sont contraires.

Établissons ces divers points :

1° C'est une erreur de croire qu'en déclarant que certains rapports de droit demandent à être régis par une loi étrangère, on diminue la souveraineté de l'État.

En effet une quantité d'éléments de fait, de circonstances, entrent en ligne de compte dans la confection des lois qu'un législateur unique ne serait pas en situation d'apprécier. Sans doute, toutes les lois d'intérêt privé ont pour objet ces trois mêmes termes, personnes, biens, actes juridiques. Mais selon le milieu où les personnes vivent, selon la situation des biens, selon le lieu où les actes juridiques sont passés, la réglementation diffère. Les lois en effet sont le reflet des mœurs, et les mœurs varient ; elles se ressentent du plus ou moins de degré de civilisation des peuples, et on sait la marche très variable que suit le progrès chez les diverses nations : parfois même, en ces matières de droit privé, elles poursuivent un but général, politique, économique, qui est loin d'être dans tous les pays le même.

Or, les nations ne vivant pas isolées, il peut se présenter, sur un territoire, des questions concernant les étrangers, relatives à des rapports de droit nés à l'étranger, à des bien situés à l'étranger, que rien ne rattache à la réglementation de la loi territoriale, et que tout en éloigne. En effet, les influences qui agissent sur l'état de la personne et dont le législateur national a tenu compte ne disparaissent pas parce qu'elle se trouve en un lieu plutôt qu'en un autre ; les raisons qui font organiser d'une manière particulière la propriété subsistent, en quelque endroit qu'un des droits qui la composent soit invoqué ; ce fait qu'on se sert d'un acte, ailleurs que dans le lieu où il a été passé, n'enlève à la loi de ce lieu aucune des raisons qui existent en faveur de son application. Aussi, si l'on veut que tout rapport de droit ait une réglementation fixe, uniforme, conforme à sa nature, il faut appliquer en tous lieux au rapport de droit la loi que l'analyse démontre être la loi la mieux à même de le régir.

L'État ne doit pas se considérer comme amoindri parce qu'on régit des questions dont les éléments d'appréciation lui font défaut, par les lois qui sont seules à même de leur donner une réglementation conforme à leur nature. Le genre humain ne pourrait marcher ni progresser sans la division entre États; un seul pouvoir serait rendu inerte par son étendue même; il ne pourrait ni diriger ni concilier les intérêts si nombreux, si variés, placés sous son égide; il ne parviendrait à aucune cohésion, à aucune centralisation; bientôt ce serait la désorganisation, l'émiettement. Au contraire, l'existence de divers États permet de grouper, de centraliser, de sauvegarder les intérêts. Les États, en luttant entre eux, méconnaissent leur destination. Ils sont les rouages divers qui constituent l'harmonie d'ensemble. A chacun sa mission. En respectant réciproquement ce qui est dans leur rôle respectif, ils ne s'amoindrissent pas, ils se conforment aux lois générales de l'humanité. Un individu, vis-à-vis d'un individu, voit ses droits, ses libertés, subir certaines restrictions. Pourquoi les États, qui, les uns vis-à-vis des autres, peuvent être comparés à des individus, ne subiraient-ils pas les mêmes restrictions, dans un intérêt d'ensemble? Impossible d'assurer la protection de certains intérêts privés, si les États ne font pas un partage de compétence entre leurs lois respectives. Or, n'ont-ils pas pour mission de veiller à la sauvegarde des intérêts privés ? On ne peut pas dire que ce fait, qu'il y a des cas où l'application d'une loi étrangère est obligatoire sur leur territoire, diminue leur souveraineté puisque, dans ces mêmes cas, leurs lois sortent à effet à l'étranger. Il y a donc compensation. N'est-il pas de toute évidence qu'il est préférable pour un État de voir ses lois appliquées, à l'étranger, aux matières de droit que seules elles peuvent régir, que d'imposer sur son territoire ses lois à des matières de droit qui ne relèvent pas de sa compétence ?

Sans doute l'État a pour mission de veiller aux intérêts généraux. Mais il suffit pour qu'ils soient sauvegardés de ne donner application à la loi étrangère qu'autant qu'elle ne bouleverse, ne heurte sur le territoire aucun principe d'intérêt social, aucune règle fondamentale, aucune notion d'ordre public. La personne subit, dans sa patrie, une série de restrictions à ses libertés en vue de l'intérêt général. Il est donc tout naturel qu'elle perde, à l'étranger, ceux de ses droits, même les plus légitimes, qui porteraient atteinte aux principes d'ordre public du pays. Un État souscrirait à son propre affaiblissement s'il donnait force et vigueur sur son territoire à un principe qui serait la négation, la destruction des principes consacrés par ses lois.

L'opinion adverse va plus loin. Elle prétend laisser entièrement à l'autorité territoriale l'appréciation de la question de savoir si elle laissera sortir à effet la loi étrangère ; elle estime que l'État se doit uniquement à la protection des intérêts qui ont pris naissance et se réalisent sur son territoire ; elle aboutit au rejet des lois étrangères toutes les fois qu'il en résulte un préjudice pour un intérêt régi par la loi territoriale ; elle se base sur l'impossibilité où sont les parties de prévoir que le rapport de droit est régi par une loi étrangère et de connaître la teneur de cette loi.

Nous concédons que l'application, sur le territoire, d'une loi étrangère, peut avoir des inconvénients, peut être une cause de préjudices. Mais ils tiennent à un fait dont on ne peut faire abstraction, qu'on ne peut supprimer dans la vie sociale, les variétés de peuples donnant lieu à des variétés de lois, et les peuples, malgré les différences qui existent entre eux, ayant des relations de droit privé et commercial entre eux. Le particulier qui contracte sur un territoire, le sait ou devrait le savoir. Il faut donc qu'il se renseigne. S'il apprend qu'il traite avec un étranger, il faut qu'il se demande si la nationalité de son cocontractant n'est pas de nature à influer sur le rapport de droit. S'il contracte à l'étranger, à plus forte raison doit-il rechercher si la *lex loci contractûs* n'agit pas sur le contrat. Donc, si l'application de la loi étrangère est parfois une cause de préjudices pour ceux qui ont compté sur l'application de la loi territoriale, il est certain que ce préjudice leur est pour beaucoup imputable. De quoi se réclament en somme ceux qui invoquent la loi étrangère ? Du droit. Ils demandent l'application de la loi naturellement compétente. Les préjudices qui résultent de son application sont légaux, *Dura lex sed lex.*

Et d'ailleurs, que sont ces inconvénients à côté de ceux qui résulteraient du rejet des lois étrangères ? Ainsi la personne se ressent très directement des influences de race, de milieu, de climat. Il n'y a qu'une loi qui puisse apprécier justement la portée de ces influences, la loi nationale de la personne. Ces influences se continuent toujours. Il se peut que le séjour prolongé dans un autre milieu soit cause d'influences nouvelles. Mais les influences initiales subsistent. Donc la raison, le droit demandent que la personne, partout où elle se trouve, puisse invoquer les lois qui régissent son état, sa capacité, ne soit pas soumise à des lois qui n'ont pas été faites pour elle. Qu'on se rende compte en effet du trouble qu'apporterait aux rapports de famille et aux relations de droit privé un état susceptible de changer par le simple déplacement de la personne ! — De même, si l'acte fait conformément à la *lex loci contractûs* n'était pas, quant à sa preuve, reconnu valable partout, les transactions seraient dépouillées de toute sécurité. On voit, par ces deux seuls exemples, quel coup mortel porterait aux relations entre nations l'arbitraire de l'État quant au rejet ou à l'admission des lois étrangères.

2° Il suffit d'un mot pour réfuter cette objection que l'État étant maître chez lui, prenant les dispositions qu'il veut, sanctionnant ce qu'il lui plaît de sanctionner, on ne peut parler d'application obligatoire des lois étrangères. C'est là raisonner en fait. Dire que l'État

peut s'opposer, à son gré, à l'application des lois étrangères, ce n'est pas trancher la question de savoir s'il devrait s'y opposer. Le problème n'est pas de savoir ce
que *peut* l'État, jusqu'où vont ses pouvoirs, mais ce qu'il
doit décider, ce que veut le Droit. Sans doute, il suffit à
un État d'avoir comme appui la force pour supprimer
toutes les libertés à ses sujets, refuser tout droit à l'é-
tranger, écarter toute application des lois étrangères.
Mais toutes les lois ne sont pas conformes au Droit ; il
existe en dehors de toute sanction ; le pouvoir, en le vio-
lant, ne le fait pas disparaître. L'esclavage, longtemps,
a eu la consécration de la loi, la traite est pratiquée en
certains pays, mais l'esclavage n'en est pas moins la négation du premier des droits de l'homme. De même,
si une législation refuse tout droit à l'étranger, élève à
son encontre un véritable mur de Chine, elle va contre
le Droit qui démontre que les droits sont des facultés
naturelles que les lois ne font que régir. Enfin, nous
avons longuement démontré que l'État qui refuse toute
application aux lois étrangères en matière de conflits,
qui s'octroie une compétence universelle, ne tient pas
compte des vœux du Droit.

3· D'ailleurs, l'opinion adverse fait elle-même cette
démonstration. En effet, bien qu'elle parle d'autorité exclusivement territoriale, de souveraineté de l'État mé-
connue par l'application des lois étrangères, elle accorde
pourtant, en certains cas, application aux lois étrangères. Sans doute, elle invoque la courtoisie, l'intérêt.
Mais quelle que soit la manière dont elle explique ces cas
d'application, leur admission est la preuve que ces lois

sont seules compétentes, que le Droit en réclame l'application. En effet, si la loi territoriale était compétente, l'État ferait-il ces concessions ? Comprendrait-on qu'il les fît? Évidemment non. C'est donc qu'elle n'est pas compétente. Dès lors, ce n'est pas de concession qu'il faut parler. Il faut dire que le Droit réclame ces applications.

On trouve, chez toutes les législations civilisées, une *communis opinio* sur certaines questions de conflits de lois. Pourtant, elles ne se sont pas concertées. Comment se fait-il qu'elles soient arrivées à la vérité, chacune de leur côté, si le droit, les principes rationnels, n'en sont pas cause ? Ainsi elles se refusent à régir l'état, la capacité des personnes, à certains égards tout au moins, par la loi du lieu où elles se trouvent ; elles admettent qu'un acte fait en la forme du lieu où il est passé, est valable partout. Qu'on ne dise pas que c'est l'intérêt territorial qui les guide, car il peut être lésé par ces décisions.

4° De même si on se reporte à l'ancien Droit français, (c'est de conflits de lois envisagés au point de vue de la loi française que nous nous occuperons dans cette étude), et si on le consulte d'une façon large, générale, en son ensemble, on se convainc qu'il considérait le Droit internationnal privé comme une science. S'il est parti de l'idée de *comitas*, si les auteurs de toutes les époques ont déclaré que l'État faisait acte de courtoisie en appliquant, en certains cas, les lois étrangères, au fond, la théorie de l'ancien Droit est une véritable théorie de droit, reposant sur des bases fixes, ne pouvant se concilier avec l'idée de *comitas* qui, elle, a pour dernier mot l'arbitraire, l'intérêt, l'incertain, le changeant. C'est bien une théorie de droit que la théorie des statuts, avec ses deux grandes catégories de lois, lois personnelles et lois réelles, qui aboutissent directement à faire reconnaître à la souveraineté deux éléments, un élément personnel et un élément réel ; c'est du Droit aussi ce principe qu'il faut rechercher si la loi a principalement en vue les personnes ou les biens, pour la ranger sous le statut personnel ou le statut réel. Au début, on comprend que les auteurs aient tout résumé en l'idée de *comitas*, car le point de départ de la théorie des statuts date d'une époque où les institutions, les idées féodales, avaient encore beaucoup de force. La terre groupait alors personnes et choses. Longtemps, on avait déclaré toutes les coutumes réelles ; on avait considéré que la souveraineté naissait de la terre, s'absorbait dans la terre. Aussi lorsque s'imposa la nécessité pratique d'apporter quelques tempéraments à ce réalisme étroit, exigeant, il est naturel qu'on ait parlé de *comitas*, vu les idées, si profondément enracinées encore, que le pouvoir territorial était absolument souverain. Mais peu à peu, l'état féodal s'étant effondré au point de vue politique, ces questions étant devenues plus nombreuses, ayant été plus approfondies, bien qu'on ait continué à dire que les applications des coutumes étrangères étaient dues à une concession bénévole de la coutume territoriale, en réalité on rechercha exclusivement ce que réclamait la nature des choses et on consacra les solutions qu'elle demandait ou qu'on estima qu'elle demandait. On trouve même des auteurs de l'ancien Droit qui placent la question sur son seul et véritable terrain, la présentent comme un problème de droit. Ainsi Boullenois, un des auteurs les plus autorisés en ces matières, disait : « Nos questions mixtes ne se décident pas volontiers par des lieux communs, des raisons usuelles et de tous les jours, mais *par des raisons propres et viscérales tirées de la nature des lois qui concourent entre elles.* » Boullenois, Person^té et ré^té, Statuts, T. 2, p. 101. — Il formulait en deux principes le *critérium* de distinction entre le statut personnel et le statut réel, et disait: « Le sujet et le matériel dominant, direct et immédiat du statut en détermine la nature et la qualité, c'est-a-dire que le sujet et le matériel le font être réel ou personnel. — Le motif de la loi devrait aussi en déterminer la nature et la qualité, quand ce motif est clair et précisément exprimé, de manière qu'on ne puisse pas raisonnablement en donner un autre à la loi. » Boull. 23e et 24e principes, Person^té et ré^té, Statuts, t. I, p. 6.

De même, Dumoulin enseigne que l'extension du statut hors des limites de son territoire doit se faire « quum fundatur in ratione boni universi et in causâ habente consensum justitiæ naturalis vel juris communis. » Placer la solution de ces questions dans la recherche du bien universel, de la justice naturelle, du Droit commun universel, c'est reconnaître que le problème relève de principes de droit. M. Brocher apprécie en ces termes la théorie des statuts : « Ces concessions, *la nature des choses* devait les rendre réciproques, et, par conséquent, avantageuses. On allait toutefois jusqu'à les dire *nécessaires*, ce qui supposait bien *une sorte d'obligation...* C'est par une sorte de droit coutumier que notre ancienne

doctrine s'est formée et... le droit coutumier naît généralement *sous l'action morale d'un sentiment.* »
Brocher. Cours Droit I^{al} P^é. 1882, t. I, p. 55.

De nos jours, on admet généralement que le Droit
international privé est une science, bien que l'opinion
contraire ait encore des partisans très autorisés. Un des
auteurs qui, le plus récemment, ont soutenu que le Droit
international privé n'existait pas en tant que droit et
consistait uniquement en la constatation, en l'enregistrement des *sententiæ receptæ*, M. Bard dit : « Quoique
l'expression soit consacrée par l'usage, il n'y a pas de
Droit international privé ni pénal.... Il en est ainsi même
quand le juge doit tenir compte des dispositions d'une loi
étrangère ; en ce faisant, il n'obéit pas à cette loi, il obéit
à la sienne. » Pourtant on dirait que l'auteur se ravise,
car il dit, quelques lignes plus loin : « La théorie pure ne
saurait fournir des règles de droit civil ou pénal accep-
tables en tous pays. On arriverait ainsi à une législation
idéale d'une perfection sans doute absolue, mais dont le
défaut serait de ne pouvoir être appliquée. » Alphonse
Bard ; Précis Droit I^{al} P^é. 1883. p. v à x. — Si
M. Bard nie le Droit international privé en tant que
Droit, nous l'avons démontré, il se trompe ; s'il en conteste uniquement l'utilité pratique, il se trompe également. La recherche des solutions rationnelles a de très
grands avantages. En effet les législations sont peu
explicites en général sur les conflits de lois ; nombreuses
sont les questions sur lesquelles le droit positif est muet,
et en ce qui les concerne, la doctrine spéculative peut
avoir une très grande influence. De plus, le Droit inter-

national privé positif est appelé à se modifier, par suite de lois ou de traités diplomatiques. L'étude préalable des solutions qu'il devrait consacrer ne peut que faciliter ses progrès.

8. — Il ne suffit pas d'avoir démontré que le Droit international privé est un droit véritable ; il faut dire comment on arrive à connaître les solutions qu'il réclame. Des développements que nous avons fournis il résulte que tout conflit de lois oblige à un double examen : 1° Il faut analyser le rapport de droit, se rendre compte de sa nature intime, pour arriver à déterminer la loi qui le régit. 2° Il faut rechercher si un principe d'ordre public territorial n'exige pas le rejet de la loi étrangère.

9. — On ne peut pas dire *a priori*, comme le font beaucoup d'auteurs, quelle est la loi qui sera en tous les cas et uniformément applicable. L'examen séparé de chaque cas de conflit peut seul permettre de répondre et peut conduire à l'application de lois différentes. C'est à tort que M. de Savigny applique à tous les conflits de lois la loi du siège juridique. De Savigny, t. VIII, § 348. Voir Rougelot de Lioncourt. *Conflit des lois per*^{lles}, 1883, p. 19. — En effet, dans un rapport de droit, il y a un sujet et un objet. Leur siège juridique peut être différent. Dans ce cas, quel est le siège juridique du rapport de droit? Les contrats synallagmatiques contiennent au moins deux objets ; ils peuvent avoir un siège juridique différent. Dans ce cas, quel est le siège juridique du rapport de droit? De même, quel est le siège juridique d'une obligation, lien de droit immatériel, incorporel? On le

voit, ce criterium unique est plein d'impossibilités, de difficultés.

10. — De même, les anciens auteurs faisaient prévaloir, en matière de conflits de lois, certaines idées qui n'étaient pas exemptes d'erreurs. Ainsi beaucoup d'entre eux, après avoir admis que le statut était personnel ou réel selon qu'il avait directement en vue les personnes ou les biens, concluaient pourtant, dans les cas douteux, dans lesquels le but principal de la loi n'apparaissait pas bien, que la loi était réelle. Dans ces cas, Bouhier, au contraire, un des derniers auteurs qui aient écrit sur les statuts, se prononçait pour la personnalité. C'était déserter les vrais principes. Dès là qu'on reconnaissait que le statut était réel ou personnel selon son but principal, immédiat, on devait rechercher ce but, se guider uniquement d'après les résultats de ces recherches, dans tous les cas où biens et personnes entraient dans le rapport de droit. C'étaient des raisons prises en dehors du droit que celles de par lesquelles, dans les cas où la nature du statut n'apparaissait pas nettement, la majorité des auteurs le déclaraient réel et le président Bouhier le déclarait personnel. En effet, les unes équivalaient à dire le statut réel parce que la souveraineté paraissait résider principalement dans le pouvoir territorial, et demander qu'on lui supprimât le moins d'attributions possible ; les autres équivalaient à dire le statut personnel, parce que la personne domine les biens, ceux-ci étant créés à sa destination. Pourtant, puisqu'il était admis que la souveraineté territoriale le cédait à la souveraineté personnelle lorsque la personne était directement en vue, et qu'elle devait

être respectée par tous lorsqu'il s'agissait principalement
des biens, les anciens auteurs auraient dû se garder d'é-
riger des présomptions de réalité ou de personnalité. Dans
tous les cas de conflit, ils auraient dû se demander ce
que voulait la nature des choses. Quelque difficile qu'eût
été l'appréciation, l'analyse y eût conduit.

11. — De nos jours, une école, qui doit sa principale im-
pulsion à l'Italie, donne une influence tout à fait prépondérante aux lois personnelles, aux lois nationales. Elle
a pour plus illustres partisans MM. Mancini et Laurent.
— Mancini. Journal D. I. P. 1874; Laurent, D. I. P.
voir Fiore. D. I. P. p. 50-51. — Cette opinion ne donne
application à la loi territoriale que dans les cas où la
société, sa conservation, son ordre général, ses principes
fondamentaux sont en cause. — Toutes les autres lois
lui paraissent de statut personnel, c'est-à-dire relever
de la loi nationale des parties. Il faut en excepter toutefois celles qui concernent les faits juridiques, relativement
auxquelles elle déclare souveraine l'autonomie des parties.

Tous les cas d'application que cette doctrine reconnaît à la loi territoriale demandent à lui être laissés.
Mais un des reproches qu'on peut lui faire, c'est d'exa-
gérer l'application des lois personnelles. Elle se fonde
principalement sur ce que les lois sont écrites en vue des
personnes. Elle allègue que l'intérêt de la personne est
d'être, à tous égards, sauf les cas où l'État est en cause, régie
par sa loi nationale, loi la mieux à même d'apprécier ce
qui convient à sa nature, à ses traditions, à ses aspira-
tions. Ce raisonnement ne serait exact que si le Droit
n'avait à tenir compte que des convenances d'une personne,

isolément, séparément, abstractivement envisagée. Mais le rôle des lois est moins simple. Elles doivent 1° concilier, combiner les intérêts, les droits des personnes entre elles ; 2° sauvegarder ceux de la collectivité. Ce résultat, elles ne peuvent l'atteindre qu'en imposant des prescriptions aux parties, en soumettant leur autonomie à des restrictions plus ou moins fortes. Il est donc nécessaire que dans un pays les droits de l'étranger subissent les restrictions qu'exige le fonctionnement régulier d'une série d'institutions de droit privé, fonctionnement que seule l'unité de législation peut assurer. Ses droits doivent aussi s'effacer devant les intérêts de la collectivité dans laquelle il se trouve.

Prenons un exemple : Indépendamment des cas où l'État poursuit un but politique dans l'organisation de la propriété, il est nécessaire aussi que la loi territoriale l'emporte sur la loi nationale, dans ceux où l'intérêt privé est seul enjeu. Il faut en effet que la réglementation de la propriété soit uniforme sur le territoire. Le serait-elle si chaque étranger pouvait invoquer sa loi ? De plus, si les contractants étaient de nationalité distincte, laquelle des lois nationales faudrait-il appliquer ?

En résumé, on ne doit pas affirmer *a priori* que tous les statuts de droit privé sont personnels. Sans doute tout statut a en vue les intérêts de la personne. Mais reste à savoir comment ces intérêts peuvent être régis. Étant donnée la variété des questions de droit, les réponses peuvent différer. L'application de la loi nationale peut s'imposer ; elle peut n'être que facultative ; il se peut enfin qu'il faille l'écarter. En lui donnant compétence dans toutes les matières d'ordre privé, l'opinion de MM. Mancini et Laurent ne fait entrer en ligne de compte qu'un des éléments de la question, pourtant très complexe : la personne.

CHAPITRE I

GÉNÉRALITÉS SUR LES CONFLITS RELATIFS AUX PRIVILÈGES ET HYPOTHÈQUES

12. Utilité de l'étude des conflits relatifs à une matière de droit spéciale. — **13.** Terrain précis de notre sujet. Son utilité à divers points de vue. — **14.** Plan.

12. — Nous ne nous proposons d'examiner en détail que quelques questions de conflits de lois. Mais il n'était pas inutile de faire précéder leur étude de ces quelques notions générales sur le Droit international privé, la manière dont il s'est formé, les principes dont les législations de l'avenir devraient tendre à se rapprocher.

Laissons ces généralités; entrons dans notre sujet. Le Droit international privé comprend tous les conflits de lois d'intérêt privé; il dit quelles sont les solutions que les législations leur donnent. — Nous étudierons seulement les conflits de lois relatifs à une matière de droit déterminée; nous rechercherons seulement comment les tranche la loi française.

Il n'est pas inutile aux progrès du Droit international privé, qu'à côté des traités généraux sur cette branche du droit, lesquels en posent surtout les principes, en font des applications aux matières de droit les plus importantes, il soit écrit des traités spéciaux examinant en détail les conflits concernant une matière de droit déterminée. Ces traités peuvent combler bien des lacunes, relever parfois, par suite de l'analyse profonde, intime, détaillée du rapport de droit sur lequel ils portent, des erreurs, des inexactitudes que les traités relatifs au Droit international privé en sa généralité peuvent contenir ou impliquer, par ce fait qu'ils font un examen forcément écourté, incomplet des conflits de toutes les lois de droit privé.

13. — Nous étudierons les conflits de lois relatifs aux causes de préférence, privilèges, hypothèques, gage, etc.. que peuvent avoir les créanciers sur les biens de leur débiteur ou d'un tiers qui a affecté ses biens au payement de la dette.

Notre titre dit « conflits de lois relatifs aux privilèges et hypothèques. » Il n'est pas suffisamment compréhensif. En effet, il y a d'autres causes de préférence que les privilèges et les hypothèques. Ainsi, en Droit français, les créanciers peuvent avoir un droit de rétention, un droit d'antichrèse. Ce sont des causes de préférence, bien qu'on l'ait controversé et qu'on ait soutenu qu'ils étaient seulement opposables au débiteur. Nous le démontrerons. De même, les législations peuvent contenir en faveur des créanciers des droits autres que les privilèges et les hypothèques. Ainsi, l'Angleterre a le mort-gage. La question de savoir si les causes de préférence admises par les législations étrangères peuvent valoir en France, entre dans nos questions. Nous nous sommes servi, dans notre titre, de l'expression « privilèges et hypothèques » et nous l'emploierons souvent au cours de ce travail pour désigner toutes les causes de préférence, parce que les privilèges et les hypothèques sont les causes de préférence de beaucoup les plus importantes, dans la plupart des législations ; nous avons pris la dénomination de l'espèce la plus importante et la plus connue pour désigner le genre.

Il importe de faire remarquer que nous n'étudierons pas les conflits relatifs à la créance. Nous nous limitons à ceux relatifs aux causes de préférence qui en garantissent l'éxécution. Ne semble-t-il pas singulier, anormal de disjoindre deux éléments de droit, intimement liés, connexes, d'étudier les conflits de lois relatifs aux droits réels accessoires, séparément de ceux relatifs à la créance? Ces droits qui garantissent l'exécution de la créance ne sont pas autre chose que l'accessoire de la créance, qu'une qualité de la créance; ils subissent le contre-coup des événements qui influent sur le sort de la créance. Pourtant l'étude isolément faite des conflits de lois relatifs aux privilèges et hypothèques se justifie. En effet, bien que les causes de préférence aient une existence dépendante de celle de la créance, aient leur sort lié à celui de la créance, elles n'en sont pas moins des droits régis par leurs règles propres, de nature radicalement distincte de celle de la créance. La créance est un droit personnel, représente l'engagement, l'obligation d'une personne. La cause de préférence est un droit réel, affecte les biens, existe non seulement à l'encontre de leur propriétaire, mais à l'encontre des tiers. Il est vrai que, dans la doctrine française, tous les auteurs ne donnent pas à toutes les causes de préférence la dénomination de droits réels.—Voir Aubry et Rau. III, p. 112. — Mais la dénomination est sans importance. Quelle que soit celle qu'on adopte, il n'en existe pas moins entre la

créance et les causes de préférence cette différence que
la créance est seulement opposable au débiteur, tandis
que les causes de préférence sont un engagement du bien,
une affectation du bien, opposable à d'autres qu'au
débiteur.

Or on fait, en matière de conflits de lois, des différences essentielles entre les obligations, les droits personnels, et les droits qui affectent les biens, les droits
réels. Les obligations sont la matière en laquelle on laisse
le plus d'autorité à l'autonomie des parties. Les droits
réels, au contraire, sont la matière du Droit international
privé en laquelle l'autonomie des parties peut le moins
se mouvoir, en laquelle, par contre, l'application de la loi
territoriale est le plus souvent obligatoire.

En nos matières, les combinaisons du droit font de
certains droits réels l'accessoire de droits personnels.
Il existe un lien étroit de dépendance entre deux
droits distincts par leur nature, distincts par les règles
que le Droit international privé leur applique en général.
Il est donc très intéressant de rechercher en quoi cette
dépendance du droit réel accessoire influe sur les règles
qui doivent régir les conflits de lois qui le concernent.

Ainsi cette étude présente un double intérêt :

1° Elle fait connaître en quoi les règles applicables au
droit principal influent sur le sort des droits accessoires.
2° Elle dit à quels égards les droits réels accessoires sont
régis par leurs règles propres.

Les conflits relatifs aux obligations ont été souvent
étudiés. Nous n'en parlerons que lorsque cela sera nécessaire à l'intelligence de notre sujet, pour le complé-

ter. Au contraire, on n'a jamais groupé tous les cas de conflits qui paraissent pouvoir se produire en matière de privilèges et d'hypothèques. Pourtant il y a là un sujet important : le régime hypothécaire est l'âme du crédit. Si les créanciers en étaient réduits pour toute garantie de remboursement au droit de gage tacite sur le patrimoine de leur débiteur, ils n'auraient pas la moindre certitude de rentrer dans leurs créances, car ils resteraient exposés à une double éventualité qui, si elle se réalisait, annihilerait leur gage ou le rendrait insuffisant. En effet : 1° le débiteur peut contracter des dettes dont le montant excède la valeur de son patrimoine ; 2° il peut aliéner ses biens à titre gratuit et onéreux. Or si le débiteur a plus de dettes que de biens, comme tous ses créanciers, quel que soit leur titre, la date de leur titre, sont égaux en droits, ils ne touchent qu'un dividende. De même, si le débiteur a aliéné, à titre gratuit ou onéreux, ses biens, le créancier ne trouve pas de quoi se faire rembourser. Aussi les législations ont cru devoir créer, dans l'intérêt du crédit, à côté du droit de gage tacite, divers droits qui augmentent les chances qu'ont les créanciers d'être payés, telles, les causes de préférence. On sait en outre que là ne sont pas les seuls droits que puissent avoir les créanciers. De par les articles 1166-1167 C. civ. fr., ils ont le droit d'exercer les droits et actions de leur débiteur qui néglige de les exercer, le droit d'obtenir rétractation des actes faits par le débiteur en fraude de leurs droits. De même le cautionnement, la solidarité ajoutent à leurs droits, qui portent sur plusieurs gages tacites, au lieu d'un.

Or il y a moins à craindre que plusieurs débiteurs de la même dette deviennent insolvables qu'un seul, d'autant que les garants exigés par le créancier sont en général des personnes dont la solvabilité n'est pas douteuse. Néanmoins, les seuls droits qui puissent offrir aux créanciers une certitude absolue d'être payés, sont les droits réels accessoires. Il suffit en effet que le créancier stipule certaines des causes de préférence, qu'elles affectent des biens d'une valeur au moins égale au montant de la créance, que le créancier s'assure qu'il vient seul sur ces biens ou qu'il est en rang utile, pour que, quoi qu'il arrive, il soit sûr d'être remboursé. Aussi ces droits sont-ils l'élément le plus considérable du crédit. Les sûretés personnelles, caution, solidarité, relèvent des règles applicables aux conflits en matière d'obligations et n'entrent pas dans notre sujet.

— Une autre raison nous a décidé à entreprendre cette étude. C'est la variété des solutions que, dans certaine de ses parties, elle est peut-être susceptible de recevoir. Expliquons-nous : les causes de préférence ont deux sources : 1° la convention, 2° la loi. C'est relativement à cette deuxième source, la loi, que des questions délicates que nous trancherons à peu près uniformément, mais qui soulèvent, en tous les cas, des doutes extrêmement sérieux, se posent. En effet, les législations, en attachant elles-mêmes à diverses causes de créance un droit réel accessoire, s'inspirent de buts très divers, parfois radicalement opposés. Ainsi, il y a des sûretés réelles qui sont créées en vue de protéger certains incapables ; d'autres veulent assurer la bonne gestion des finances de

l'État ; d'autres ont pour but d'encourager certains
services d'humanité, de moralité, de salubrité publique ;
il y en a qui ne sont qu'une application de ce grand
principe d'équité que celui qui a apporté un bien dans le
patrimoine, partant l'a enrichi, doit être payé sur ce
bien, avant les autres créanciers du débiteur, qui s'en-
richiraient à ses dépens s'ils venaient en concours avec
lui sur ce bien, etc., etc. Étant donnée cette variété de
buts qui est la raison d'être de ces droits, rien d'é-
tonnant que, selon qu'ils se rattachent à l'état, à la capacité, aux droits de famille, aux droits de l'État, à un
grand principe de moralité publique ou d'équité, on se
demande s'il n'y a pas lieu de leur appliquer des règles
de droit international privé différentes.

Que faut-il supposer pour que la loi française ait à
connaître d'un conflit de lois relatif aux privilèges et
hypothèques ? Elle n'est appelée à le trancher qu'autant
qu'il s'agit de causes de préférence portant sur des
biens, immeubles ou meubles, situés en France. En
effet, si le conflit entre la loi française et la loi étrangère est relatif à des causes de préférence qui portent
sur des biens situés à l'étranger, c'est la loi étrangère,
la loi de la situation, qu'il faut consulter et non la loi
française, pour savoir comment est tranché le conflit. On
le comprend. L'exécution de ces droits n'est possible qu'à
l'étranger. Il va de soi que la loi étrangère ne reconnaisse pas à une autre autorité qu'à la sienne le droit
de décider du conflit. Donc, si nous supposons qu'une
créance née en France, entre Français, régie par la loi
française, est garantie par une cause de préférence por-

tant sur des biens situés à l'étranger, et si nous recherchons quelle loi régit cette cause de préférence,
c'est la loi de la situation, loi étrangère, qu'il faut
consulter. La loi française ne peut commander à
l'étranger que si la loi du pays l'investit de ce pouvoir. Il faut donc, pour que la loi française donne
pratiquement, efficacement, souverainement sa solution
sur les conflits de lois relatifs aux causes de préférence,
qu'elles portent sur des biens, immeubles ou meubles,
situés en France. Cela étant, il y a conflit entre la loi
française de la situation et une loi étrangère dans les
trois cas suivants : 1° une des parties ou toutes les
parties, créancier, débiteur, tiers détenteur, sont de nationalité étrangère. Remarquons que ce cas de conflit
ne peut se présenter que relativement aux causes de
préférence dont l'étranger a la jouissance. S'il en est,
parmi ces droits, dont il n'ait pas la jouissance, un
conflit de lois n'est pas possible. On n'a pas, en effet, à
rechercher quelle est la loi applicable à un droit inexis-
tant. La question de savoir quels sont les droits civils
dont l'étranger a la jouissance dans un pays est de
droit civil interne, est tranchée souverainement par les
lois de ce pays. Ce n'est pas là une question de conflits
de lois, mais une question préalable aux questions de
conflits ; ce n'est que relativement aux droits dont la loi
française reconnaît la jouissance aux étrangers qu'il y
a lieu de se demander quelle loi les régit. En droit français, la condition civile des étrangers est régie par
l'article 11 C. civ. De grosses controverses existent sur
cet article ; mais on est unanime à reconnaître, quelle

que soit l'opinion qu'on professe sur cet article, que
l'étranger peut être en France créancier, débiteur,
propriétaire, partant avoir et consentir des droits qui
sont des qualités de la créance, aident à son exécution, ne
sont en somme que des démembrements de la propriété.

Pourtant, en se basant sur cet article, une opinion,
reçue en jurisprudence et très accréditée en doctrine,
refuse à l'étranger les hypothèques légales que la loi
française donne aux mineurs, interdits, femmes mariées.
Nous aurons à examiner longuement, dans un de nos
chapitres, ce que vaut cette opinion; nous montrerons
alors que, s'il résultait vraiment de l'article 11 que les
incapables étrangers n'ont pas les hypothèques légales,
on pourrait aller jusqu'à dire qu'ils ne peuvent jouir en
France d'aucune cause de préférence, privilège, hypothèque ou autre. Ces conséquences, auxquelles cette
opinion n'a jamais voulu souscrire, auxquelles pourtant
il semble qu'elle devrait logiquement arriver, ne seront
pas un de nos moindres arguments pour la réfuter. Pour
l'instant, puisqu'il est admis unanimement que ces
droits, sauf certains d'entre eux, peuvent appartenir à
l'étranger, posons comme hors de doute qu'en nos matières un conflit peut exister entre la loi française de la
situation et la loi nationale des parties.

2° La loi française de la situation peut se trouver en
conflit avec la loi qui régit la créance. En effet, il se peut
que la créance soit régie par une loi étrangère. Dans ce
cas, il y a lieu de rechercher quelle est l'influence de
cette loi sur les causes de préférence qui existent en
garantie de la créance sur des biens situés en France.

3° Enfin, il y a conflit entre la loi française de la situation et une loi étrangère si un acte juridique ou instrumentaire relatif aux causes de préférence a été fait à l'étranger. Ces droits ont pu être consentis, cédés à l'étranger.

Ainsi la loi de la situation des biens grevés peut être en conflit : 1° avec la loi nationale d'une ou des parties; 2° avec la loi de l'obligation; 3° avec la loi du lieu où un acte relatif à ces droits réels a été fait. L'objet de cette étude est de dire quelle est la compétence respective que la loi française reconnaît à chacune de ces lois.

14. — Disons l'ordre que nous allons suivre :.

I. Il y a, relativement à la propriété, qu'elle porte sur immeubles ou sur meubles, et de quelque droit la concernant qu'il s'agisse, des principes fondamentaux, essentiels, qui, lorsqu'ils sont en jeu, réclament impérieusement l'application de la loi territoriale. Nous les exposerons d'abord.

II. Et nous dirons quelles sont les parties de notre sujet qui, à n'en pas douter, doivent être placées sous l'application de ces principes.

III. Puis, dans les autres parties de cette étude, nous rechercherons successivement quelle est, en notre matière, la compétence : 1° de la loi nationale; 2° de la loi de l'obligation; 3° de la loi du lieu où un acte concernant ces droits a été fait. Nous étudierons les cas dans lesquels le doute se conçoit entre l'application de l'une de ces lois et la loi territoriale, dans lesquels pourtant, malgré la controverse, il faut se prononcer pour la loi de la situation.

IV. Enfin nous rechercherons s'il n'y a pas lieu d'appliquer aux causes de préférence affectant les navires, meubles d'une nature et d'une destination spéciales, des règles différentes de celles que nous aurons formulées pour les droits réels accessoires portant sur les meubles.

CHAPITRE II

PRINCIPES CONCERNANT LES IMMEUBLES
ET LES MEUBLES

15. Les privilèges et les hypothèques sont régis par les règles applicables aux immeubles et aux meubles. — 16. Article 3, § 2 ; ses motifs. — 17. Les meubles *ut singuli* sont régis par la *lex rei sitæ*. Preuve. — 18. Inconvénients que peut présenter l'application aux meubles de la *lex rei sitæ*. Droits acquis sacrifiés. — 19. Meubles en transit.

15. — Nos causes de préférence portent sur immeubles ou sur meubles. Le Code civil, très pauvre de textes sur les conflits de lois, n'en contient pour ainsi dire pas sur ceux relatifs aux privilèges et hypothèques. Sans doute les articles 2123, § 4, 2128, parlent de l'hypothèque des jugements étrangers et de l'hypothèque consentie par contrat étranger et règlent certaines questions de notre sujet. Mais nous démontrerons très longuemeut par la suite que ces articles ne peuvent véritablement pas être considérés comme l'expression de la volonté législative ; qu'ils en sont, au point de vue hypothécaire, la contradiction, la négation même. Ce n'est donc pas sur ces textes qu'il nous faut raisonner pour étayer les règles générales, vitales de notre sujet. — Les privilèges et hypothèques peuvent être considérés comme des démembrements de la propriété. Aussi les règles qui régissent les conflits

relatifs à la propriété immobilière et mobilière leur sont
elles applicables. Exposons-les :

Sur la propriété immobilière, nous avons un texte,
le 2me § de l'article 3 ; sur la propriété mobilière il n'y a
pas de texte. Pourtant, à beaucoup de points de vue, la
propriété immobilière et la propriété mobilière demandent à être régies par les mêmes principes. Mais la présence d'un texte dans un cas, le silence de la loi dans
l'autre, obligent à justifier, par des raisons juridiques
différentes, l'existence légale de ces principes. Traitons-en
donc séparément.

I. — *Propriété immobilière.*

16. — Le § 2 de l'article 3 est ainsi conçu : « Les immeubles, même ceux possédés par des étrangers, sont régis
par la loi française ». Ses termes sont très généraux ; sa
portée d'application est considérable. Mais il doit être
combiné avec les autres principes du droit international
privé. Pour en préciser exactement l'application, il faut
connaître quelle est sa base, sa raison d'être. Il répond à
des motifs de divers ordres. On dit, assez fréquemment,
que les immeubles doivent être régis par la loi territoriale
parce qu'en leur ensemble ils constituent le territoire
public. Or, si ce qui touche au territoire public était régi
par une autre loi que la loi territoriale, la souveraineté de
l'État serait gravement atteinte. M. Portalis, en son
exposé des motifs de l'article 3, donne cette raison. Il dit :
« Au citoyen appartient la propriété et au souverain
l'empire. Telle est la maxime de tous les pays et de tous
les temps ; mais les *propriétés particulières des citoyens,*

réunies et contiguës, forment le territoire public d'un État; et relativement aux nations étrangères, ce territoire forme un seul tout qui est sous l'empire du souverain ou de l'État. La souveraineté est un droit à la fois réel et personnel. Conséquemment, aucune partie du territoire ne peut être soustraite à sa surveillance ni à son autorité. La souveraineté est indivisible; elle cesserait de l'être si les portions d'un même territoire pouvaient être régies par des lois qui n'émaneraient pas d'un même souverain. » Portalis. Second exposé des motifs du titre préliminaire. Locré I, p. 582.

Il faut se garder de baser le § 2 de l'art. 3 sur cette raison que l'ensemble des propriétés privées compose le territoire public. En effet, le territoire public pourrait n'être en rien amoindri, par l'application d'une loi étrangère, à la propriété privée. Qu'importe à l'intégrité du territoire public que des rapports de droit privé entre deux propriétaires soient régis par telle loi ou par telle autre? Il n'est en question que s'il s'agit de ses limites, de ses douanes, etc. Ce n'est qu'à l'époque féodale qu'on a pu lier ensemble propriété privée et territoire public. A cette époque, en effet, ces deux termes en réalité, n'en formaient qu'un; de la terre naissait la souveraineté, provenaient tous les pouvoirs; la propriété procurait, à côté des avantages de droit privé, des avantages politiques. Mais de nos jours ces deux ordres de choses sont absolument distincts, indépendants. On concevrait, en raison, que la propriété privée fût régie par des lois diverses, sans qu'il en résultât pour le territoire public la plus légère atteinte, sans qu'il fût rien violé de sa souveraineté.

Ce n'est pas à dire toutefois que l'État, dans la réglementation de la propriété, ne fasse intervenir des raisons politiques, économiques, sociales, ne cherche à se servir de la propriété pour atteindre le but vers lequel il tend. Selon que l'État est monarchique ou démocratique, il favorise les grandes propriétés ou le morcellement des terres; il institue les droits féodaux, les droits d'aînesse et de masculinité, ou les supprime et consacre le partage égal entre héritiers appelés. Y a-t-il le moindre rapport entre l'organisation de la propriété féodale et celle qui est née des principes proclamés dans la loi du 4 août 1789 ? Aussi n'est-il pas douteux que si, de nos jours, un étranger réclamait en France un droit d'essence féodale, il serait écarté dans sa prétention, qui irait directement à l'encontre des principes de la loi française. De même, la prohibition des substitutions repose en partie sur des idées politiques. C'est parce qu'il considère l'immobilisation des biens comme contraire aux progrès de l'agriculture, au développement de la fortune, que le Code civil français les supprime, sauf exceptions. Aussi l'étranger, dont la loi nationale permettrait des substitutions non admises par la loi française, ne pourrait-il s'en prévaloir en France.

Ainsi, il y a dans l'organisation de la propriété, un côté national ; la nationalité est dans le sol comme dans le sang ; le territoire est français comme les personnes; et toutes les fois que ce caractère national apparaît, l'application de la loi territoriale s'impose.

Mais c'est en vertu d'une considération, d'une portée autrement plus générale, qu'il y aura lieu le plus souvent

de régir la propriété immobilière par la loi territoriale. Sans doute dans tous les pays il y a, en matière
de propriété, des règles en quelque sorte naturelles qui
conduisent à des dispositions, en leurs grandes lignes,
identiques. Pourtant ces réglementations, étant en définitive artificielles, diffèrent beaucoup d'un pays à l'autre.
Et des intérêts supérieurs demandent l'application
exclusive dé la réglementation à laquelle la loi territoriale s'est arrêtée. Ainsi, si l'on admettait que la
propriété est régie par la loi nationale des parties,
deux fonds voisins, appartenant à des propriétaires de nationalité différente, seraient régis par deux lois différentes. S'il existait entre eux une servitude, par laquelle de
ces lois la régirait-on ? De même, comment règlerait-on les
droits d'un usufruitier et d'un nu-propriétaire de nationalité différente ? Comment réglerait-on les droits des
créanciers français, hypothécaires ou privilégiés, sur un
fonds qui appartiendrait à un étranger ? On voit, par
ces quelques hypothèses, quels inconvénients considérables présenterait la réglementation des immeubles
par la loi nationale des parties. Ce serait le trouble dans
l'organisation de la propriété ; ce serait l'absence de sécurité dans les relations ; ce serait très souvent l'impossibilité de combiner des lois diverses qui toutes paraî-
traient avoir compétence pour régir les immeubles et
l'impossibilité d'opter entre elles ; il en résulterait d'é-
normes préjudices pour les tiers.

Ainsi, difficulté ou impossibilité de concilier des réglementations diverses, intérêt des tiers, nécessité de maintenir de l'harmonie, de l'ordre, de l'uniformité dans la

réglementation d'un élément considérable de la fortune publique, but politique, économique, social, sont autant de raisons justificatives du § 2 de l'article 3.

II. — *Propriété mobilière.*

17. — Quelles règles appliquent la doctrine et la jurisprudence française aux conflits de lois relatifs aux meubles? Il est à constater que leurs solutions sont constantes sur la plupart des questions que les conflits relatifs aux meubles soulèvent. Aussi les auteurs ne s'attardent-ils pas, en général, à justifier juridiquement ces solutions. Pourtant il nous paraît nécessaire de donner certaines explications sur la base de ces règles. En voici la raison : le code est muet sur les meubles, au point de vue des conflits de lois, et l'ancien Droit n'est pas conforme aux solutions qu'il faut nécessairement admettre aujourd'hui. Or le législateur, en élaborant l'article 3 du Code civil, a déclaré que cet article reproduisait la théorie des statuts de l'ancien Droit. Elle est donc une source des solutions à donner à nos questions ; on doit s'y référer. Pourtant, on ne la fait pas revivre en matière mobilière. Comment l'expliquer? Quelle justification faut-il en donner? Quel sens attribuer aux travaux préparatoires? — Portalis. 2ᵉ exposé motifs. — Grenier. (Tribun.) rapport au tribunat. Faure, discours au corps législatif. Locré I, p. 580, 601, 612.

Nous baserons nos solutions sur trois raisons: 1° L'une sera tirée de l'esprit avec lequel nous croyons qu'il faut consulter l'ancien Droit. 2° Nous emprunterons aux travaux préparatoires certains documents dont on peut tirer argument à l'encontre de la doctrine de l'ancien Droit. 3° Enfin, des motifs impérieux, dont la loi doit tenir compte en matière de conflits, nous décideront à écarter la doctrine de l'ancien Droit. Reprenons ces trois propositions :

I. En consultant l'ancien Droit, en se demandant s'il y a lieu de maintenir ou non ses solutions, on doit tenir compte de la différence qui existe au point de vue du terrain sur lequel se présentent les conflits, entre l'ancien Droit et le Droit moderne. Dans l'ancien Droit, le plus souvent, les conflits avaient lieu entre coutumes nationales, françaises. De nos jours, par suite de l'unité de législation, ils n'existent plus qu'entre la loi française et les lois étrangères. Ce changement peut être de nature à conduire à des solutions différentes. En outre, la théorie des statuts a un caractère particulier, distinctif, qu'il nous faut faire ressortir. Le sens dans lequel il faut aujourd'hui la consulter s'en dégagera. Elle consistait principalement dans la distinction entre deux grandes catégories de statuts : 1° les statuts personnels, dont l'application devait être admise partout ; 2° les statuts réels, dont l'application s'imposait à tous sur le territoire, mais qui ne pouvaient être invoqués en dehors du territoire. Il y avait des cas où l'on se prononçait sans hésiter, uniformément, soit pour le statut réel, soit pour le statut personnel. Il y en avait beaucoup sur lesquels les auteurs discutaient, les uns les rangeant sous le statut réel, les autres sous le statut personnel, et sur lesquels la controverse restait ouverte. Toutefois, il est à remarquer que relativement aux cas sur lesquels l'appréciation différait, l'ancien Droit suivait une marche progressiste, lente peut-être, sensible pourtant. Au fur et à mesure que les auteurs se succédaient de générations en générations, examinant, analysant les rapports de droit pour en fixer la nature, ils. déclaraient de statut personnel un certain nombre de dispositions de coutumes qu'au début on avait assez universellement rangées parmi les statuts réels. Leur doctrine n'était pas une doctrine arrêtée, fermée ; elle était en voie de formation ; la vérité se dégageait peu à peu. Aussi ne serait-il pas conforme à l'esprit général de l'ancien Droit de dire que le Législateur de 1804, en déclarant l'ancien Droit reproduit, a adopté les appréciations des anciens auteurs sur ce qui est de statut personnel ou de statut réel. Le Droit international privé moderne a le droit de reprendre ces appréciations, d'y faire intervenir des éléments nouveaux si les transformations sociales, les changements survenus soit dans l'assiette de la fortune, soit dans la lettre ou l'esprit des lois, en fournissent ; la théorie des statuts subsiste avecson caractère variable et progressiste, tant que sur la question de savoir ce qui est de statut personnel ou de statut réel, les solutions données ne seront pas, à tous égards, conformes à la nature des choses. Bien que la tendance accusée des anciens auteurs ait été de déclarer de statut personnel un rapport de droit, on peut donc le déclarer de statut réel, s'il résulte de l'analyse que telle est sa vraie nature. Bien que l'ancien Droit ait déclaré réel un rapport de droit, on peut le déclarer de statut personnel, si l'analyse établit qu'ainsi le veut la nature des choses.

Ces réserves faites sur la manière dont il faut envisager l'ancien Droit, disons comment il régissait les meubles. Il déniait aux meubles une situation réelle parce qu'ils en changeaient trop facilement ; il ne leur appliquait pas la loi de leur situation parce qu'elle aurait varié par un simple déplacement des meubles, ce qui aurait fait planer une incertitude complète sur la validité des transactions relatives aux meubles, aurait rendu possibles des fraudes, aurait pu occasionner aux tiers de très gros préjudices. Pour leur donner une réglementation fixe autant que possible, il les déclarait régis par la loi du domicile de leur propriétaire. C'était la loi la plus stable qu'il pût leur appliquer. Sans doute un changement de domicile est possible. Mais en somme c'est un fait assez rare, parce qu'il exige qu'on change complètement, absolument le centre de ses affaires, ce qui a des conséquences beaucoup plus graves et est beaucoup moins pratique que le simple déplacement d'un meuble.

Remarquons-le, c'est à tous les meubles, qu'ils fissent partie d'une succession, fussent envisagés comme universalités, ou considérés comme objets particuliers, *ut singuli*, que l'ancien Droit appliquait la loi du domicile de leur propriétaire. La doctrine moderne, qui fait une distinction entre les meubles *ut singuli* et *ut universi*, appliquant aux uns la loi de situation, aux autres la loi du domicile ou la loi nationale du *de cujus*, a une tendance assez marquée à dire ou à impliquer que l'ancien Droit faisait cette distinction. Ainsi M. Brocher dit : « Cela paraissait tout particulièrement vrai quand on considérait ceux-ci comme faisant partie d'un patrimoine formant un ensemble » Brocher, Cours, D. I. P. p. 118.

Mais les anciens auteurs régissaient tous les meubles *ut singuli* et *ut universi* par la loi du domicile de leur propriétaire.

Bouhier disait : « Les effets mobiliers sont réglés par le statut du domicile du propriétaire, quoiqu'ils se trouvent sous une autre coutume, *excepté un petit nombre de cas*, dont j'ai parlé ci–dessus, mais *qui ne détruisent pas la règle générale.* » Or quels étaient les cas qu'il exceptait? « J'excepte les meubles destinés au perpétuel et nécessaire usage et commodité des maisons et métairies, le cas où la personne a deux domiciles... car... incertitude absolue du vrai domicile. » Bouhier, *Observation sur coutume duché Bourgogne*, p. 458, p. 408. — Ainsi, parmi les exceptions que le président Bouhier apportait à la règle « *mobilia sequuntur personam* » l'une, était relative à des meubles *ut singuli*, mais il n'était pas surprenant qu'il les régît par la loi de la situation, vu leur attache à demeure au sol. Quant à l'autre exception faite par Bouhier dans un cas d'ailleurs tout exceptionnel, elle était repoussée par Boullenois. Au cas où le propriétaire des meubles avait deux domiciles, il appliquait la loi de celui des deux domiciles qui avait le plus d'importance.

Citons un passage de Boullenois, qui prouve de la manière la plus formelle que les meubles *ut singuli* étaient régis par la loi du domicile. « Si les meubles, dit l'auteur, pouvaient avoir une assiette fixe ailleurs qu'au domicile du propriétaire, ce serait certainement dans le cas *d'un dépôt. Car les choses déposées* se trouvent dans le lieu par une destination précise du propriétaire. Cependant

la décision est contraire. » Boullenois. Per^te et Ré^te.
t. I, p. 940. — Il n'est pas contestable que le dépôt porte
sur des meubles *ut singuli*.

Enfin, nous voyons l'application de la loi du domicile du
débiteur faite par Rodenburg, et Boullenois qui a com-
menté Rodenburg, à nos matières même. Rodenburg
disait : « *Que si le contrat a été passé hors le domicile du débiteur, et que le lieu du contrat donne
des privilèges au créancier, que ne donne pas
la loi du domicile du débiteur, dans ce cas, c'est
encore la loi du débiteur quil faut suivre*, celle du
contrat ne décidant que de la forme, du mode, de la
condition, et, généralement de la nature en entier de
l'engagement entre les contractants, mais ne faisant
point loi à des tiers qui n'ont point contracté dans le lieu. »
Et Boullenois : « ... C'est pourquoi, pour parler d'abord
des meubles, comme ils sont présumés avoir leur situation
dans le lieu du domicile, *si la loi de ce domicile donne
quelque privilège sur iceux, il faudra en observer la
loi en quelques endroits que soient trouvés ces meubles.*
Ainsi la femme étant domiciliée dans les pays de Droit
écrit, du ressort du Parlement de Paris, où elle a privilège sur les meubles et effets mobiliers de son mari,
pour la répétition de sa dot et pour le payement de son
augment, elle aura ce privilège sur les meubles de son
mari, trouvés même hors le pays de Droit écrit ; mais la
femme domiciliée ailleurs, où la loi ne donnera pas ce
privilège, n'en aura pas sur les meubles qui se trouveront
même être dans le pays du droit écrit. » Boullenois cite dans
le même sens Lauterb, dissert. 153, *Mœvius ad jus*

Luberense quæst. 4. n° 13, Hertius, cas 64, d'Argentré *ad cons. Britann.* Art. 218, g°. 6, n. 30, Chopin, cout. Paris, I. t. I, n° 4, Brodeau sur Louet, lettre R, n° 31 — Voir Boullenois, Per^té et Ré^té, p. 818, p. 832. — Tel est l'ancien Droit. Pourtant la doctrine moderne est unanime à appliquer aux meubles *ut singuli* la loi de la situation. Qu'est-ce qui justifie, explique ce changement? 1° Les travaux préparatoires du Code n'y sont pas contraires. 2° L'ordre public français l'exige.

II. Il y a aux travaux préparatoires certains documents relatifs aux meubles. Quoique peu précis, peu concluants, ils prennent de l'importance, vu le silence du Code et demandent à être examinés avec soin. Deux fois, au cours de l'élaboration de l'article 3, il a été question des meubles : 1° Les commissaires du gouvernement, qui avaient été chargés de proposer un projet de Code civil, avaient rédigé deux articles sur les conflits de lois. Ces articles étaient ainsi conçus : « Article 3. La loi oblige indistinctement ceux qui habitent le territoire. L'étranger y est soumis pour les biens qu'il y possède et tout ce qui intéresse la police pendant sa résidence. — Article 4. Le Français résidant à l'étranger continuera d'être soumis aux lois françaises pour ses biens situés en France et pour tout ce qui touche à son état et à la capacité de sa personne. *Son mobilier est réglé par la loi française comme sa personne.* » Ainsi l'article 4 déclarait que les meubles du Français résidant à l'étranger étaient régis comme sa personne. En somme, il était la reproduction de la formule de l'ancien Droit *Mobilia sequuntur personam.* Sans doute, il ne parlait que des

meubles des Français, et il en résultait qu'ils étaient régis
par la loi française. Mais si cet alinéa avait été maintenu
dans l'article 3 du Code civil, qui sait si on n'aurait pas
essayé de soutenir, en se basant sur ce fait que cet alinéa
reproduisait l'ancien Droit, et en raisonnant par analogie
du § 3 de l'article 3, qui, relatif à l'état et à la capacité du
Français, est pourtant appliqué à l'étranger, que l'alinéa
de l'article 4, relatif aux meubles des Français, devait
être étendu aux meubles des étrangers ? Nous ne croyons
pas que cet argument eût prévalu, mais comme il aurait
eu pour résultat pratique de confirmer l'ancien Droit,
il n'aurait pas manqué de force.

2° Lorsque les deux articles furent proposés à la discussion du conseil d'Etat, l'alinéa relatif aux meubles
avait disparu. En séance, ce fut M. Tronchet qui souleva
et soutint la discussion sur ces articles, qui en critiqua
a rédaction et en proposa une autre. Il est intéressant,
au point de vue de l'argument qui s'en dégage, de reproduire le procès-verbal de cette discussion. M. Tronchet
reprochait à la rédaction de l'article 3 d'être trop générale : « Elle contredirait l'article 7 du projet sur les droits
civils, lequel ne soumet l'étranger qu'aux lois de police
et de sûreté. On pourrait le rédiger ainsi : la loi régit les
propriétés foncières situées sur le territoire de la République, *les biens meubles* et la personne des Français.
— M. Regnaud observe que l'article ne s'entend que des
lois civiles en tant qu'elles prononcent sur les droits personnels et sur la propriété des étrangers. M. Tronchet
répond que l'étranger n'est pas soumis aux lois civiles
qui règlent l'état des personnes. — M. Regnier pense

qu'on peut laisser subsister la rédaction générale parce qu'ensuite on établira les exceptions. M. Regnaud répond que l'on serait forcé d'aller plus loin si l'on voulait énoncer ici toutes les exceptions..

M. Tronchet propose de retrancher le mot *indistinctement*. L'article est adopté avec cet amendement. » — Discussion C. Civ. dans Cons. d'Etat. Jouanneau. L. C. et Solon (sur plan Regnaud de Saint-Jean-d'Angely), an XIII. 1805.

On peut au moins conclure de l'ensemble de cette séance, du vote dont elle fut suivie, que les conseillers d'État ne considéraient pas comme contraire au Droit l'application aux meubles de la loi de la situation. En effet, Tronchet reprochait aux articles 3 et 4 d'être trop généraux dans leurs termes, d'embrasser des matières de droit qui ne devaient pas être déclarées régies par la loi française, et proposait d'y substituer une autre rédaction. Celle-ci énumérait les cas dans lesquels la loi française serait applicable, et *cette énumération comprenait les meubles*. Sans doute l'opinion de Tronchet ne constitue qu'une opinion personnelle. Mais ce qui semble la renforcer c'est que les conseillers d'État qui discutaient avec lui, Regnaud et Regnier, n'étaient pas en désaccord avec lui sur le fond des idées, ne refusaient pas de régir l'état et la capacité des étrangers par leur loi propre, ne critiquaient pas l'énumération faite par Tronchet des cas dans lesquels il appliquait la loi territoriale. Ils demandaient seulement qu'on maintînt la rédaction proposée, sauf à dire, au cours du code, les cas dans lesquels la loi territoriale ne serait pas appliquée.

On est donc en droit de conclure que les conseillers d'État qui se prononçaient pour le maintien d'une rédaction que Tronchet trouvait trop générale, ne devaient pas différer d'avis avec lui sur les matières qu'il déclarait régies par la loi territoriale. De plus, le résultat de la séance paraît montrer que les idées de Tronchet prévalurent au conseil d'État. Il fut en effet admis sur sá proposition que le mot « indistinctement » du premier alinéa de l'article 3 serait retranché.

Ainsi deux faits, aux travaux préparatoires, sont d'une certaine valeur en faveur de l'application aux meubles de la loi territoriale : 1° L'alinéa proposé par les commissaires du gouvernement qui aurait pu paraître inspiré de la doctrine de l'ancien Droit, a disparu. 2° L'opinion de Tronchet, qui appliquait aux meubles la loi de la situation, paraît avoir été prépondérante au Conseil d'Etat.

Les articles 3 et 4, devenus l'article 3 actuel, ont été modifiés en la forme. Mais seuls l'ordre et les termes des dispositions ont changé. Au fond, l'article 3 du Code civil reproduit les articles 3 et 4.

Il ne faudrait pas, toutefois, poussant le raisonnement tiré des travaux préparatoires jusqu'à l'extrême, aller jusqu'à affirmer que le Législateur de 1804 a entendu que tous les meubles fussent régis par la loi de la situation. Mais ils contiennent au moins un indice précieux; ils montrent que dans l'esprit des conseillers d'État qui ont pris une part des plus considérables à la confection du code, la règle *mobilia sequuntur personam* de l'ancien Droit ne prévaut plus, que l'application aux meubles de la loi de la situation a pu être affirmée devant eux, sans soulever aucune protestation. M. Brocher dit que le Législateur de 1804 a hésité, qu'il n'a pas voulu entrer dans le détail des difficultés de la matière et qu'il a laissé à la doctrine le soin de les trancher. « On peut expliquer ce fait, dit l'auteur, en admettant que la réglementation générale des biens meubles par voie législative a paru soulever trop de difficultés et présenter trop de dangers. Il a semblé plus convenable de renvoyer ce sujet à la doctrine juridique. » Brocher. Cours Droit I^al P^é, t. I, p. 95. — Nous croyons plutôt que le législateur a omis de s'occuper spécialement des questions relatives aux meubles, que ces indices incomplets de l'opinion du législateur en ces questions ont été fournis incidemment, sans qu'on prévît les difficultés de la matière.

III. Tels sont les précédents. La doctrine moderne est unanime à faire une distinction entre les meubles *ut singuli* et *ut universi*. Elle applique la loi de la situation aux meubles *ut singuli*. On ne peut qu'approuver cette solution ; elle s'impose, elle est impérieusement demandée par l'ordre public français. On ne peut plus, comme l'ancien Droit, dire « *Vilis mobilium possessio* ». Les meubles sont l'élément le plus considérable de la richesse publique ; l'importance des transactions mobilières dépasse de beaucoup celle des contrats relatifs aux immeubles ; elles sont innombrables, se font très rapidement, sans que le plus souvent elles soient constatées par écrit. On ne peut arriver à une publicité effective des droits sur meubles. Plus le passé juridique des meubles est difficile à connaître, plus il est nécessaire que les tiers qui, en France, font des contrats qui ont des meubles pour objets, ne se voient pas opposer des droits conférés, régis par des lois étrangères, que rien ne leur révèle, dont il leur est impossible de prévoir l'application. Plus il importe que les tiers sachent quelle est la loi qui régit leurs droits sur ces biens et détermine ceux qui peuvent leur être opposés. Or, en dehors de la loi de la situation, il n'y a pas de garanties pour eux, il n'y a aucun moyen de protéger leur bonne foi, il n'y a ni sécurité ni essor possible pour le commerce territorial.

Les décisions de jurisprudence qui déclarent que la possession, les privilèges, les voies d'exécution des meubles sont régis par la loi française, invoquent l'ordre public français. Arrêt *Graven*. Caen 12 juillet, 1870. S. 71. 2. 57. Cass. 19 mars, 1872, D. 74. 1. 465.

L'arrêt *Graven* se base sur le § 1 de l'article 3. Pourtant, envisagé *in terminis* et au point de vue de l'hypothèse que le législateur a eue spécialement en vue en l'édictant, ce § 1 est loin de pouvoir être considéré comme la consécration de ce principe très général qu'on ne peut invoquer en France une loi contraire à un principe d'ordre public français. Il est en effet question dans ce § des lois de police et de sûreté, c'est-à-dire des lois qui ont pour but d'assurer le maintien de la tranquillité publique; il s'adresse aux personnes, les suppose en France, et n'a nullement trait aux biens de personnes qui peuvent demeurer en France comme à l'étranger. Il n'est pas douteux que le législateur, en édictant cette disposition, a eu spécialement en vue les lois, préventives, répressives ou autres, qui garantissent l'ordre sur le territoire, la sécurité des personnes et de leurs droits.

Les étrangers étant, comme les nationaux, protégés par
l'effet de ces lois, il était naturel qu'ils y fûssent soumis.
Néanmoins si on considère que tout le système du Code en
matière de conflits de lois est exprimé dans un texte de
trois lignes (ce qui explique qu'on étende les idées qu'elles
contiennent), si on retient que l'idée qui a fait écrire le
§ 1 de l'article 3 est, en définitive, le désir de sauvegarder l'ordre public territorial sous l'une de ses faces mul-
tiples, on sera fondé à dire, en raisonnant de cet alinéa,
que toutes les fois que l'ordre public territorial, à quelque point de vue qu'on l'envisage, est en cause, il faut
appliquer la loi territoriale. Brocher. Cours D^t I^{al} P^é,
t. I, p. 108, p. 118; t. II, n°s 257 à 262.

18. — Ce n'est pas à dire que l'application aux meubles
de la *lex rei sitæ* ne présente jamais d'inconvénients.
Leur mobilité peut être une cause de préjudices. En effet
si, avant d'être en France, les meubles se sont trouvés à
l'étranger où des droits qui ne sont pas conformes à ceux
admis par la loi française, ont été consentis sur eux, la
loi française ne les sanctionne pas. Les tiers, pour qui ils
constituaient des droits acquis, sont donc lésés. Toutefois,
ce qui rend ces préjudices moins iniques, c'est que les
tiers connaissent la fragilité des droits qui portent sur
les meubles. Ils n'ignorent pas en effet la facilité avec
laquelle on les déplace. Ils ont accepté cette éventualité
de perte de leurs droits ; ils auraient pu demander que les
meubles leur fussent remis en gage, exiger des garanties
plus sûres ou refuser de contracter.

Il va sans dire qu'on ne refusera de sanctionner les
droits nés à l'étranger sur les meubles alors qu'ils s'y

trouvaient, que si ces droits sont contraires à l'orga—
nisation de la propriété mobilière en France. Sans
doute, il serait désirable que les législations pussent
respecter tous les droits acquis. Mais les différences
essentielles qui existent entre elles, les obligent parfois,
dans l'intérêt territorial, à écarter des droits qui ont
leur source dans une loi étrangère.

19. — Dans un cas pourtant, nous n'appliquerions
pas aux meubles la loi française, celui où il s'agirait de
meubles qui ne sont en France qu'en transit; nous les
régirions par la loi de leur propriétaire. Ainsi, des
meubles sont saisis au cours de l'expédition qui en est
faite d'un pays à un autre, à leur passage en France.
On peut supposer qu'une expédition est faite d'Italie en
Angleterre en exécution d'une vente; qu'un commissionnaire doit recevoir les marchandises à leur arrivée en
France et les charger à destination de l'Angleterre. Ce
commissionnaire, créancier du destinataire auquel il n'a
pas confiance, exerce une saisie sur ces meubles; d'autres
créanciers du destinataire se présentent. Faut-il dire que
leurs droits seront régis par la loi française, par cette
raison qu'en France on ne peut invoquer que les droits
admis par la loi française, que les tiers qui traitent en
France, font foi à la loi française? Ces raisons, vraies dans
les précédentes hypothèses, ne le sont pas dans celle-
ci. En effet, les tiers qui invoquent la loi française pré-
tendent l'appliquer à des biens qu'ils n'avaient jamais
espéré voir régir par la loi française. Il s'agit de meubles
qui ne s'étaient jamais trouvés en France et n'étaient pas
destinés à y demeurer. On ne peut véritablement pas

dire qu'ils y ont leur situation. Pourquoi leur applique-
rait-on une loi sous la mouvance de laquelle ils ne se trouvent que par accident ? Qu'on remarque que leur propriétaire a pu consentir sur le titre représentatif de ses droits
des droits réels conformes à ceux autorisés par sa loi.
Très légitimement, ses ayants cause ont compté sur ces
droits. Pourquoi les écarter en leur prétention? On ne
peut leur objecter que la loi française est la loi de la situation, que les tiers qui ont traité en France ont compté sur
l'application de la loi française à ces meubles, qu'il y
aurait pour eux injuste préjudice si on refusait de
l'appliquer. L'ordre public français est loin de demander
ici l'application de la loi territoriale. De Savigny, traduction Guenoux, t. VIII, p. 177. Fiore, D. I. P. p. 338.

Nous démontrerons, au chapitre VII, que les navires,
meubles d'une nature et d'une destination spéciales, sont
régis par la loi du pavillon.

CHAPITRE III

COMPÉTENCE DE LA LOI DE LA SITUATION

20. Motifs qui imposent en certains cas l'application de la *lex rei sitæ*. — 21. Elle détermine les causes de préférence. — 22. Effets essentiels ; classement. — 23. Biens qu'elles affectent. — 24. Publicité. — 25. Voies d'exécution ; extinction par voie principale.

20. — Quelles sont les parties de notre sujet auxquelles les principes que nous venons de poser s'appliquent incontestablement? D'une façon générale, il faut dire que tout ce qui est constitutif, fondamental, essentiel dans un régime de crédit est de la compétence de la loi territoriale. Ainsi on ne peut invoquer dans un pays d'autres causes de préférence que celles créées par la *lex rei sitæ*. Seule cette loi peut déterminer les effets essentiels de ces droits, leur mode de classement, leur publicité, les biens sur lesquels ils portent. Seule, elle peut régler leur extinction par voie principale et tout ce qui touche à leur exécution. Dans tous ces cas, un intérêt public impérieux réclame son application. A cette seule condition, le crédit territorial est possible. Les tiers, en effet, ne prêtent que s'ils ont confiance et savent en contractant quelle sera exactement leur situation. Or l'application d'une loi autre que la *lex rei sitæ* serait pour eux pleine d'incertitudes. Ainsi, supposons que ce soit la loi de l'obligation qui régisse les droits réels accessoires. La loi qui s'applique à

l'obligation étant choisie par les parties, une même personne peut être tenue d'obligations relevant de lois distinctes. Ses biens peuvent donc être grevés de causes de
préférence régies par des lois différentes, qu'il sera très
difficile ou impossible de concilier entre elles. Dès lors,
dans ce choc des législations, comment fixer les droits
respectifs des parties? A supposer qu'on puisse arriver à
un ordre ou à une contribution, ce qui est plus que problé-
matique, sera-ce pour les tiers sans surprises et sans préjudices? Est–ce qu'en contractant, ils n'auront pas ignoré
les contrats antérieurs faits par le débiteur et les lois qui
les régissent? Est-ce qu'ils auront pu prévoir les contrats
qu'il fera par la suite, les lois sous lesquelles il les pla-
cera? De même, si toutes les obligations du débiteur relèvent de la même loi, elle ne peut, si elle est étrangère,
régir les causes de préférence qui portent sur des biens
situés en France. En effet, étant donnée la variété des
législations, on peut affirmer que sa réglementation ne
cadrerait pas avec celle de la loi territoriale, affaiblirait,
heurterait les principes par elle admis. Or tout ce qui
touche au crédit est éminemment d'ordre public. Il est
indispensable que sur le territoire il y ait unité, uniformité de régime hypothécaire.

C'est ce qui ressortira mieux encore des quelques développements que nous allons fournir sur chacune des
parties du régime hypothécaire auxquelles nous avons dit
la *lex rei sitæ* applicable.

21. — I. *Détermination des causes de préférence.* —
La loi française pose en principe l'égalité entre les créan-

ciers. Les causes de préférence qu'elle crée, ne sont que des exceptions à ce principe. Si on ajoutait à leur nombre en vertu d'une loi étrangère, on le méconnaîtrait. C'est un principe sur l'application duquel ont le droit de compter ceux qui, en traitant avec le débiteur, ont fait foi à la loi française. Donc on ne peut invoquer en France une cause de préférence non admise par la loi française, eût-elle plus ou moins d'analogie avec un droit réel accessoire par elle consacré.

Ainsi, en vertu de ce principe que les privilèges sont de droit étroit, nous admettons que le copermutant d'immeubles, quelque analogie qu'il y ait entre l'échange et la vente, n'a pas en France de privilège sur l'immeuble échangé pour les soultes ou retours de lots qui lui sont. dus, ou l'éviction qu'il subit. C'est l'opinion généralement reçue. En Belgique, il a un privilège pour soultes, retour de lot, éviction, sur l'immeuble échangé. Les travaux préparatoires de la loi belge disent que le privilège accordé au copermutant est un véritable privilège de vendeur, que la soulte est le prix d'une portion du bien échangé ; qu'au cas d'éviction, les dommages-intérêts sont le prix du bien reçu; que l'échange peut être envisagé comme une double vente, dans laquelle les parties sont à la fois vendeur et acheteur. Étant donnée cette différence entre les deux législations, si un échange d'immeubles dont l'un est situé en Belgique et l'autre en France est fait entre deux Belges, si une soulte est due au copermutant qui a reçu l'immeuble situé en Belgique ou s'il subit une éviction, il n'a pas de privilège sur l'immeuble reçu par le copermutant en France.

Au contraire, si l'éviction se produit sur l'immeuble situé en France, le copermutant évincé a sur l'immeuble situé en Belgique le privilège que l'art. 27 § 2, L. 51 belge accorde. Donc, dans ce cas, par suite de la différence des législations, il y a inégalité de situation entre les deux copermutants.

De même, la loi belge donne privilège au donateur sur l'immeuble donné, pour payement des chargés pécuniaires ou prestations liquides qu'il a imposées au donataire. Art. 27, 3°. Le donateur belge d'un immeuble situé en France ne pourrait pas, pour le payement des charges qu'il a imposées au donataire, invoquer le privilège de l'art. 27, 3°.

En droit français on controverse si le donateur peut être assimilé à un vendeur *pro parte*. La solution dépend de la question préalable de savoir si le donataire avec charges est tenu personnellement de l'acquittement de la charge. Le donateur belge d'un immeuble situé en France n'aurait donc un privilège sur l'immeuble donné, que s'il triomphait dans la preuve de laquelle dépend en France l'existence de son droit.

Le code civil français, art. 2102, n° 3, donne privilège pour frais faits *pour la conservation* de la chose. Le code civil italien dit, art. 1958, n° 7 : « Le créancier a privilège pour frais faits *pour la conservation* ou l'*amélioration des meubles* sur les meubles conservés ou améliorés. » Si, en Italie, un ouvrier italien a fait des améliorations à divers meubles pour le compte d'une personne qui réside en France et les lui a expédiés, il n'a pas de privilège pour ses frais d'amélioration.

22. — II. *Effets essentiels.* — Les mêmes raisons, in-

térêt des tiers, fonctionnement régulier du régime de crédit, demandent que la loi française détermine les effets essentiels des causes de préférence qu'elle admet. En droit
français, les droits réels accessoires ont une efficacité
qui varie. Pour les facilités de nos développements, clas-
sons-les sous trois catégories : 1° Dans l'une, plaçons ceux
de ces droits dont la nature est controversée, le droit de
rétention et l'antichrèse. 2° Dans l'autre, parlons du droit
de préférence, que contiennent, avec une énergie qui varie, tous les autres droits réels accessoires. 3° Occupons-
nous enfin du droit de suite, droit de rechercher le bien
grevé, en quelques mains qu'il passe, qui appartient à
certains créanciers.

1° *Droit de rétention et antichrèse.* — On soutient parfois que le droit de rétention et l'antichrèse sont des droits
personnels. Démontrons que ce sont des droits réels. C'est
à cette seule condition qu'ils font partie de cette étude qui
ne concerne que les causes de préférence, c'est-à-dire
les droits opposables à d'autres qu'au débiteur.

Droit de rétention. — M. Laurent soutient qu'on ne
peut se demander quelle est la nature du droit de rétention, parce qu'il n'y a pas, d'après lui, un droit appelé
droit de rétention dont les divers textes du code qui parlent de la faculté de retenir qui appartient à certains
détenteurs, ne seraient que des applications.

D'après l'éminent jurisconsulte, les droits conférés
par ces divers textes peuvent être différents. Au point
de vue des conflits de lois, la conclusion qu'il en tire est
intéressante à noter. M. Laurent déclare qu'on ne doit
pas rechercher la nature du statut relatif à ce droit, par

cette raison qu'il n'y a pas de caractère général, propre aux droits particuliers que le code prévoit ; il estime qu'il faut se prononcer dans chaque cas particulier selon la matière et les principes qui la régissent. C'est ainsi que, prenant pour exemple le droit de rétention du vendeur, art. 1612, 2°, et le droit de rétention de l'héritier qui doit rapporter en nature un immeuble, pour les dépenses qu'il a faites sur cet immeuble, art. 867, M. Laurent admet que le droit de rétention du vendeur dépend de l'autonomie des parties, et que le droit de rétention de l'héritier qui doit le rapport, est de statut réel. Laurent, VII, 407, 182, 291, Cours D^t I^{al} P^é.

Nous ne trouvons rien de décisif aux raisons qu'il allègue. Sans doute les articles 2082-83, que cite l'auteur, relatifs au droit de rétention du créancier gagiste n'emploient pas la dénomination de droit de rétention. Mais ils ne déterminent pas davantage les effets de ce droit. De même, aucun des articles qui au code accordent expressément ou implicitement la faculté de retenir ne dit en quoi elle consiste. Ce qui nous porte à croire que le législateur, en accordant dans certains cas la faculté de retenir, a dans l'esprit un droit de rétention-type auquel il se réfère pour tout ce qui est relatif à la réglementation de ce droit.

M. Laurent affirme que les cas dans lesquels la loi accorde la faculté de retenir peuvent être relatifs à des droits de rétention différents d'effets. Mais il ne cite pas d'exemples de droits de rétention différents les uns des autres. Au contraire, l'auteur raisonne uniquement sur le droit de rétention du vendeur et le droit de rétention de l'héritier qui doit le rapport. Or il admet que ces droits ne sont opposables qu'à l'acheteur et aux cohéritiers. Dans son opinion, ces deux droits ont donc des effets également restreints. Ce qui devrait le conduire à conclure que les textes qui parlent de la faculté de retenir, se réfèrent tous à un même droit.

Ce n'est pas à dire toutefois qu'il ne puisse se rencontrer des cas dans lesquels le droit de rétention a des effets plus restreints qu'il n'en a, en droit commun. Nous allons démontrer que ce droit est un droit réel. Pourtant il est certain que dans le cas de l'article 867 C. civ. il n'existe que vis-à-vis des cohéritiers. Mais ce qu'il faut remarquer, c'est que cette restriction dans ses effets provient, dans ce cas, de la nature même de la matière dans laquelle il intervient. Le rapport n'a lieu que d'héritier à héritier. Le droit de rétention qui empêche le rapport de se produire ne peut évidemment exister que vis-à-vis des cohéritiers. Mais d'une façon générale, il faut dire que le droit de rétention est un droit réel. Les auteurs qui soutiennent que c'est un droit personnel, invoquent le Droit romain, qui voyait dans le droit de rétention un droit dirigé contre la mauvaise foi du débiteur, ayant pour but d'empêcher qu'il ne s'enrichît aux dépens du détenteur, droit qui ne donnait qu'une *exceptio doli mali* essentiellement personnelle. Mais le Droit romain n'a pas été suivi par l'ancien Droit qui admettait que le droit était réel: « Jus retentionis est reale quia præfertur omnibus proprietariis et directis et utilibus et omnibus creditoribus etiam hypothecariis, etiam hypotheca expressa nedum tacita. » Dumoulin, C^me Paris, tit. XI, art. 138, n°s 16-17. — 2° Les travaux préparatoires établissent que le législateur a vu dans ce droit un droit de préférence. M. Favard disait, au cours des travaux préparatoires : « Le dépositaire a un privilège pour le remboursement de ses frais, puisque la loi l'autorise à retenir le dépôt, *quasi quodam jure pignoris*, jusqu'à l'entier payement de ce qui lui est dû. » Bien que le droit de rétention ne soit pas un privilège et qu'à cet égard il y ait exagération dans les mots employés par M. Favard, ce passage montre que le législateur a vu dans le droit de rétention un droit qui a effet vis-à-vis des tiers.

. 3° L'article 1747, au cas où le fermier est expulsé déclare le droit de rétention opposable aux acquéreurs du bien loué, c'est-à-dire aux tiers.

4° En raison, on ne comprendrait pas un droit que le débiteur pourrait annihiler à son gré, qui serait détruit s'il disposait de la chose.

Donc, le droit de rétention est un droit réel. Il en résulte, au point de vue des conflits de lois, que tout ce qui est essentiel dans la réglementation de ce droit est déterminé par la loi territoriale.

Si le créancier qui en jouit est étranger et si sa loi ne voit dans le droit de rétention qu'un droit personnel, on ne peut opposer à ce créancier qu'il n'a qu'un droit personnel, que sa loi nationale est applicable. En effet, au cas où ce droit lui est attribué par la loi française, la présomption est qu'il n'a rien voulu modifier aux effets qu'elle lui fait produire. Et si l'on suppose que les

parties sont convenues entre elles d'un droit de rétention portant sur un bien situé en France (aucun principe
ne nous paraît s'opposer à ce qu'on stipule un droit de
rétention), il est à présumer qu'elles ont eu en vue le droit
de rétention tel que la loi française l'organise.

Toutefois, rien ne s'oppose à ce que les parties déclarent que le droit de rétention n'aura d'effet qu'entre elles.

Antichrèse. — L'antichrèse est un droit réel, opposable
aux créanciers chirographaires, aux créanciers hypothécaires, à l'acquéreur, à tous les ayants cause du débiteur. Leurs droits ne peuvent s'exercer sur les fruits
et sur la possession qu'après que le créancier a été entièrement remboursé. L'ancien Droit voyait dans l'antichrèse un droit réel. Pothier, *De l'Hyp.*, n°ˢ 231-232.
2° Au cours des travaux préparatoires, le tribun
Gary a appelé ce droit « un privilège sur les fruits ».
Le mot était inexact puisque ce droit ne permet pas de se
payer par préférence sur le prix du bien, mais il prou-
vait au moins que ce droit existait vis-à-vis d'autres
personnes que le débiteur. Un autre orateur déclara
que l'antichrèse était à l'immeuble ce que le gage est
au meuble. 3° La loi appelle l'antichrèse un nantissement, en traite au titre des sûretés réelles. 4° L'articles 446, C. com. en annulant les antichrèses consenties
par le failli à une des époques où les hypothèques par lui
constituées sont nulles, sous-entend que si elles étaient
valables elles seraient opposables aux créanciers. 5° Enfin
la loi du 23 mars 1855, art. 2, n° 1, a vu dans l'antichrèse un droit opposable aux tiers puisqu'elle l'a soumise à la transcription. M. Laurent, qui est un des plus

autorisés partisans de la personnalité du droit d'anti-chrèse, se base sur ce que le Code, qui donne au créancier gagiste le droit de se faire payer par préférence aux autres créanciers, n'accorde à l'antichrésiste que la faculté de percevoir les fruits. Il en conclut que ce droit est personnel, mobilier. Nous ne comprenons pas la con-clusion tirée de cette comparaison entre le gage et l'antichrèse. Qu'importe que le gage ait une portée plus grande que l'antichrèse? Ce n'est pas parce que l'un de ces droits contient plus d'avantages que l'autre, qu'il faut dire que l'un est réel et que l'autre ne l'est pas. La seule question est de savoir si le droit d'antichrèse, qui comprend le droit aux fruits, et le droit de rétention, ne donne ces droits que vis-à-vis du débiteur seul, ou vis-à-vis des tiers. Dès qu'il est démontré que ces droits existent vis-à-vis des tiers, il importe peu qu'ils soient moins efficaces que le gage. On est en présence d'un droit réel.

M. Laurent invoque un deuxième argument qui ne nous paraît pas plus exact : il affirme qu'aucune des formalités prescrites relativement à la constitution, à la preuve de ce droit, n'a en vue l'intérêt des tiers, qu'il n'y a ni acte, ni enregistrement, ni déclarations pour empê-cher la fraude. Nous nous occuperons, au chapitre sur la *lex loci contractûs*, des modes constitutifs, de la preuve du contrat d'antichrèse. Nous verrons alors que l'affirmation de M. Laurent n'est pas exacte, que parmi les formalités prescrites relativement à l'antichrèse, il en est dans l'intérêt des tiers. Enfin, M. Laurent soutient que tous les droits réels sur les immeubles ont le droit de suite, tandis que l'antichrèse ne le confère pas, même contre un possesseur de mauvaise foi. Pourtant, ce n'est pas le droit de suite qui fait qu'un droit est personnel ou réel. Le droit personnel étant seulement opposable au débiteur, il semble que tous les droits, qui sont opposables à d'autres qu'au débiteur et à ses ayants cause universels, peuvent être appelés réels.

Donc, si nous supposons qu'un contrat d'antichrèse relatif à un immeuble situé en France, a été fait en Italie entre Italiens, sans que les parties se soient expliquées sur ce qu'elles entendaient par ce droit, bien qu'en Italie ce droit soit un droit personnel qui n'est opposable qu'au débiteur et à ses héritiers, cette antichrèse relative à un immeuble situé en France doit être considérée comme un droit réel. Lorsque les parties stipulent une antichrèse portant sur un immeuble situé en France, la présomption est qu'elles se réfèrent au droit tel que l'entend la loi territoriale. Nous établirons ce point au chapitre relatif à la loi de l'obligation.

Toutefois, les parties pourraient convenir que l'antichrèse n'aura d'effets que vis-à-vis du débiteur. Il n'y a rien d'illicite dans cette convention. Seulement on ne pourrait véritablement pas dire qu'on est en présence d'une antichrèse. On serait en présence d'un engagement personnel du débiteur relativement aux fruits de sa chose et à sa rétention.

2° Droits de préférence. — Toutes les autres causes de préférence admises par la loi française ont un effet commun : privilèges sur immeubles et sur meubles, hypothèque, donnent le droit d'être payé, par préférence aux créanciers chirographaires. Ce n'est pas à dire que les créanciers privilégiés et hypothécaires aient un droit, de préférence qui les place tous sur la même ligne. Les privilèges ne concourent pas entre eux ; ils ne concourent pas avec les hypothèques ; les hypothèques ne concourent pas entre elles. Seuls les privilèges de même qualité concourent, seules les hypothèques qui ont même rang concourent. Sauf ces cas, un classement existe pour les privilèges vis-à-vis des hypothèques, pour les privilèges entre eux, pour les hypothèques entre elles.

En droit français, la différence entre les privilèges et les hypothèques consiste précisément dans la manière de classer les créanciers entre eux. Le privilège donne au créancier le droit d'être préféré aux créanciers même hypothécaires qui seraient antérieurs en date. C'est de la qualité de la créance que dépend son rang : *Privilegia non ex tempore æstimantur sed ex causâ*. L'ancienneté ne détermine pas l'ordre de préférence des créanciers privilégiés entre eux. Si des privilèges sont en conflit, celui dont la qualité est la plus favorable l'emporte ; entre plusieurs privilèges de qualité égale, quoique nés en différents temps, il y a même rang. Lorsque le privilège porte sur un immeuble il doit être inscrit, et, dans ce cas, son rang n'est pas absolument indépendant du moment où il est inscrit. En effet, une inscription prise à une époque quelconque ne suffit pas pour conserver au droit du créancier son caractère privilégié. Le privilège inscrit trop tard dégénère en simple hypothèque. Art. 2106-2113. Il ne rétroagit que si l'in-

scription a été prise en temps utile. Moyennant cette
condition, l'inscription rétroagit jusqu'au jour où le
privilège qu'elle conserve a pris naissance. Ainsi, le
privilège des copartageants peut être inscrit, pour produire son effet, dans les 60 jours, à compter du jour
où il est né, c'est-à-dire du jour du partage ou de la
licitation. Art. 2109. Mourlon, III, p. 614.

La loi belge a modifié profondément la notion des privilèges sur les immeubles. Ils ne rétroagissent plus ; ils
se conservent par la transcription de l'acte qui donne
naissance à la créance privilégiée ; les principes qui
régissent l'hypothèque s'appliquent aux privilèges ; le
privilège, de même que l'hypothèque, ne prime plus que
les créanciers chirographaires. On a considéré que la
rétroactivité des privilèges était désastreuse pour les
tiers créanciers hypothécaires. On s'est proposé de garantir tout ensemble les intérêts du créancier privilégié
et ceux dès tiers créanciers hypothécaires. Laurent,
t. VII, n° 400, 419.

On ne pourrait enlever aux Belges qui ont un privilège
immobilier en France le droit de voir ce privilège rétro-
agir. Qu'on ne dise pas qu'en admettant cette restriction
dans les effets du privilège, on ne nuirait pas aux tiers
qui ont compté sur l'application de la loi française, puisque l'on prendrait une décision qui leur serait plus favorable que celle de la loi française, et qu'on ne léserait
pas les créanciers belges puisqu'on leur appliquerait leur
loi. En effet, si les tiers ne se plaignaient pas de l'application d'une loi qui leur serait avantageuse, les créanciers belges, eux, seraient en droit de se dire lésés, de

soutenir qu'ils n'ont pas compté sur l'application de la loi belge, mais sur celle de la loi française. Ils subiraient la loi française si elle était moins avantageuse que la leur ; on doit les laisser en bénéficier si elle protège mieux leurs intérêts.

De même, le classement des privilèges entre eux n'est pas le même dans toutes les législations. En droit français, il est déterminé selon la qualité de la créance. La loi française, en général, ne fait qu'énumérer les privilèges sans indiquer la manière dont elle entend les classer entre eux. Ainsi elle a seulement fixé l'ordre dans lequel s'exercent les privilèges généraux entre eux, ne s'est expliquée ni sur le classement des privilèges généraux vis-à-vis des privilèges spéciaux, ni sur le classement des privilèges spéciaux entre eux. Aussi ces questions donnent-elles lieu, en doctrine, à de vives controverses. On peut dire qu'en ces questions le système de la jurisprudence remplace la loi.

Les législations les plus récentes, la loi belge et le code italien, par exemple, sont plus explicites. La loi belge compare les causes des droits réels, ne se préoccupe pas si les privilèges sont généraux ou spéciaux, ne fait pas passer tous les privilèges généraux avant tous les privilèges spéciaux. Ainsi, elle colloque les frais pour conserver la chose avant les privilèges généraux et spéciaux antérieurs ; elle les fait passer avant trois privilèges généraux postérieurs : 1° ceux pour frais de maladie, 2° ceux qui garantissent les salaires des gens de services, 3° ceux en faveur des fournitures de subsistance. — Le Code civil italien décide que certains privilèges spéciaux sur meubles, passent avant les privilèges généraux (gage, conservation, amélioration, aubergiste, voiturier), art. 1959.

Le crédit territorial n'aurait plus de sécurité si on pouvait substituer au classement qui résulte de ces lois celui fait par une législation étrangère.

3° *Droit de suite.* — Les causes de préférence les plus énergiques pour les créanciers sont les privilèges sur les immeubles et les hypothèques qui, outre le droit d'être payés par préférence sur le prix, leur donnent un droit de suite sur le bien. Un créancier hypothécaire, dont la créance est devenue exigible peut, lorsque l'immeuble hypothéqué a passé entre les mains d'un tiers détenteur, en poursuivre l'expropriation contre ce dernier comme il eût pu le faire contre le débiteur personnel de cette créance, aux conditions des articles 2169 et 2188. Le tiers détenteur, obligé comme tel, est tenu de payer ou de délaisser : 1° Il peut payer intégralement les créances exigibles, au delà même de son prix d'acquisition. 2° Délaisser le bien sans aucune réserve, art. 2168. 3° Payer seulement les dettes hypothécaires, jusqu'à concurrence de son prix d'acquisition. Dans ce cas, il est subrogé aux créanciers qu'il a désintéressés si les créanciers qu'il n'a pas payés agissent contre lui par l'action hypothécaire. 4° Il peut, par l'emploi de certaines formalités, parvenir à l'affranchissement de son immeuble, en payant les créanciers utilement colloqués jusqu'à concurrence du prix de son acquisition ou en consignant ce prix : c'est ce qu'on appelle purger. Les créanciers hypothécaires peuvent surenchérir s'ils jugent que la vente aux enchères doit leur rapporter un résultat plus avantageux.—A défaut de surenchère régulière, la valeur de l'immeuble demeure définitivement fixée au prix stipulé ou déclaré.

Il est certain que tout ce qui constitue le droit de suite, sa réglementation, doit relever exclusivement de la loi territoriale, qu'un étranger ne pourrait y substituer sa loi. Ainsi, en Pologne, l'acquéreur n'a pas la faculté de dégager l'immeuble au moyen de la purge. On a pensé que la faculté de surenchérir n'offrait pas aux créanciers une ressource de nature à compenser l'extinction de leurs droits. L'acquéreur n'a pas le droit d'exiger des créanciers qu'ils optent dans un délai déterminé entre la mise aux enchères, moyennant une promesse de surenchérir de leur part, ou le payement du prix d'achat. Les créanciers sont libres de choisir l'époque et le mode des poursuites à exercer contre l'acquéreur. Art. 49, L. 1818, 26 avril. Ernest Lehr, *Eléments de droit civil russe.* 1877, n° 395. — En Russie, il ne saurait être question de purge, par la raison que l'acte qui constitue un immeuble en garantie entre particuliers, fait sur les registres fonciers, contient l'engagement par le débiteur de ne vendre, engager ni aliéner le même immeuble à nulle autre personne, au préjudice du créancier. Lehr, n°ˢ 369, 372.

Évidemment, en France, on ne pourrait empêcher le tiers détenteur, de nationalité polonaise, de remplir les formalités de la purge, par cette raison que sa loi nationale lui refuse le droit de purger. De même, un créancier hypothécaire, de nationalité russe, ne pourrait soutenir que le débiteur qui lui a consenti hypothèque sur un immeuble situé en France n'a pas le droit d'aliéner cet immeuble.

23. — III. *Biens sur lesquels elles portent.* — Les biens sur lesquels les causes de préférence peuvent porter sont déterminés par la loi française. Ainsi l'article 2118 désigne les biens susceptibles d'hypothèque. « Sont seuls susceptibles d'hypothèque : 1° les biens immobiliers qui sont dans le commerce et leurs accessoires réputés immeubles; 2° l'usufruit des mêmes biens et accessoires pendant sa durée. En Italie, peuvent être hypothéqués : 1° les immeubles par nature ; 2° considérés comme tels par la loi, c'est-à-dire l'usufruit avec ses accessoires, les droits du *concédant et de l'emphytéote;* 3° les rentes sur l'État de la manière réglée par les lois relatives à la dette publique. Article 1967, C. civ. I. Ainsi, en Italie, les droits de l'emphythéote peuvent être hypothéqués. En droit français, la question de savoir si l'emphytéose est susceptible d'hypothèque dépend du parti que l'on prend dans une double controverse. Aussi, le créancier italien, pour avoir hypothèque sur un droit d'emphytéose en France, ne pourrait invoquer sa loi; il devrait établir : 1° que l'emphytéose est un droit réel, 2° que droit réel immobilier, bien que l'article 2118, C. civ. ne le mentionne pas, il est susceptible d'hypothèque.

Présentons quelques observations sur l'usage et l'habitation. Ces deux droits affectés uniquement à l'usage de la personne sont incessibles, insaisissables, ne peuvent être mis aux enchères, partant ne peuvent être hypothéqués, car seuls peuvent l'être les biens susceptibles d'être vendus aux enchères.

Mais rien ne s'oppose à ce que les parties déclarent ces droits cessibles, saisissables, et dans ce cas, ils peuvent être hypothéqués. C'est l'opinion de M. Laurent. L'éminent jurisconsulte va plus loin. Partant de ce point de vue que la volonté des parties peut modifier ces droits, il déclare que si la loi nationale du constituant les reconnaît cessibles, il faut les dire tels, bien qu'ils portent sur des biens situés sur un territoire dont la loi ne donne pas, en principe, à ces droits, le caractère de cessibilité. D'après M. Laurent, les parties sont présumées avoir opté pour l'application de la loi nationale du constituant. Nous ne nous rangeons pas à son avis. Nous croyons que, lorsque les parties ne s'expliquent pas sur la nature d'un droit affectant les biens, elles doivent être présumées avoir opté pour la loi de la situation, comme loi régulatrice de ce droit. Nous retrouverons cette question au chapitre sur la compétence de la loi de l'obligation. — Laurent. D. I. P. t. VII. 351-354.

24. — IV. *Mesures de publicité.* — Toutes les formalités de publicité que la loi territoriale prescrit en ce qui concerne les causes de préférence sont obligatoires. En aucun cas, il ne saurait y être suppléé par celles admises par une loi étrangère. La publicité des droits est la formalité qui intéresse le plus directement les tiers. Nous retrouverons ces questions au chapitre sur la compétence de la loi du lieu du contrat.

25. — V. *Voies d'exécution, etc.* — Toutes les formalités par lesquelles on arrive, à l'exécution, à la réalisation de ces droits sont déterminées par la loi territoriale. Il y en a deux raisons : 1° L'exécution forcée ne s'obtient que par l'emploi de diverses formes de procédure. Or, tout ce qui concerne la procédure doit être de réglementation territoriale. Comment, sans cela, les divers services qui contribuent à l'administration de la justice pourraient-ils fonctionner ? 2° L'exécution d'un droit met en mouvement la force publique. Or, tout ce qui touche à la force exécutoire dépend de la puissance territoriale. Sa souveraineté serait diminuée s'il en était autrement.

De même, les modes d'extinction des causes de préférence, par voie principale, sont déterminés par la loi territoriale.

CHAPITRE IV

COMPÉTENCE DE LA LOI NATIONALE

SECTION I

CAPACITÉ DES PARTIES

26. Si les parties, créancier, débiteur, tiers détenteur, ou l'une ou plusieurs d'entre elles, sont de nationalité étrangère, il y a lieu de rechercher à quel égard leur loi nationale trouve son application en nos matières.

Il n'est pas douteux que c'est la loi nationale qui détermine la capacité des parties, les conditions auxquelles elles peuvent consentir une cause de préférence, faire un acte juridique qui y soit relatif. La capacité est de statut personnel.

On le reconnaît assez généralement; on est même en droit d'affirmer que c'est relativement à l'état et à la capacité que le désaccord est le moindre en droit international privé. Pourtant, une opinion régit le statut personnel par la loi du domicile ; elle invoque, entre autres raisons, l'ancien Droit qui régissait le statut personnel par la loi du domicile. Mais il faut appliquer la loi nationale. C'est la loi la plus naturellement compétente. Le terrain des conflits ayant changé, on est en droit de substituer à la loi du domicile la loi nationale. Qu'on le remarque, le § 3 de l'article 3 régit le Français qui se trouve à l'étranger par sa loi nationale et non par la loi de son domicile. Il nous fournit un puissant argument d'analogie.

Il faudrait écarter la loi du domicile même au cas de l'article 13, c'est-à-dire au cas où l'étranger aurait été dans ce cas autorisé à élire son domicile en France. Sans doute il jouit des droits civils, comme le Français, mais la question de savoir quelle loi régit ces droits reste entière.

— En sens contraire, voir Demangeat : Condition des étrangers. En notre sens, Demolombe, I, p. 424 et sqs. n° 268 bis. Aubry et Rau, t. I, § 79, p. 313.

27. — D'assez nombreuses décisions de jurisprudence n'appliquent à la capacité de l'étranger en France sa loi nationale qu'autant qu'elle ne lèse aucun intérêt français. Cette doctrine est admise, avec quelques nuances, par certains auteurs. Paris, 17 juin et 15 octobre 1834, S. 34. 2. 371. 657 ; Orléans, 17 mai 56. D. 56. 2. 154 ; Bourges, 26 mai 58. D. 58. 2. 178 ; requ. 16 janvier 61. D. 61. 1. 193. — Cour Paris, 8 février 83, Gazette tribunaux, 27 mai 1883. p. 506. — Valette, cour C. C^{il}, t. I p. 33 ; Demolombe, I, n° 102 ; Aubry et Rau, I, § 31, p. 95.

On ne saurait se rallier à cette opinion sans supprimer

le droit international privé, retomber en plein réalisme, nier la théorie des statuts. Ce serait oublier que le premier tempérament que l'ancien Droit apporta à la réalité absolue des sacrées coutumes eut précisément pour but de soustraire l'état des personnes à la loi territoriale.

On ne doit refuser application à la loi nationale de l'étranger que si elle contient une disposition contraire à l'ordre public, aux bonnes mœurs. D. 58. 2. 179.

Evidemment la maxime *fraus omnia corrumpit* pourrait trouver ici son application.

28. Il faut se garder de confondre les conditions de capacité personnelle et les conditions moyennant lesquelles le bien peut être grevé, les droits que le constituant doit avoir sur lui, pour pouvoir consentir une cause de préférence. Ainsi, en droit français, la faculté de consentir une hypothèque dépend d'une double condition : 1° il faut que le constituant ait la propriété de l'immeuble; 2° il faut qu'il ait la capacité de l'aliéner. Art. 2124. cbn. 2129, 1er al. La première condition, la propriété de l'immeuble dans la personne du constituant, est la condition de la possibilité légale de l'affectation hypothécaire du bien. Elle est de statut réel. Elle doit se rencontrer pour qu'une hypothèque existe valablement en France.

La deuxième condition est de statut personnel. La loi nationale des parties est donc applicable. Ainsi, en Russie, la constitution d'une hypothèque sur les biens du mineur pour sûreté des avances qui lui ont été faites par un établissement de crédit, doit être autorisée par le Sénat. Ce ne sera donc que moyennant cette autorisation qu'une hypothèque pourra affecter en France, l'immeuble d'un mineur russe. A. 281. Ernest Lehr, *Droit civil russe*, p. 129, 132.

SECTION II

CAUSES DE PRÉFÉRENCE QUI APPARTIENNENT AUX INCAPABLES

29. — Recherchons maintenant si la loi nationale n'a pas en certains cas une action directe sur les causes de préférence qui grèvent des biens meubles ou immeubles situés en France; demandons-nous s'il n'y a pas des cas où seule elle peut donner naissance à ces droits; disons si, dans ces cas, la loi française ne considère pas comme contraire à un principe d'ordre public, qu'une loi étrangère confère un droit réel sur des biens situés en France.

Fixons le terrain précis des questions que nous allons étudier; il se peut que la loi nationale des parties ou de l'une d'elles régisse l'obligation qui existe entre elles. Comme nous consacrerons un chapitre à rechercher quelle est, en nos matières, la compétence de la loi de l'obligation, ce sera sous ce chapitre que nous dirons quelle est la compétence de la loi nationale des parties en tant que loi de l'obligation.

Ici, occupons-nous de la compétence de la loi nationale en tant que loi nationale, compétence que cette loi aurait alors même qu'elle ne serait pas la loi de l'obligation. Rares évidemment seront les cas où la loi nationale, n'étant pas la loi de l'obligation, agira sur les causes de préférence qui garantissent l'obligation. On le comprend, les causes de préférence n'étant que des qualités de la créance, si une autre loi que la loi de situation doit exercer une action quelconque sur le droit réel accessoire, c'est plutôt la loi de l'obligation que la loi nationale.

Il y a pourtant certaines causes de préférence qu'on
doit rattacher au statut personnel. Il faut donc décider
que c'est la loi nationale des parties qui les confère.
Ces causes de préférence sont celles que les législations
créent en faveur de certains incapables. Le Code civil
français donne une hypothèque légale aux mineurs, interdits, femmes mariées, hypothèque générale qui porte sur
les biens présents et à venir de leur tuteur, de leur mari,
hypothèque qu'il déclare opposable aux tiers bien qu'elle
n'ait pas été inscrite, sauf dans les cas fixés par l'article
8 L. 23 mars 1855, art. 2121, 2135. — La loi du 30 juin
1838, art. 34. al. 2, déclare que, sur la demande desparties
intéressées, ou sur celle du procureur de la République,
le jugement qui nommera l'administrateur provisoire à la
personne placée dans un établissement d'aliénés, pourra
constituer sur ses biens une hypothèque générale ou spéciale, jusqu'à concurrence d'une somme déterminée par
ledit jugement. La Belgique, l'Italie donnent également une
hypothèque légale aux mineurs, interdits, femmes mariées. Art. 47 à 73. L. 16 déc. belge. Art. 1969 C. civ. I^n.
Mais il se peut que les incapables auxquels la loi française
accorde une sûreté réelle ne l'aient pas dans d'autres législations ; de même certaines législations accordent une
sûreté réelle à des incapables auxquels la loi française
n'en accorde pas : ainsi, en Angleterre, Hollande, Autriche, la femme mariée n'a pas d'hypothèque légale ; en
Espagne, le pupille n'a pas d'hypothèque sur les biens

de son tuteur. Par contre, dans les provinces baltiques, les enfants ont sur les biens de leur administrateur légal le même droit réel qu'ont les mineurs sur les biens de leur tuteur.

. Les législations qui accordent aux incapables une hypothèque, ne lui donnent pas toutes la même réglementation ; elles diffèrent dans la détermination des immeubles sur lesquels ce droit porte, dans la fixation des créances qu'il garantit. Ainsi, tandis qu'en France l'hypothèque que peut avoir l'aliéné est judiciaire, en Belgique elle est légale, existe aux mêmes conditions, avec la même étendue que celle des interdits. De même les garanties que les législations donnent aux incapables ne sont pas partout les mêmes, de même nature. Ainsi dans certains pays, la Pologne, les Provinces baltiques, non seulement l'incapable a une hypothèque légale, mais encore un droit général sur tout le patrimoine, un privilège général sur les biens qui lui permet de primer les créances chirographaires. En Prusse, le mineur n'a pas d'hypothèque légale, mais un privilège *inter personales actiones* qui le fait passer avant les créanciers chirographaires. Art. 32, L. 5 juillet 1875. Annuaire lég. étrang. 1876, p. 441.

Or au cas de conflit entre la loi nationale de l'incapable et la loi française de la situation des biens possédés par son tuteur, mari, administrateur comptable, la question se pose de savoir si la loi nationale n'a pas seule le pouvoir de lui attribuer sur ces biens une cause de préférence en garantie de ses droits.

On a soutenu : 1° Que les droits réels qui portent sur

des biens situés en France ne pouvaient être attribués que par la loi française, parce qu'ils grevaient la propriété, touchaient à son organisation. On en a conclu que l'incapable étranger n'avait en France que les droits que lui accordait la loi de la situation, que le statut était réel. — 2° On a dit dans une autre opinion : C'est parce que la personne est incapable que la loi lui donne des sûretés réelles. C'est donc la loi qui règle l'incapacité de la personne, la loi nationale qui a compétence pour lui conférer un droit réel en garantie. Toutefois, elle ne peut l'invoquer sur des biens situés en France que si la loi française donne ce même droit à ses incapables. Il serait en effet contraire à l'ordre public français que des étrangers eussent des droits que les Français n'ont pas. — 3° Dans une autre opinion, à laquelle nous nous rangeons, on considère que ces droits font partie des mesures prises en vue de l'organisation de la famille, sont de statut personnel. On admet qu'ils peuvent affecter des biens situés en France même en faveur d'incapables autres que ceux à qui la loi française accorde une sûreté réelle; on ne croit pas que cette solution porte atteinte à l'organisation de la propriété. Toutefois, comme on reconnaît qu'il est essentiel de maintenir le système hypothécaire français en son intégrité, ce n'est que sous certaines conditions qu'on applique en France les droits réels venus de l'étranger, conditions qui souvent aboutissent au rejet de ces droits et imposent toujours des modifications à ces droits.

Mais pour pouvoir utilement se livrer à ces recherches sur la nature du statut qui confère un droit réel aux incapables,il faut qu'il soit acquis que l'article 11.C. civ. qui règle la condition civile des étrangers en France, ne leur refuse pas la jouissance de ce droit. Car, si ce refus résultait de l'article 11, la controverse sur la nature du statut serait sans intérêt. Qu'importerait en effet de savoir quelle est la loi qui confère le droit à l'incapable, si l'article 11 empêchait l'étranger de prétendre à ce droit en France ?

Pourtant, s'il résult ait de l'article 11 que l'incapable étranger n'a pas en France l'aptitude à ce droit, la question de la nature de ce statut ne serait pas absolument dénuée d'intérêt. Elle devrait se poser, en effet, au cas où l'étranger aurait obtenu autorisation à domicile, puisque en vertu de l'article 13 c. civ. franç. elle lui procure la jouissance des droits civils ; elle devrait se poser aussi au cas où un traité diplomatique reconnaîtrait à l'étranger la jouissance de ce droit. Mais, ces deux cas peuvent être considérés comme deux cas exceptionnels.

Ainsi le problème en face duquel nous nous plaçons concerne tous les incapables étrangers auxquels leur loi nationale donne une cause de préférence, qu'ils soient au nombre de ceux que l'article 2121 c. civ. franç. protège d'une hypothèque ou qu'ils soient autres. Il se pose à propos de toutes les causes de préférence que la loi nationale conféré à l'incapable, que ces droits soient une hypothèque légale comme en France, ou un droit réel de tout autre nature.

Nous examinerons ces diverses questions en les décomposant en trois : 1° Nous supposerons que les incapables étrangers sont les mêmes que ceux à qui la loi française

donne une hypothèque légale, c'est-à-dire mineurs, interdits, femmes mariées, et que le droit que leur loi leur
accordeest une hypothèque légale comme en France.

2° Nous supposerons que les incapables à qui leur loi
nationale donne une hypothèque ne sont pas les mêmes
que ceux que l'article 2121, énumère, et nous nous
demanderons s'ils ont cette hypothèque sur les biens que
leur administrateur possède en France.

3° Supposant enfin que le droit réel que la loi nationale confère à l'étranger incapable n'est pas une hypothèque, nous dirons qu'il n'y a pas droit sur des biens
situés en France.

*A. Hypothèque légale des mineurs, interdits, femmes
mariées.*

30. — Les mineurs, interdits, femmes mariées, de nationalité étrangère, à qui leur loi confère une hypothèque
sur les immeubles de leur tuteur ou de leur mari, y ont-ils
droit sur les immeubles que ceux-ci possèdent en France?

C'est la seule des questions que nous ayions à étudier, qu'examinent en général les ouvrages ; c'est la seule
que la pratique ait soulevée ; c'est la plus discutable,
car elle concerne les mêmes incapables que ceux que la
loi française protège, le droit même par lequel elle les
protège. Les raisons sur lesquelles nous nous fonderons
pour résoudre cette question nous conduiront à la solution des autres. Nous supposerons, au cours de son examen, que l'etranger n'a pas été autorisé à domicile en
France et qu'il n'y a pas entre sa nation et la France de
traité diplomatique. Dans ces deux cas, la question est très
simplifiée. Nous en donnerons incidemment la solution.

31. — I. *Jurisprudence française.* — La jurisprudence française, et avec elle, une notable partie de la doctrine française, refusent à l'étranger incapable hypothèque légale sur les biens de son tuteur ou de son mari, situés en France. La jurisprudence considère comme secondaire de rechercher quelle est la nature du statut d'hypothèque légale. Qu'on le dise de statut personnel, qu'on le dise de statut réel, elle le refuse à l'étranger, en vertu de l'article 11 qui, dans son opinion, ne reconnaît à l'étranger que les droits de droit des gens. Or, l'hypothèque légale serait de droit civil. Elle admet toutefois que l'hypothèque légale est de statut personnel, en conclut que les articles 2121, 2135 ne l'accordent qu'aux incapables français. En somme, elle ne reconnaît hypothèque légale aux étrangers frappés de la même incapacité, qu'aux cas où ils sont autorisés à domicile en France, art. 13, et au cas où il y a un traité diplomatique accordant même droit aux Français dans leur pays. Sans doute il a été parfois rendu des décisions un peu plus larges, qui reconnaissent hypothèque aux incapables étrangers en dehors de ces cas, mais ce sont là des décisions isolées.

Citons quelques décisions qui ont refusé hypothèque aux incapables étrangers ; énumérons les cas où elle leur a été reconnue ; demandons-nous si parfois la jurisprudence n'a pas déserté les principes qu'elle consacre généralement.

32. — I. La cour d'Amiens a jugé, le 18 août 1834, relativement à l'hypothèque légale d'un mineur étranger, que la tutelle est une institution de droit civil ; que seuls les Français jouissent de la plénitude des droits civils ;

que les étrangers ne peuvent acquérir hypothèques en France que comme accessoires de contrats qui appartiennent au droit des gens ou de faits accomplis en France ; que la tutelle n'a pas ce caractère. Elle a déclaré le statut personnel, quoique touchant aux biens, parce qu'il a pour objet la garantie de l'action personnelle des mineurs. L'arrêt fait en outre remarquer que la publicité, base du système hypothécaire, n'existerait pas pour les tutelles étrangères. S. 35. 2. 481.

Il a été jugé par la Cour de Bordeaux, le 17 mars 1834, que si le mariage est régi par le droit des gens, il n'en est pas de même des conventions sur les intérêts. La décision de la Cour de Bordeaux rattache l'hypothèque légale aux conventions matrimoniales. Elle la refuse à la femme étrangère, en se basant sur l'article 11 ; elle déclare que l'article 2121 est spécial au droit français ; elle tire argument de l'article 2128. — Id. Rennes, 30 août 45, D. 46, 2, 164 ; Metz, 6 juillet 53, 54. 2, 106 ; D. 42. 2, 213.

Il a été jugé que le mineur étranger n'avait pas d'hypothèque légale sur les biens que son tuteur possédait en France, et que peu importait qu'un subrogé-tuteur eût été nommé à ce mineur avec le concours de la juridiction française. S. 45. 2, 606.

Il a été jugé qu'il n'y avait pas lieu de distinguer entre le cas où le mineur étranger a un tuteur français ou étranger, celui où la tutelle de ce mineur étranger aurait été déférée en France ou en pays étranger ; que c'était à la qualité de mineur que l'on devait s'attacher ; qu'ainsi le mineur français, bien que l'acte ou le jugement qui défère la tutelle ait été passé en pays étranger, avait hypothèque sur les biens de son tuteur français ou étranger, situes en France.

A vrai dire, l'arrêt-principe de la matière, celui que tous les arrêts ultérieurs reproduisent, est l'arrêt rendu, contrairement aux conclusions de M. l'avocat général De Raynal, par la Cour de cassation, le 20 mai 1862. Il y est dit que l'hypothèque légale est une création expresse de la loi positive, constitue un droit civil qui, en vertu de l'article 11, est refusé aux étrangers ; qu'aucune disposition ne confère hypothèque à la femme étrangère mariée à l'étranger à un étranger. D. 62. 1. 101 ; id. Journal de Droit intern. privé 74, p. 125, Paris, 20 août 72; Journal de Droit intern. privé. 78, p. 41; Versailles, 13 juillet 77. — S. 83. 4ᵉ partie, p. 13; Journal de Droit intern. privé 83, p. 511-514 ; Douai, cour, 29 décembre 81 ; tribunal civil Seine, 12 juillet 83. Cassation, 4 mars 1884. D. 1884. I. 205.

33. — II. Citons les cas dans lesquels la jurisprudence a accordé hypothèque légale aux incapables étrangers. Il a été jugé que si l'étranger a été autorisé à fixer son domicile en France, la femme a hypothèque sur les biens possédés en France par son mari, tant que les époux continuent d'y résider. D. 46. 2. 163; S. 46. 2. 394; S. 53. 2. 547. — De même, il est dit dans un jugement rapporté par le Journal de Droit international privé, que l'hypothèque légale est de droit purement civil, que le Français seul peut s'en prévaloir, sauf les cas prévus par la loi, tels, l'autorisation accordée aux époux d'établir leur domicile en France, ou l'attribution par traité diploma-

tique, année 1883. p. 512, J. D. I. P. Ces décisions sont-elles juridiquement exactes ? Nous ne le croyons pas. En effet, l'autorisation à domicile ne donne que l'aptitude au droit. Ce droit, il faut en outre que l'étranger le tienne d'une loi. Or, dans la théorie même de la jurisprudence, l'hypothèque légale est de statut personnel. Comme ce n'est pas la loi du domicile, mais la loi nationale qui régit le statut personnel, ce n'est que si sa loi nationale lui accorde ce droit que l'étranger qui est dans les condi-tions de l'article 13. C. civ. peut y prétendre. Ces décisions ne seraient vraies que dans l'opinion qui régit le statut personnel par la loi du domicile.

Il a été jugé que l'étrangère, mariée en pays étranger, dont le mari est ensuite devenu Français, jouit de l'hypothèque légale sur ses biens situés en France. Cette solution implique que la naturalisation du mari modifie la condition de la femme mariée. Pourtant on controverse très vivement la question de savoir si la naturalisation du mari entraîne celle de la femme, et la tendance est d'admettre que la naturalisation est un bienfait de la loi française, exclusivement personnel. Si la jurisprudence voyait dans la naturalisation un bénéfice de la loi, accordé à la personne, étant donnés ses principes en ce qui concerne l'hypothèque légale des incapables étrangers, elle ne devrait pas l'accorder à la femme dont le mari s'est fait naturaliser Français. Dans ce cas, en effet, il est certain que la condition civile de la femme demeurerait après la naturalisation du mari ce qu'elle était au jour du mariage, que le mari ne pourrait pas plus la modifier qu'il ne peut changer sa nationalité. Or dans l'opinion rigoureuse de la jurisprudence, la femme étrangère n'a pas hypothèque légale. — 27 juin 1815. C. N. 5. — Paris, 16 déc. 1845. 2. 46. S. 1C0. — Douai, 3 août 1858. S. 58. 2. 513.

La cour de Bourges a décidé, le 4 août 1874, que lorsque la tutelle d'un mineur étranger a été déférée en France à un Français en vertu de la loi française, ou lorsqu'il s'agit d'une tutelle légale ouverte en France, le mineur doit être admis à réclamer hypothèque légale ; que le tuteur du mineur ayant été désigné par application de la loi française, il fallait accorder à celui-ci les garanties indispensables, d'après notre législation, à la protection efficace de ses intérêts. Il s'agissait, en l'espèce, d'une femme d'origine française qui, après avoir perdu sa nationalité par son mariage avec un étranger, l'avait recouvrée, après le décès du mari, en vertu de l'article 19 C. civ. Elle avait été considérée comme investie de plein droit de la tutelle de ses enfants mineurs, encore bien que ceux-ci, conservant la nationalité de leur père, fussent étrangers. L'arrêt déclara que la tutelle était pour la mère française un droit essentiellement respectable, que ce droit découlait de la puissance paternelle, tenait à l'organisation de la famille, et que dès l'instant que la tutelle des mineurs étrangers relevait de la loi française, leur tutrice devait être assujettie à l'hypothèque légale.

Cette décision tranche dans le sens du statut personnel du tuteur la délicate question de savoir si c'est le statut personnel du tuteur, ou le statut personnel du mineur qui fixe les droits et obligations du tuteur et du mineur l'un vis-à-vis de l'autre.

Pourtant la tutelle est, dans les législations modernes, créée dans l'intérêt de l'enfant. Il n'y a donc que la loi nationale du mineur qui puisse se rendre compte du degré de protection que réclame sa condition physique et intellectuelle. Il faut donc dire que c'est la loi nationale du mineur et non la loi nationale du tuteur qui fixe l'étendue de la tutelle. — Journal de Droit intern. privé '76, p. 31, Bourges, 4 août 1874 ; Ch. civ. Cass. 14 mars 1877. D. 1877. I. 387. Aubry et Rau, I, p. 307, § 78, note 66.

La cour d'Aix, le 8 novembre 1875, dans un arrêt confirmatif d'un jugement du tribunal de Nice du 16 mars 1875, à propos d'une femme qui, avant l'annexion de la Toscane à la Sardaigne et du comté de Nice à la France, avait épousé un Toscan, et qui réclamait une hypothèque légale, résultant à son profit de la loi italienne, sur les immeubles de son mari situés dans le comté de Nice, la cour d'Aix, sans examiner la question de traité international, s'est attachée uniquement à la circonstance que la femme, Française au moment de son mariage, s'était mariée en France, devant l'officier de l'état civil français, et dans son contrat de mariage avait déclaré se soumettre à la loi française. — Cet arrêt consacre un système qui distingue suivant que le mariage a été célébré à l'étranger ou en France, suivant que les conventions matrimoniales sont régies ou non par la loi française. L'opinion qui distingue suivant que le mariage a été célébré en France ou à l'étranger n'a pas d'autre fondement que cette allégation que le mariage célébré en France a plus de publicité que le mariage fait à l'étranger. Nous dirons lorsque nous examinerons l'objection tirée à l'encontre de notre opinion, de la clandestinité de l'hypothèque, que, pour plusieurs raisons, il n'y a pas lieu de s'y arrêter. De même un arrêt de la Cour de Douai, du 29 décembre 1881, réfute l'opinion qui fait découler l'hypothèque légale des conventions matrimoniales. Nous démontrerons plus loin nous-même que cette opinion est profondément inexacte. — J. D. I. P. 1883, p. 511.

Il existe quelques décisions ayant accordé à l'incapable étranger hypothèque légale : 1° La Cour de Grenoble a jugé, le 19 juillet 1849, que l'hypothèque légale est un véritable statut réel, que la conséquence forcée du § 2 de l'article 3 est de frapper les immeubles sur la tête de qui les possède, de toutes les charges imposées par la loi française. Elle invoque aussi : « le principe d'éternelle justice d'après lequel chacun est tenu de remplir ses engagements sur ses biens, qui sont le gage des créanciers, principe qui est du droit des gens, tout aussi bien que la convention. » Grenoble, 19 juillet 49, D. 51. 2, 10.

2° La Cour d'Alger, le 4 mars 1860, par un arrêt que la Cour de cassation n'a pas maintenu, a reconnu à la femme étrangère hypothèque légale, sur ces considérants que l'hypothèque légale est conférée par la loi à toute femme mariée sans distinction ; que la loi a voulu que le bénéfice de cette protection spéciale fût attaché au mariage lui-même ; que l'article 3 2° soumet les immeubles, possédés par les étrangers, à toutes les charges imposées par la loi ; que l'étranger ne peut les acquérir qu'à la condition qu'ils soient régis par la loi française, avec la charge de l'hypothèque légale que la loi attache à sa qualité d'homme marié, quelle que soit sa nationalité. La Cour d'Alger s'attachait aussi à cette circonstance que le mariage avait été contracté dans un pays régi par le droit français, que les époux avaient leur domicile de fait en Algérie.

34. — III. Il n'est pas douteux qu'au cas de réciprocité diplomatique, les incapables étrangers pourraient invoquer hypothèque légale en France. Il n'y a pas de traité qui ait prévu le cas précis dont nous nous occupons. Mais on s'accorde généralement à faire résulter de certaines conventions diplomatiques le droit pour l'incapable étranger à l'hypothèque légale.

I. — Ainsi la jurisprudence admet qu'il résulte de l'article 22 du traité du 24 mars 1760 un cas de réciprocité diplomatique entre la France et la Sardaigne.

Cet article est ainsi conçu : « Pour étendre la réciprocité qui doit former le nœud de la correspondance intime que l'on désire perpétuer entre les sujets des deux États aux matières contractuelles et judiciaires, il est encore convenu que de la même manière que les hypothèques établies en France par actes publics ou judiciaires sont admises dans les tribunaux de S. M. le roi de Sardaigne, on aura aussi pareil égard dans les tribunaux de France pour les hypothèques qui seront constituées à l'avenir par contrats publics, soit par ordonnance ou jugements dans les États de S. M. le roi de Sardaigne. » Le traité de 1760 consacrait un état de choses absolument contraire à la décision prise par l'article 121 du code Michaud (ordonnance de 1629), sur lequel nous aurons d'assez longues explications à fournir, lequel proscrivait en France les hypothèques établies par actes publics ou judiciaires faits en pays étrangers. Le traité stipulait en effet la réciprocité pour les hypothèques établies en France par les actes publics ou judiciaires, et pour les hypothèques qui seraient constituées à l'avenir en Sardaigne, soit par contrats publics, ordonnance ou jugement. — On remarquera que l'article 22 ne mentionne pas les hypothèques légales. Pourtant, la jurisprudence leur applique l'article 22. Elle en donne pour raison que pour fixer la portée de cet article, il faut se reporter à la législation en vigueur à l'époque de la signature du traité, soit en France, soit dans les États sardes ; que l'hypothèque y était générale, occulte, résultait de plein droit de tout acte public emportant obligation ; elle soutient que l'article 22 comprend dans sa généralité les actes et contrats de mariage, l'hypothèque de la femme mariée, qui pouvait être considérée comme matière contractuelle. Effectivement, en se reportant à l'ancien Droit, on se rend compte que ce double fait qu'une hypothèque générale découlait *ipso jure* des actes authentiques et que les époux faisaient souvent un contrat de mariage, duquel résultait par conséquent une hypothèque générale, avait porté les anciens auteurs à ne faire qu'une, des questions de savoir si les femmes mariées à l'étranger avaient hypothèque légale en France et si les contrats de mariage faits à l'étranger produisaient hypothèque en France. — De plus, ainsi que le fait remarquer un arrêt, on ne comprendrait pas que les parties contractantes aient voulu donner une faveur exclusive aux hypothèques convéntionnelles ou judiciaires, créées dans un intérêt individuel et privé, et proscrire l'hypothèque légale qui protège au plus haut degré les droits de la famille. — Grenoble, 19 juillet 49, S. 50. 2. 266; D. 51. 2. 10; Cass. S. 72. 1. 190; D. 72. 1. 176; en sens contraire, trib. civ. Bone, 24 avril 67; Alger, Cour, 31 janvier 68. S. 72. 1, 190.

Il est admis que les provinces annexées sont soumises aux stipulations diplomatiques intervenues entre l'État auquel elles sont annexées et les nations voisines. Par application de cette règle, la Cour de cassation a décidé, le 5 novembre 1878, que la double annexion de la Toscane aux États sardes et du comté de Nice à la France avait rendu applicable à la Toscane et au comté de Nice le traité franco-sarde du 24 mars 1760. — S. 79. 1. 126 ; Journal de Droit intern. privé 79, p. 65 ; D. 78. 1. 477; — S. 67. 1. 118. Montpellier, 12 juillet 72.

II. La jurisprudence donne la même interprétation au traité du 30 mai 1827 entre la France et la Suisse, confirmé par la convention diplomatique du 30 juin 1864, auquel le traité du 23 février 1882 ne modifie rien sur ce point. — Clunet, 1879, p. 392 ; France judic. 6ᵉ année, II, p. 545. — L'article 1ᵉʳ dit que les Français sont reçus, traités dans tous les cantons relativement à leur personne et à leurs propriétés sur le même pied et de la même manière que les ressortissants des autres cantons. L'article 3 dit que les Suisses jouissent en France des mêmes droits que l'article 1 donne aux Français en Suisse.

La jurisprudence, de ce fait que la France et la Suisse s'attachent à maintenir la réciprocité des droits civils, conclut que bien que l'article 1 du traité ne parle pas for-

mellement de l'hypothèque de la femme suisse, elle résulte du principe général, absolu de la réciprocité des droits
civils, établi par les traités. — Elle se base aussi sur
l'article 6 du traité du 15 juin 1869, qui dit que les créanciers français ou suisses qui se sont conformés à la loi de
la situation pour la conservation de leurs droits de privilège ou d'hypothèque doivent être colloqués sans distinction de nationalité sur le prix au rang qui leur appartient
d'après la loi du pays de situation. — Il y a un cas où
aucun doute n'est possible, où l'on est dans les termes
précis des articles 1 et 3 combinés du traité de 1827, c'est
celui où l'incapable appartient au canton de Genève. En
effet, un avis du chancelier de la République de Genève
du 22 juillet 1851 donne aux femmes des autres cantons
hypothèques légales, à la date de la célébration pour leurs
créances dotales, et à la date de l'inscription pour leurs
créances paraphernales. Donc la femme française à Genève
a hypothèque légale, et le ressortissant du canton de
Genève, hypothèque légale en France. — D. 54, 2, 13 ;
D. 72, 2, 240 ; J. D. I. P. 1879, p. 392.

Citons deux traités, l'un avec l'Espagne, l'autre avec la
Serbie, desquels il résulte que les Espagnols et les Serbes ont en France les droits civils qu'y ont les Français. La convention consulaire du 7 janvier 1862 entre
la France et l'Espagne, que le traité du 6 février 1882
n'a en rien modifiée sur ce point, dit dans son article 2 : Les Français en Espagne et les Espagnols en
France, jouiront réciproquement d'une constante et
complète protection pour leurs personnes et auront les
mêmes droits (excepté les droits politiques), et les mêmes

privilèges qui sont ou seront accordés aux nationaux, à la condition toutefois de se soumettre aux lois du pays. Décr. 18 nov. 1862. Officiel 27 mars 1862. — Bulletin 10, 11, n° 10.041. Traité de comm. et nav. du 6 février 1882.

Le traité d'amitié, de commerce et de navigation entre la France et la Serbie dit, dans son article 4 : Les Français en Serbie et les Serbes en France jouiront réciproquement d'une constante et complète protection pour leurs personnes et leurs propriétés, et auront les mêmes droits, excepté les droits politiques, et les mêmes privilèges qui sont ou seront accordés aux nationaux ou aux ressortissants de la nation la plus favorisée, à la condition toutefois de se soumettre aux lois du pays. 18 juin 1883. Décr. 18 juillet 1883. Officiel, 19 juillet 1883, Bulletin 793, n° 13, 511.

La jurisprudence qui refuse hypothèque légale aux incapables étrangers, en vertu de l'article 11, ne pourrait évidemment pas opposer cet article aux Espagnols et aux Serbes, étant donnés les articles des traités que nous venons de citér. Et, comme dans presque toutes ses décisions elle déclare l'hypothèque légale de statut personnel, il n'est pas douteux qu'elle accorderait hypothèque légale aux incapables espagnols et serbes, si leur loi nationale leur conférait ce droit.

35.—II. *Réfutation.*—Il nous faut maintenant réfuter les arguments sur lesquels la jurisprudence se fonde pour refuser aux incapables étrangers hypothèque légale, et par cela même, justifier notre opinion. En somme, la jurisprudence invoque surtout l'article 11. Presque toujours,

en effet, elle admet que l'hypothèque légale est de statut
personnel. Donc, s'il était avéré que l'article 11 ne s'oppose pas à ce que l'étranger en jouisse, la jurisprudence
devrait, en vertu de ce principe que le statut personnel a
effet partout, permettre à l'incapable étranger d'invoquer
hypothèque légale sur les biens de son administrateur situés
en France. On sait quelle grosse controverse soulève l'interprétation de l'article 11. Nous n'en traiterons que les parties qui nous paraîtront conduire directement à la démonstration que nous avons à faire quant à l'hypothèque légale
de l'incapable étranger. Trois opinions principales existent
sur cet article : 1° l'une distingue entre les droits civils
et les droits des gens ; 2° une autre veut un texte qui concède expressément ou tacitement un droit à l'étranger
pour qu'il y ait droit en dehors de l'article 13 ou d'un cas
de réciprocité diplomatique ; 3° une troisième ne déclare
l'étranger incapable que dans les cas ou un texte au Code
lui refuse un droit. Personne n'a jamais soutenu que le
mot « droits civils » qu'emploie l'article, s'entendît de tous
les droits civils, interprétation qui ferait à l'étranger en
France une condition des plus dures, beaucoup plus rigoureuse que celle que lui faisaient les législations anciennes
et l'ancien Droit, malgré toutes les sévérités du droit
d'aubaine. Sur cet article, faisons une double démonstration : 1° Quelle que soit l'interprétation qu'on lui donne,
il faut reconnaître à l'incapable étranger hypothèque
légale. 2° L'article 11 veut un texte de refus pour que
l'étranger soit privé d'un droit.

I. Quelle que soit l'opinion qu'on admette sur l'art. 11,
l'incapable étranger a l'aptitude à l'hypothèque légale :

1° Cela n'est pas douteux si on exige un texte de refus. Ce texte n'existe pas. 2° L'opinion qui veut un texte concédant expressément ou tacitement les droits à l'étranger, soutenue par M. Demolombe, fait résulter le droit pour l'étranger d'être créancier, débiteur, propriétaire en France, des articles 14, 15, 16, 3, 2° C. civ., qui supposent que l'étranger este en justice, possède des immeubles en France. Elle en conclut qu'il peut avoir et consentir les droits réels accessoires, car ils ne sont qu'une qualité du droit principal, un démembrement de la propriété. Ainsi cette opinion reconnaît à l'étranger la jouissance de l'hypothèque judiciaire, de l'hypothèque conventionnelle, des privilèges. Y a-t-il dès lors une raison pour qu'elle lui refuse l'hypothèque légale, qui n'est qu'un droit accessoire de la créance comme l'hypothèque et le privilège? Peut-on faire une différence entre l'hypothèque légale et le privilège qui n'est qu'une hypothèque légale privilégiée? Accorder tous les droits réels accessoires sauf un, c'est distinguer sans fondement. 3° On peut faire la même objection à l'opinion de la jurisprudence. Elle reconnaît aux étrangers les privilèges, l'hypothèque conventionnelle et judiciaire, leur refuse l'hypothèque légale. Sont-ce des droits d'organisation différente? N'est-il pas certain qu'ils sont tous de droit des gens ou tous de droit civil? Ces deux opinions ont si bien compris la gravité de cette objection, qu'elles ont dit : Ce n'est pas le droit d'hypothèque que nous contestons à l'étranger; ce que nous n'admettons pas, c'est qu'il l'acquière en vertu d'une loi étrangère. C'est là un mode d'acquérir qui ne lui est pas concédé,

dit l'une ; il est de droit civil, dit l'autre. Nous objecterons
à l'opinion qui veut un texte qui concède à l'étranger le
mode d'acquérir l'hypothèque fixé par sa loi, que nous
ne comprenons pas qu'elle soit plus rigoureuse, pour
reconnaître à l'étranger les modes d'acquérir l'hypothèque fixés par sa loi qu'elle ne l'est pour lui reconnaître les modes d'acquérir fixés par la loi française. Au
fond, en effet, ces derniers ne lui sont concédés par
aucun texte. Puisque, néanmoins, l'opinion de M. Demolombe les reconnaît à l'étranger, nous ne voyons pas
pourquoi elle lui refuserait un mode d'acquérir qui lui
vient de sa loi nationale.

Qu'en est-il de l'opinion de la jurisprudence qui voit
dans les modes d'acquérir l'hypothèque des droits
civils? Elle se base sur l'ancien Droit. Mais elle a le tort
de présenter comme certaine, incontestable, une question qui, au contraire faisait, dans l'ancien Droit,
l'objet des plus vives controverses, qui divisait les auteurs, lesquels, loin de se prononcer pour le droit civil, avaient des tendances très marquées à considérer les modes d'acquérir l'hypothèque comme de droit
des gens. Elle a le tort aussi de ne pas s'être rendu
compte que les raisons qui dans l'ancien Droit décidaient
certains auteurs à se prononcer pour le droit civil, ne
peuvent plus être invoquées, par suite des modifications
profondes qu'a subies le régime hypothécaire.

Rappelons l'ancien Droit : Tout contrat authentique pro-
duisait de plein droit hypothèque générale sur tous les
biens présents et à venir du débiteur. Mais les auteurs se demandaient si les contrats authentiques, faits

à l'étranger, pouvaient produire hypothèque sur des biens situés en France, et c'est à propos de cette question qu'ils examinaient celle de savoir si les incapables avaient hypothèque, pour la garantie de contrats faits à l'étranger, sur des biens situés en France. Comment cela s'explique-t-il, puisque les hypothèques des incapables étaient tacites, légales ? Ce qui, vraisemblablement, les avait portés à joindre la question des hypothèques tacites à celle des hypothèques résultant *ipso jure* des contrats authentiques, c'est qu'il était d'opinion très accréditée dans l'ancien Droit que les hypothèques légales consacraient la volonté tacite, présumée des parties. Or, si on avait fini par admettre que les contrats authentiques produisaient de plein droit hypothèque, c'est que les parties ayant l'habitude d'insérer dans tout contrat authentique une clause d'hypothèque générale, on avait été amené peu à peu à la sous-entendre. Ainsi dans les deux cas, l'hypothèque résultait, pour beaucoup des anciens auteurs, de l'accord tacite des parties, ce qui explique qu'on eût réuni les questions. — Ajoutons que les anciens auteurs, parmi les hypothèques tacites des incapables, s'occupaient surtout de l'hypothèque de la femme mariée, et la rattachaient aux conventions matrimoniales. Or, comme les conventions matrimoniales étaient faites par acte authentique et que de plein droit les actes authentiques produisaient en général hypothèque, on s'explique que nos anciens jurisconsultes aient étudié le problème de l'hypothèque tacite de la femme mariée sous celui de l'hypothèque née du contrat étranger. Lorsque en effet les conventions matrimoniales avaient été faites à l'étranger, la femme pouvait avoir hypothèque en vertu de deux sources, la loi et la convention authentique.

Avant de faire connaître ce qui constituait pour les anciens auteurs les raisons de douter, faisons remarquer qu'ils ne discutaient pas la question de savoir si les étrangers avaient droit à tel mode d'acquérir l'hypothèque; que, dans les controverses qu'ils soulevaient, ils ne se préoccupaient pas de la nationalité des personnes qu'elle concernaient. Ce qui les préoccupait, c'était le lieu où avait été fait le contrat, où avait pris naissance le droit d'hypothèque, qu'il concernât des personnes françaises ou étrangères.

Quelles étaient les raisons de la controverse? Ceux qui refusaient aux actes authentiques étrangers force hypothécaire, disaient que les actes authentiques ne produisaient *ipso jure* hypothèque en France, que parce qu'ils avaient force exécutoire. Ils n'admettaient pas que les actes authentiques étrangers qui n'avaient pas force exécutoire en France, pussent y avoir force hypothécaire. Pothier, t. X, n° 100; intro. au t. XX, C^{me} Orléans, ch. I. n° 9; Brodeau sur C^{me} Paris, art. 107 et 166 et sur Louet l. H. ch. xv, p. 831.

D'autres auteurs répondaient que l'hypothèque ne découlait pas de *l'autorité de pouvoir* des actes, mais résultait de la convention des parties; ils rappelaient que si les actes authentiques produisaient de plein droit hypothèque, c'était parce que les parties insérant habituellement une clause d'hypothèque dans leurs contrats, on avait fini par la considérer comme sous entendue dans tous les contrats authentiques ; — ils ajoutaient que les contrats étaient de droit des gens et qu'il devait en être de même des accessoires de ces contrats, des effets qu'ils produisaient, qu'ils fussent expressément indiqués ou tacitement entendus ; que l'hypothèque n'était qu'un droit tendant à la réalisation de ces contrats ; — ils niaient que l'admission de l'hypothèque née d'un contrat étranger fût de nature à porter atteinte à l'autorité publique française. Car ils reconnaissaient que tout ce qui concernait l'exécution du droit relevait exclusivement de la loi territoriale. C'est ainsi que Basnage donnait hypothèque, à ces contrats pourvu qu'ils eussent été scellés du sceau royal, ou déclarés exécutoires dans le royaume. Après cette reconnaissance, ils avaient date du jour où ils avaient été passés devant notaire étranger. — Dufresne disait : Les notaires des pays étrangers sont fondés en pouvoirs de leurs rois et princes souverains d'instrumenter et passer tous contrats entre toutes sortes de personnes indéfiniment, de sorte que la *nécessité du commerce.....* telle a toujours été notre jurisprudence française, témoin ce qui est rapporté par maître René Chopin : *Jure gentium sancitæ hypotecæ actio vim obtinet ubique terrarum ac regionum.* Basnage, Tr. des Hyp., ch. XII ; Dufresne, sous arrêt Parlt. 1647, p. 391, 9 février, Hyp. l. V, ch. VI ; Févret, liv. IV, ch. V, n° 8 de son Traité de l'abus. — Chopin, sur Anjou l. III. t. III, ch. III, n, 11. — Loiseau, Des offices, liv. I ch. VI, n. 104.

Des auteurs avaient fait une distinction entre le cas où le contrat fait à l'étranger contenait une constitution d'hypothèque et le cas où il n'en contenait pas.

Ainsi Boullenois n'admettait pas qu'on pût refuser effet à la convention expresse d'hypothèque faite à l'étranger. Mais il refusait hypothèque aux contrats qui, faits à l'étranger, ne contenaient pas stipulation d'hypothèque. Il en donnait pour raison que les effets des conventions sont de droit des gens, doivent pouvoir se produire partout, tandis que la règle qui suppose sous-entendue une clause d'hypothèque dans les contrats authentiques est une règle de droit civil uniquement relative aux contrats faits dans le pays. — Boullenois. Person. et réal. stat., I, p. 626-634.

Enfin, beaucoup d'auteurs qui refusaient hypothèque aux contrats authentiques étrangers, exceptaient les contrats de mariage. Tronçon se fondait sur ce que le mariage est essentiellement du droit des gens, *non enim ex jure civili conventiones hæc ortæ sunt, sed ex ipso jure gentium*. Goujet disait: Les contrats et obligations reçus en pays étrangers n'ont exécution par hypothèque en France sauf pour ce qui concerne la dot *quæ naturalem præstationem habet*. Boullenois, qui refusait de faire produire hypothèque aux contrats authentiques étrangers qui ne la stipulaient pas, faisait une exception pour l'hypothèque de la femme mariée, par faveur pour le contrat de mariage, qui était, disait-il, des quatre parties du monde, et dont la faveur semblait être au-dessus de toutes lois. — Tronçon sur 165, C^me Paris; Goujet, T^e Hyp. quest. 1. — Boullenois, 1, p. 631. Beaucoup de décisions de l'ancien Droit sont en ce sens; — Arrêt ch. de l'édit. 13 août 1601, cité par Mornac. — Sic Grand. Ch. 5 juin 1621, rapporté par de

Montholon aux 136 arrêts en robes rouges. Enquêtes Ch. 24 mai 1624. — Ch. de l'édit. 4 février 1617. — Arrêt Parlement Paris 4 septembre 1744.

Tel est l'état de l'ancien Droit. Rien n'a fait cesser entièrement ces controverses. Sans doute l'ordonnance de 1629, code Michaud, art. 121, disait que les contrats reçus es souverainetés étrangères, pour quelque cause que ce soit, n'auraient aucune hypothèque ; sans doute l'article 2128 a reproduit cette disposition. Mais on ne peut rien inférer de l'article 121 contre l'ancien Droit, tel que nous l'avons exposé, en nous basant sur Boullenois, qui écrivait en 1732. On ne peut rien inférer de l'article 2128 qui est en contradiction avec les principes consacrés par le Code civil en matière hypothécaire. Il est constant que l'ordonnance n'avait pas autorité de loi ; que beaucoup de parlements, celui de Paris entre autres, ne l'avaient pas enregistrée ; que parmi les parlements qui l'avaient acceptée, beaucoup avaient fait des réserves ; qu'ainsi le parlement de Dijon, entre autres articles, avait écarté l'article 121. Au Palais, les avocats ne tenaient nul compte de cette ordonnance ; les arrêts s'en écartaient.

Mais, nous dira-t-on, les doutes qui existaient dans l'ancien droit, l'article 2128 les a fait cesser. Or, il refuse aux contrats authentiques faits à l'étranger le pouvoir de produire hypothèque en France. C'est donc que, dans cette controverse de l'ancien droit, il se prononce pour le rejet des sources étrangères. Nous ne nions pas que cet article ne complique la discussion. Mais, comme il est en contradiction avec les principes admis par le Code en matière hypothécaire, et qu'on est unanime à reconnaître qu'il est difficile de comprendre qu'il ait été édicté, on ne doit pas en raisonner comme s'il exprimait l'esprit de la loi ; on doit le restreindre au cas strict qu'il réglemente. L'article 2128 consacre l'opinion de ceux des auteurs de l'ancien droit qu'il n'aurait pas dû suivre. Il reproduit la manière de voir des auteurs qui refusaient aux contrats faits à l'étranger force hypothécaire, estimant qu'elle découlait de la force exécutoire, que ces contrats n'avaient pas. Or, le Code a fait disparaître toute possibilité de soutenir que la force exécutoire des actes contient la force hypothécaire, en supprimant les hypothèques attachées de plein droit aux actes authentiques, en déclarant que l'hypothèque naît de la convention.

Ainsi, à supposer que la distinction entre droits civils et droits des gens, que faisait l'ancien droit, eût été reproduite par le Code, il ne serait nullement démontré que l'ancien droit eût rangé les contrats authentiques étrangers parmi les modes d'acquérir de droit civil. Nous avons vu, bien au contraire, que les anciens auteurs qui déclaraient valable l'hypothèque contenue dans un contrat fait à l'étranger, en donnaient des raisons décisives et que des arrêts se prononçaient en ce sens ; nous avons vu que, particulièrement en ce qui concerne l'hypothèque de la femme mariée, beaucoup des anciens auteurs la déclaraient valable, bien que le contrat de mariage eût été fait à l'étranger. Enfin, le Code civil a renoncé à faire découler l'hypothèque des actes authentiques, ce qui fait disparaître le seul argument spécieux sur lequel se basaient les auteurs de l'ancien droit qui refusaient hypothèque aux contrats étrangers.

II. — Au surplus, démontrons que l'article 11 ne s'applique qu'aux droits civils refusés à l'étranger par un texte. On se base, pour affirmer que la distinction que faisait l'ancien droit a été reproduite, sur certains passages des travaux préparatoires de Portalis, Siméon, qui s'y réfèrent. Portalis disait, dans l'exposé des motifs : « L'exercice des droits qui appartiennent bien plus au droit des gens qu'au droit civil ne pourrait être interrompu sans porter atteinte aux diverses relations qui existent entre les peuples. » Siméon, rapporteur au Tribunat, disait : « C'est du droit naturel quedé rivent presque tous les contrats ; les étrangers peuvent donc acquérir et posséder des biens, les échanger, les vendre, les donner entre vifs. Ce qui caractérise essentiellement le droit civil, c'est donc d'être propre et particulier à un peuple, et de ne point se communiquer aux autres nations..... » Boulay disait : « Nous admettons que l'étranger peut posséder des immeubles en France, car acheter et vendre sont des contrats qui, d'après l'usage ordinaire, appartiennent plus encore au droit des gens qu'au droit civil. » Locré, I. p. 191, n° 3. Exposé motifs frimaire an X. — I, p. 434, n° 8, séance 25 frimaire an X. — I, p. 424-426. — II, p. 246, 249, n° 8.

Ce qui détruit la portée de ces citations, c'est que : 1° d'autres passages des travaux préparatoires les contredisent. 2° C'est qu'il y a au Code la preuve que cette distinction n'a pas été suivie. 3° C'est enfin que des documents d'une portée considérable, aux travaux préparatoires, établissent nettement quel était le but du législateur en écrivant l'article 11.

I. — Des orateurs, au cours des travaux préparatoires, ont parlé de la distinction de l'ancien droit, pour la déclarer subtile, mal fondée. Ainsi le tribun Chazal disait : « Il n'est pas permis au législateur de priver les étrangers des droits naturels et universels de l'humanité et tels sont *tous ceux que l'on appelle civils*. Car que sont les droits civils, que peuvent-ils être au moins chez nous, que les droits naturels écrits ? Écrits ou non, les droits naturels appartiennent partout à tous les hommes ». Séance 3 nivôse an X. Archives parlem., III, p. 247.

D'autres orateurs avaient soutenu qu'il n'y avait pas jusqu'aux droits successoraux eux-mêmes qui ne fussent de droit naturel, car ils étaient en conformité avec les affections naturelles et les pensées intimes du défunt.

II. — Le code contient la preuve que l'ancien Droit n'a pas été reproduit. En effet, il y a des droits que l'ancien Droit rangeait parmi les droits des gens, que le Code refuse à l'étranger ; il en est que l'ancien Droit rangeait parmi les droits civils que le Code lui accorde. Pothier disait : « Les actes entre vifs sont de droit des gens, et les étrangers jouissent de tout ce qui est du droit des gens, la faculté de disposer ou de recevoir à cause de mort est du droit civil, et les étrangers ne jouissent pas de ce qui est du droit civil. » Or, d'après le Code, les étrangers ne pouvaient pas recevoir par donation et pouvaient disposer par testament, contre-pied des solutions enseignées par Pothier. — Pothier, Intr. C^{me} Orléans, ch. ii, § 2, n° 30, n° 33. — Traité des personnes, p^{ie} 1, tit. 2, sect. 2. — Voir Labbé, J. Palais 62, p. 561.

Aussi, n'est-ce pas une des moindres objections qu'on puisse soulever à l'encontre du système de la jurisprudence que celle qui consiste à lui demander quel est le critérium au moyen duquel elle distingue ce qui est du droit civil et du droit des gens. Les uns répondent : les droits des gens sont ceux qui ont existé à toutes les époques, chez toutes les nations, qu'on conçoit existants indépendamment de toute législation positive. En ce sens M. Zachariæ dit : « Tous ceux qui d'après les principes du droit philosophique n'existent pas pour l'*homme qui vivrait dans un État extra-social* et ne trouvent leur fondement que dans la législation positive... sont droits civils. » Plus récemment on a dit : Il n'est pas nécessaire pour qu'un droit soit de droit des gens qu'il ait été, depuis les époques les plus reculées, admis chez les nations ; un droit devient de droit des gens le jour où il est consacré à peu près par toutes les législations. Dans cette opinion, la catégorie des droits des gens n'est pas fixe, immuable ; elle progresse. En ce sens. Aubry et Rau. t. I, § 78, note 15.

Pour laquelle de ces manières de voir opter, et, lorsque l'option est faite, comment faire d'une façon sûre le classement entre les droits de l'une et de l'autre catégorie, comment se guider dans les appréciations qui s'imposent ? Le dernier mot de cette distinction est l'arbitraire dans les décisions prises. Aussi voyons-nous des droits, qui très longtemps ont été considérés comme droits civils, devenir de droit des gens, et voyons-nous, fait plus curieux, des droits être de droit des gens pour une catégorie d'étrangers, celle-là privilégiée, et de droit civil pour d'autres catégories d'étrangers. C'est ce qui a lieu, quant à la tutelle. Longtemps on a dit : La tutelle, *munus pu-blicum*, droit civil *stricto sensu*, ne peut appartenir à un étranger sur un Français. Aujourd'hui elle est encore, en général, aux yeux de la jurisprudence, un droit civil, un *munus publicum*, un droit refusé aux étrangers. Mais en certains cas, elle devient de droit des gens, existe valablement au profit d'étrangers sur des Français. Ainsi il a été décidé que l'étranger, qui ne peut être nommé tuteur en France, peut l'être de ses descendants. Cass. 16 février 75. S.62. 2.411; D. 76. 1.49; D. 79.3.40. Certes, nous ne critiquons pas, au fond, les décisions par les-quelles la jurisprudence permet à certains étrangers d'être tuteurs en France, mais les distinctions qu'elle fait, selon le degré de parenté qui existe entre le tuteur et le mineur, montrent quelles anomalies et quel arbitraire contient le système qui distingue droits civils et droits des gens.

III. — D'ailleurs, les travaux préparatoires démontrent par des documents d'une portée irréfutable que l'allusion faite par certains orateurs à l'ancienne distinction n'était qu'un accident au cours des discussions que l'article 11 avait soulevées, que très certainement son but n'était pas de faire revivre cette distinction. Le projet du Code civil consacrait le principe de l'égalité civile des Français et des étrangers; il suivait la voie philanthropique, humani-taire qu'avait ouverte la Constituante qui, par des décrets de 1790-91, avait supprimé tout ce qui restait, à la fin de la monarchie, du droit d'aubaine et de détraction. Le premier consul, qui ne pouvait pas, après les luttes qu'il venait de soutenir contre l'étranger, avec son ambition

de dominer, admettre qu'on eût à l'égard de l'étranger
des générosités que l'étranger n'avait pas vis-à-vis des
Français, frappé de ce fait que la plupart des États n'avaient
pas reconnu chez eux aux Français les droits successoraux que les décrets assuraient aux étrangers en France,
voulut se rendre compte exactement de l'état de choses
qui avait précédé les décrets et chargea le tribun Rœderer
de dresser un tableau relatant la situation de l'étranger
en France, au point de vue successoral, aux derniers jours
de la monarchie. Ce fut à la suite de ce rapport qui indi-
quait les États avec lesquels la monarchie avait eu un
traité, ceux vis-à-vis desquels le droit d'aubaine et de
détraction avait existé, que le premier consul se prononça
pour un système de réciprocité qui fut formulé par la
disposition qui est devenue l'article 11. La seule question
qui fut alors discutée, tous, les travaux préparatoires en
font foi et ils sont considérables en cette matière, fut
celle de savoir si les décrets de la Constituante seraient
rapportés et si on leur substituerait la réciprocité diplomatique. Question qui donna lieu à de longues discussions,
puisque, seulement au tribunat, il ne fut pas prononcé
moins de dix-huit discours. Une première fois le tribunat
rejeta l'article 11. Il n'en fallait pas davantage pour que
le premier consul, qui en avait inspiré la teneur, sus-
pendît les travaux législatifs, épurât le tribunat, modifiât
le fonctionnement du système législatif. Lorsque l'article 11 fut à nouveau discuté, ce fut encore sur les
décrets, sur la réciprocité diplomatique à leur substituer
que portèrent tous les développements. Faisons quelques
citations : Dans la séance du 6 thermidor an IX, Tronchet

propose « d'opter entre le système de l'Assemblée constituante et le système de n'admettre les étrangers à succéder que sous condition de réciprocité. » Le 24 thermidor, Rœderer demande qu'on « répare l'erreur de la Constituante ». Siméon fait le rapport au tribunat, le 25 frimaire an X «... Nous serions pour le principe de l'Assemblée constituante. » — Au tribunat, du 29 frimaire an X au 11 nivôse, dix-huit opinions se manifestent. Le tribun Boissy d'Anglas dit : « L'article..... qui vous est soumis prononce textuellement le rétablissement du droit d'aubaine unanimement et généralement aboli par l'Assemblée constituante. » Le tribun Grenier : « Tant qu'il ne sera pas démontré que ce soit un avantage d'abandonner ce droit par rapport aux nations qui l'exercent contre nous, je m'en tiens au principe de la réciprocité. » — Le tribun J. Chénier : « Tribuns, deux questions d'un grand intérêt fixent en ce moment l'attention du tribunat, le système de réciprocité relativement au droit d'aubaine exercé longtemps sur les étrangers, aboli par la Constituante, et que l'on veut rétablir, le système de la mort civile... Je les combats tous deux. » — Le tribun Mathieu : « Quel est donc le territoire où il est permis à *l'étranger de vivre, où il lui est défendu de mourir sous peine de confiscation?* » — Le 6 ventôse an XI, Treilhard disait dans son exposé des motifs : « L'Assemblée constituante prononça l'abolition du droit d'aubaine : je sens tout le poids de cette autorité. Mais qui osera dire que l'Assemblée constituante, que de si grands souvenirs recommanderont à la postérité, ne fut pas jetée au delà d'une juste mesure par des idées philanthropiques, que l'expérience ne pouvait pas encore régler? » Le tribun Gary disait, dans son rapport, le 14 ventôse an XI : « Vous rétablissez, nous dit-on, le droit d'aubaine ; est-ce donc à nous qu'il faut faire ce reproche? Ne doit-il pas retomber sur les nations qui restent sourdes à l'appel fait par l'Assemblée constituante. » Qu'on remarque aussi que c'est la question des droits successoraux qui est en vue, lorsque l'article 13 est élaboré. Dans la séance du 6 thermidor an IX, en effet, nous voyons le premier consul demander si l'admission à domicile donnera aussitôt à l'étranger le droit de succéder. Emmery répond qu'on devrait exiger un an de stage. — Voir *Archives parlementaires*, t. III, séances à leur date.

Toutefois, en votant l'article 11, la suppression des décrets, l'admission du système de réciprocité diplomatique, le législateur ne votait pas le retour à l'ancien Droit quant à la condition successorale de l'étranger. Après le vote de l'article, rien n'était décidé encore quant aux droits successoraux de l'étranger en France. On savait que les décrets n'étaient pas maintenus, qu'en certains cas l'étranger n'aurait que les droits qui résulteraient pour lui d'un traité diplomatique. On ne savait pas quels seraient ces cas. Le tribun Grenier avait dit à cet égard : « Les droits dont les étrangers sont privés seront marqués successivement dans les titres du Code qui y auront trait. On ne les oubliera pas lorsqu'il sera question de la faculté de tester, de la capacité de recevoir par testament, de succéder. » Effectivement des articles au Code sont relatifs à la condition de l'étranger. Ainsi, en cette matière des successions, qui pourtant avait fait l'objet de toute la discussion sur l'article 11, ce ne sont que les articles 726, 912 qui ont décidé de quels droits successoraux l'étranger serait privé, auxquels partant l'article 11 s'appliquerait, et, loin de reproduire l'ancien Droit, ces articles s'en écartaient. L'ancien Droit, en effet, avait le droit d'aubaine et de détraction qui, sauf quelques exceptions, privait l'étranger du droit de recevoir et transmettre par succession, tandis qu'il était, avant la loi de 1819, abrogative des articles 726, 912, universellement reconnu que le Code civil enlevait à l'étranger la capacité de recueillir *ab intestat*, par testament, ou autremeut, mais lui laissait la capacité de transmettre *ab intestat*, par testament ou autrement. Or, ces droits que toute la doctrine reconnaissait à l'étranger sous l'empire du Code civil, aucun texte ne les lui accordait. Mais on se bornait à appliquer l'article 11, aux cas où des textes lui refusaient des droits ; on se basait sur l'observation qu'avait faite le tribun Grenier que les droits auxquels l'article 11 s'appliquerait seraient énumérés au fur et à mesure de l'élaboration du Code, ce qui, à la vérité, était le seul procédé naturel, logique et possible. Car, au début du Code civil, alors que l'œuvre entreprise ne pouvait être appréciée en sa teneur, il n'eût pas été rationnel de frapper l'étranger d'une incapacité générale. On ne pouvait que renvoyer aux divers titres la décision qui serait prise quant à l'étranger.

36. — Ainsi, aucun texte ne refusant à l'étranger l'aptitude à jouir d'une hypothèque légale, on doit lui reconnaître cette aptitude. Il nous faut maintenant rechercher quelle est la loi qui a compétence pour lui con-

férer ce droit. Le statut qui donne hypothèque aux incapables est un statut personnel. C'est en effet en raison de
l'impossibilité où ils sont eux-mêmes de veiller à leurs
droits, en raison des dangers que peut courir leur fortune entre les mains de leur administrateur, que certaines . législations leur donnent une hypothèque en
garantie. Sans doute, en droit, le tuteur français ne
peut faire aucun acte important intéressant le mineur,
sans en référer au conseil de famille, sans demander
l'autorisation du tribunal ; sans doute la loi soumet sa
gestion au contrôle d'un subrogé tuteur ; il se peut aussi
que dans les autres législations des corps constitués
veillent à la gestion du tuteur, tel, en Allemagne, l'*ober
vor mundschaft*. En fait, pourtant, le tuteur détient la
fortune de l'incapable, et il peut parvenir à la compro-
mettre. Aussi la loi croit-elle sage d'assurer au mineur,
à l'interdit, le recouvrement de leurs droits par une
hypothèque sur les biens du tuteur. De même l'hypothèque de la femme mariée est de statut personnel. C'est
la loi qui règle sa capacité qui lui confère hypothèque. La
femme mariée n'est pas incapable de fait. C'est la loi qui
la fait incapable, qui s'oppose à ce qu'elle accomplisse
certains actes juridiques sans le consentement de son
mari, quel que soit le régime matrimonial adopté. On ne
s'accorde pas en doctrine sur les raisons qui ont fait
déclarer la femme incapable. Mais on ne saurait contester que cette incapacité a pour effet de rendre possible
une direction unique dans l'association conjugale, que le
plus souvent elle correspond à la réalité des choses qui
nous montre la femme abdiquant ses intérêts entre les

mains du mari, se plaçant sous sa dépendance. La confiance qu'a la femme en la gestion du mari, la nécessité où elle se trouve d'accepter ses volontés, l'état d'incapacité auquel elle est condamnée, devaient amener la loi à créer, dans l'intérêt de la femme et celui de la famille, certains tempéraments, certains palliatifs, certaines garanties contre les abus de la puissance maritale. L'hypothèque légale est au nombre des mesures protectrices des droits de la femme incapable.

37. — Pourtant une opinion assez répandue rattache l'hypothèque légale de la femme mariée à ses conventions matrimoniales, la fait provenir de la loi qui régit ses conventions matrimoniales, loi qui peut ne pas être celle qui règle la capacité de la femme.

Bien que cette opinion soit profondément inexacte, on comprend qu'elle ait été émise. L'hypothèque légale ayant pour but de sauvegarder les intérêts pécuniaires de la femme, on a pensé qu'elle relevait plutôt de la loi qui régit les intérêts pécuniaires des époux que de la loi qui régit la capacité de la femme; on a donné à la loi qui régit l'obligation, compétence pour déterminer ses accessoires.

C'est en ce sens que s'est prononcée la Faculté de Droit de Paris, dans le rapport adressé en 1842 à M. le Ministre de la Justice sur un projet de réforme hypothécaire. Le rapport distingue deux cas : 1° Si, bien que contracté à l'étranger, le mariage est, quant aux conventions pécuniaires, régi par la loi française, il accorde hypothèque à la femme mariée comme conséquence du régime français; il n'admet pas qu'on dise que l'hypothèque est attachée à l'organisation de la famille; il déclare qu'elle fait en quelque sorte partie du régime matrimonial ; il considère qu'il y a entre les époux une stipulation implicite dont on ne saurait s'écarter sans détruire la foi des conventions les plus respectables.

2° Si les époux étrangers sont soumis à la loi étrangère quant à leurs conventions matrimoniales et si cette loi donne hypothèque à la femme, le rapport admet qu'elle y a droit sur les biens situés en France sous certaines conditions sur lesquelles nous aurons à revenir. Documents relatifs au régime hypothécaire, t. III, p. 570-591.

Nous ne saurions nous ranger à cette manière de voir : en effet, la femme a hypothèque, en droit français et dans beaucoup d'autres législations, alors même qu'elle n'a pas fait de conventions matrimoniales. 2° Elle a hypothèque non seulement en garantie de ses conventions matrimoniales, mais en garantie de ses autres créances. Soutiendrait-on que c'est la loi qui régit chacune de ces créances qui décide si une hypothèque en garantit l'exécution ? D'ailleurs, rattacher l'hypothèque de la femme à ses conventions matrimoniales, qu'est-ce dire ? Cela explique-t-il la raison d'être de cette hypothèque ? Cela fait-il ressortir ce qui la rend nécessaire ? En partie seulement. Nous ne prétendons pas nier en effet que, le mari ayant, selon le régime adopté, plus ou moins de pouvoirs sur la fortune de la femme, l'hypothèque ne soit un palliatif contre les actes que le régime matrimonial lui donne le droit de faire. Mais qu'on remarque que l'hypothèque appartient à la femme, quel que soit le régime adopté, qu'il contienne les clauses de dotalité les plus absolues ou qu'il consacre la communauté. Ce n'est donc pas dans les pouvoirs que le mari tient du régime matrimonial, qu'il faut voir la cause de l'hypothèque; ce ne sont pas les dangers, que le contrat de mariage que la femme s'est donné, peut avoir pour elle, qui l'ont fait édicter. Ce qui véritablement la rend nécessaire, ce sont les pouvoirs que la loi donne au mari, l'incapacité dont elle frappe la femme, son inexpérience, son défaut de contrôle des affaires du mari, sa faiblesse, sa dépendance. — En ce sens, Cour Douai, 29 déc. 1881, J. D. I. P. 83, p. 511-12. Cassation, 4 mars 1884, D. 1884. I. 205.

Ainsi l'hypothèque légale est de statut personnel. Mais nous n'en avons pas fini avec les démonstrations qu'il est nécessaire de faire pour qu'il soit avéré que l'incapable étranger y a droit sur des immeubles situés en France. Il reste en effet une double preuve à faire : 1° Il faut démontrer que la loi nationale de l'incapable, en lui donnant une hypothèque sur les immeubles de son administrateur, n'entend pas parler seulement des immeubles qui sont situés sur son territoire, mais de tous les immeubles de l'administrateur où qu'ils soient situés. 2° Il faut prouver qu'aucun principe d'ordre public français ne s'oppose à ce que l'hypothèque ait en France sa source dans une loi étrangère.

38. — I. La loi nationale de l'incapable, en lui accordant hypothèque sur les immeubles de son administrateur, a-t-elle en vue tous les immeubles qu'il possède, où qu'ils soient situés, ou n'entend-elle parler que des immeubles situés sur son territoire ? Cette question n'a jamais

été soulevée en doctrine et en jurisprudence. Tous les auteurs qui voient dans le statut d'hypothèque un statut personnel admettent qu'il concerne tous les immeubles, où qu'ils soient situés. Il y a pourtant, croyons-nous, des raisons de douter qui peuvent et doivent être énoncées, sur lesquelles il y a lieu de se prononcer. Elles tiennent aux différences qui existent dans la réglementation de l'hypothèque dans les divers pays, différences qui sont parfois à tel point considérables, qu'il n'y a entre ces divers droits de commun que le nom. Ce sont ces différences qui rendent très délicate la question de savoir si la loi nationale de l'incapable a entendu lui conférer l'hypothèque telle qu'elle l'a créée, organisée, avec les effets qu'elle lui a attribués, sur des biens situés à l'étranger. Il semble en effet que cette loi, si son attention s'était portée sur ce point, aurait tenu compte des difficultés et des impossibilités d'application que rencontrerait à l'étranger le droit, par elle créé, des préjudices que son application pourrait occasionner aux tiers qui auraient fait foi au système territorial. Il est à présumer que, sûre des fins de non-recevoir qui seraient opposées à son droit par la loi de la situation, et pour éviter que les biens de l'administrateur situés à l'étranger fussent soustraits à toute affectation réelle au profit de l'incapable, elle aurait accordé sur ces biens non l'hypothèque par elle créée, que la loi de la situation se serait refusée à sanctionner, mais l'hypothèque telle que l'entend la *lex rei sitæ*. Or rien de semblable dans les législations. Au contraire, toutes leurs dispositions paraissent prouver que le législateur ne les a édictées qu'à l'égard des biens situés sur

son territoire, ce qui porterait à penser que la loi nationale ne donne hypothèque que sur les biens placés
sous sa mouvance. Nous croyons pourtant qu'il faut
admettre qu'elle grève tous les immeubles de l'administrateur où qu'ils soient situés. La loi donne hypothèque
sur les immeubles. Ajoute-t-elle, situés sur mon territoire ? Spécifie-t-elle ? Non ; elle frappe les immeubles sans
se préoccuper de leur situation. — Lorsque la loi dit que
les biens d'une personne sont le gage de ses créanciers,
songe-t-on à contester qu'elle a en vue tous les biens où
qu'ils soient situés? Pourquoi, lorsqu'elle frappe une catégorie de ces biens d'une cause de préférence, n'admettrait-on pas qu'elle entend parler de tous les biens de cette
catégorie qui se trouvent dans le patrimoine, où qu'ils
soient situés ? Donc, bien que la loi nationale ne nous
paraisse pas s'être placée en face du càs où le mari, le
tuteur ont des biens situés à l'étranger, nous croyons que
sa disposition générale s'étend à ces biens.

Nous compléterons cette partie de notre dissertation,
en signalant quelques-unes · des différences qui existent
entre l'hypothèque légale des incapables belges et italiens
et des incapables français. Sans doute ces différences
porteraient à croire que l'incapable n'a hypothèque que
sur les biens situés sur le territoire de sa loi nationale.
Mais nous ferons connaître les raisons en vertu desquelles il faut décider qu'il a hypothèque sur les immeubles
de son administrateur où qu'ils soient situés. — En Belgique, les femmes ont hypothèque sur les biens du mari, les
mineurs et interdits sur les biens de leur tuteur. Art. 47,
L. 16 décembre 1851. Mais, à la différence de ce qui a lieu

pour l'hypothèque légale des mineurs français, lors de la nomination des tuteurs ou avant l'entrée en exercice de toute tutelle, le conseil de famille fixe la somme pour laquelle il sera pris inscription hypothécaire, désigne les immeubles sur lesquels cette inscription devra être requise. Art. 49. — Les greffiers de justice de paix ne peuvent sous peine de responsabilité personnelle et de destitution, s'il y a lieu, délivrer aucune expédition des délibérations des conseils de famille, à l'exception de celles relatives aux nominations de tuteurs et de subrogés tuteurs, ou qui déterminent l'hypothèque, avant qu'il leur ait été dûment justifié que l'inscription a été prise contre le tuteur, pour les sommes et sur les immeubles désignés par le conseil. Art. 54. — Il est tenu au greffe de la justice de paix un état de toutes les tutelles ouvertes dans le canton, contenant la date et le résumé des délibérations des conseils de famille relatives à l'hypothèque légale, la date des inscriptions qui auront été prises. Cet état, chaque année, est adressé au procureur du roi de l'arrondissement, copié entièrement pour les tutelles ouvertes dans l'année, copié quant aux changements survenus dans l'année courante relativement à l'hypothèque légale, à son inscription... Art. 63. — Quant à la femme mariée, l'article 64 lui donne hypothèque sur les biens affectés par le contrat de mariage pour sûreté de sa dot et de ses conventions matrimoniales. A défaut de stipulation au contrat, ou en cas d'insuffisance des garanties déterminées par le contrat, elle peut, pendant le mariage, en vertu de l'autorisation du président du tribunal de son domicile, à concurrence de

la somme fixée par lui, requérir des inscriptions hypothécaires sur les immeubles de son mari. Art. 66. —
L'article 70 dit que le juge de paix du canton du domicile
marital et le procureur du roi près le tribunal de première instance peuvent d'office requérir ces inscriptions.

Bornons là ces citations; elles suffisent pour montrer
que la loi, en réglementant l'hypothèque, suppose les
biens placés sur son territoire. La plupart des formalités
qu'elle prescrit, en effet, ne sont réalisables que sur son
territoire. Il faut pourtant admettre que la loi belge
attribue à ses incapables hypothèque sur les biens de
leur administrateur situés à l'étranger. On peut justifier
cette solution par les raisons invoquées. plus haut, lorsque nous examinions la question à un point de vue général. — On peut ajouter que l'esprit de la législation
belge est favorable à cette solution. En effet, elle admet
chez elle, sous certaines conditions, l'hypothèque des
incapables étrangers. N'est-il pas naturel de penser
qu'elle a compté sur la réciprocité pour ses nationaux
à l'étranger?

Il résulte des dispositions de la loi belge, que nous
avons citées, que les incapables belges ne peuvent
réclamer une hypothèque légale sur un bien situé en
France, que si le conseil de famille leur a conféré
une hypothèque sur ce bien, ou si le contrat de mariage
a désigné ce bien, ou si, au cours du mariage, le président du tribunal, sur les réquisitions de la femme,
l'a grevé de ce droit. Or, ne sera-t-il pas très rare, très
exceptionnel, que le conseil de famille en Belgique, qu'un
notaire belge, que le président du tribunal en Belgique,

donnent aux incapables, en garantie de leurs droits, une hypothèque sur des biens situés en France, étant donnée la connaissance où ils seront certainement qu'en France une grande partie de la doctrine, et l'unanimité de la jurisprudence, sont contraires à l'admission de cette hypothèque? Voudront-ils que l'incapable ait pour garantie unique la chance de voir se modifier cette jurisprudence?

Remarquons que si un immeuble situé en France avait été par eux désigné, on ne pourrait pas soutenir qu'il y a lieu d'appliquer l'article 2128, et de refuser à l'incapable belge, en vertu de cet article, hypothèque sur ce bien. En effet, bien que ce soient le conseil de famille, le contrat de mariage ou le président du tribunal qui déterminent les biens grevés, la cause de l'affectation de ces biens n'est pas dans la convention, mais dans la loi. Ce n'est pas le tuteur, ce n'est pas le mari qui, par suite d'un accord avec le mineur, avec le conjoint, confère une hypothèque. C'est la loi qui la lui impose.

En Italie, la femme a hypothèque sur les biens du mari pour la dot et pour les gains dotaux. Art. 1969, al. 4, C. civ. I^n. — Cette hypothèque, si elle n'a pas été limitée à des biens particuliers dans le contrat de mariage, a lieu sur tous les biens que le mari possède au moment où la dot est constituée, quoique le payement n'en soit fait que dans la suite ; elle doit être inscrite dans les vingt jours de la date de l'acte, par les soins du mari et du notaire qui a reçu l'acte de constitution de la dot. — Lorsque l'hypothèque n'a pas été restreinte à certains biens, le notaire doit faire déclarer par le mari la situation des biens par lui possédés, avec les indications énoncées en l'article 1979. Art. 1982. — Aux termes de l'article 1969, § 3, le mineur et l'interdit ont une hypothèque sur les biens du tuteur, conformément aux articles 292, 293. L'article 292 dit : Le tuteur, autre que l'aïeul paternel ou maternel, est tenu de donner caution, peut en être dispensé par le conseil de famille par délibération soumise à l'homologation du tribunal ; le conseil détermine la somme pour laquelle caution sera donnée ; il indique les biens sur lesquels le mineur aura hypothèque ; le tuteur devra inscrire s'il ne préfère donner une autre espèce de caution. Il résulte de l'article 293, que pendant la tutelle, le conseil de famille peut étendre ou restreindre l'inscription hypothécaire prise à la place de la caution, et même en autoriser la radiation. Dans tous les cas, la délibération du conseil doit être soumise à l'homologation du tribunal. — Voir art. 1983, 1984 C. civ. italien.

Évidemment toute cette réglementation ne peut s'appliquer entièrement qu'aux biens situés en Italie. Mais, d'autre part, par les articles que la loi italienne consacre aux conflits des lois, on voit que son esprit est de donner au statut personnel toutes ses conséquences, qu'elles aient ou non effet sur des immeubles. Pourquoi, dès lors, puisqu'elle ne stipule pas que les immeubles hypothéqués à l'incapable doivent être situés en Italie, supposerait-on qu'elle entend excepter de cette hypothèque les biens situés à l'étranger ?

Au surplus, il a été jugé maintes fois en France que les

incapables sardes, toscans, etc., ont hypothèque en France en vertu du traité de 1760 entre la Sardaigne et la France. C'est donc que la jurisprudence considère que la loi italienne a en vue les immeubles où qu'ils soient situés. Remarquons, que le mineur, en Italie, a plus fréquemment une caution qu'une hypothèque légale. Pourtant le conseil de famille peut substituer à la caution une hypothèque ; il doit fixer les biens sur lesquels le tuteur inscrira hypothèque. Ce n'est donc que si le conseil de famille a décidé que l'hypothèque portera sur les immeubles que le tuteur a en France, que la question se posera de savoir si le mineur italien a hypothèque sur les immeubles situés en France.

De même, l'hypothèque légale des femmes mariées italiennes pour dot et gains dotaux, peut être limitée à certains biens. Dans ce cas, il ne peut être question d'hypothèque sur des biens situés en France, que si les conventions ont désigné ces biens parmi ceux que l'hypothèque affectera. Si les biens sur lesquels l'hypothèque doit porter n'ont pas été déterminés au contrat de mariage, la loi italienne en grève les biens possédés au moment où la dot est constituée. Ce n'est donc que si le mari avait des biens en France, lors de la constitution de dot, que la question se pose de savoir si l'hypothèque conférée par la loi italienne les atteint. Il y a lieu de faire ici l'observation que nous faisions plus haut à propos des dispositions de la loi belge : Bien que le conseil de famille, le contrat de mariage fixent les biens grevés, l'hypothèque est légale. Ce n'est pas l'administrateur qui la consent, c'est en vertu de la loi que ses biens en sont grevés.

39. — II. Il nous reste à démontrer qu'aucun principe d'ordre public ne s'oppose à ce qu'en vertu de son statut personnel, un étranger ait en France une hypothèque. On peut, en s'armant des prémisses que nous avons posées nous-même, nous faire une objection sérieuse. On peut nous dire : Puisque l'hypothèque légale des incapables leur vient de leur loi nationale, c'est donc l'hypothèque, telle que cette loi la réglemente, qu'ils invoquent en France. Or, presque toujours les droits réels accessoires varient d'une législation à l'autre, et l'ordre public s'oppose à ce qu'on ait sur le territoire des droits que la loi territoriale n'admet pas. L'incapable étranger n'aura donc pas, en France, l'hypothèque que sa loi lui donne, si elle a des effets différents, soit plus étendus, soit moindres que ceux que la loi française fait produire à l'hypothèque. Il faudra que sa loi lui confère une hypothèque en tous points semblable à celle consacrée par la loi française, pour qu'il y ait droit en France.

Nous ne le contestons pas, cette objection est spécieuse. Aurions-nous donc fourni ces longs développements, pour aboutir à une solution négative ? Aucun des auteurs qui accordent à l'incapable étranger hypothèque en France, ne s'est posé cette question. Tous déclarent que l'hypothèque à laquelle l'incapable étranger a droit est l'hypothèque de la loi française. Ils n'expliquent pas comment, juridiquement, s'opère ce qui a au moins toutes les apparences d'une substitution de droit. C'est pourtant ce qu'ils auraient dû faire. Deux réponses nous paraissent possibles. On peut dire : Soit, les principes de la loi française, en matière de crédit, s'opposent à ce qu'on invoque en France un droit réel différent de ceux admis par la loi française. Mais pourquoi pousserait-on la rigueur jusqu'à l'extrême? Pourquoi ne s'ingénierait-on pas à combiner les intérêts français avec ceux de l'incapable étranger? Pourquoi ne sauvegarderait-on pas ces derniers autant qu'il est possible? Pourquoi, après avoir privé l'incapable de l'hypothèque que lui a donnée sa loi, ne lui permettrait-on pas d'invoquer en échange, en compensation, l'hypothèque de la loi territoriale? Cette solution ne porterait aucune atteinte au régime de crédit français, elle ne compromettrait en rien les intérêts français, et elle aurait pour avantage de réduire au minimum les changements que l'ordre public français exige qu'on impose aux droits acquis de par le statut personnel.

Sans doute la situation de l'incapable étranger pourrait s'en trouver différente, meilleure, ou moins avantageuse qu'elle ne l'est de par sa loi. Mais il faut passer outre à ces différences. C'est le seul moyen pour le statut personnel de pouvoir grever des biens situés à l'étranger. Évidemment, cette combinaison, ce procédé s'éloignent quelque peu de la rigueur des raisonnements du droit. Mais il faut remarquer que nous ne sommes pas en droit civil. Or, le droit international privé ne saurait s'opposer à des concessions, à des arrangements de la nature de celui que nous indiquons. Il présente le très grand avantage de donner satisfaction à l'ordre public français et d'empêcher que le statut personnel, qui seul, en l'espèce, peut disposer des biens de l'administrateur au profit de l'incapable, ne soit sacrifié.

Pourtant une autre réponse est possible, qui, nous l'avouons, nous séduit davantage. Des développements que nous avons fournis, il résulte que la loi nationale manifeste l'intention d'affecter tous les immeubles de l'administrateur d'une garantie spéciale en faveur de l'incapable, mais qu'elle ne s'est pas placée en face du cas où parmi ces immeubles il y en a qui sont à l'étranger ; que l'organisation qu'elle fait de l'hypothèque ne l'est qu'en vue des biens placés sous sa mouvance, ne peut s'adapter qu'à eux ; qu'il est difficile d'affirmer qu'elle aurait accordé à l'incapable sur les biens situés à l'étranger la sûreté réelle par elle organisée si elle s'était posé la question ; qu'on est bien plutôt porté à penser qu'après s'être rendu compte de la difficulté, de l'impossibilité de faire porter sur ces biens d'autres droits que ceux admis par la loi territoriale, elle aurait renoncé à la prétention, certaine d'échouer, de grever ces biens des droits par elle organisés, et aurait donné sur ces biens à ses incapables les droits admis par la *lex rei sitæ*.

Pourquoi dès lors, dans une question que la loi n'a pas prévue, n'admettrait-on pas comme consacré par elle ce qu'il est à présumer qu'elle aurait décidé si elle s'était posé la question ? Il faut donc dire que c'est l'hypothèque française que le statut personnel de l'incapable étranger confère sur les immeubles situés en France. Ce qu'il veut en somme, c'est que les biens de l'administrateur comptable soient soumis à une affectation spéciale en faveur de l'incapable. Pourquoi ne pas supposer qu'il s'arrête aux moyens pratiques d'atteindre ce résultat ? Or, lorsque les biens sont en France, il n'y en a pas en dehors des droits admis par la loi française. Entre deux présomptions, l'une qui suppose que la loi nationale, se rendant compte de l'impossibilité de grever de ses droits réels les biens sis à l'étranger, aurait renoncé à la garantie que ces biens peuvent offrir pour l'incapable, l'autre qui suppose qu'elle aurait opté pour les droits réels admis par la loi territoriale, conférés par elle à ses incapables, il n'y a pas à hésiter, il faut choisir la deuxième présomption.

C'est donc en présence de l'hypothèque telle qu'elle l'organise, que la loi française se trouve. Seule, la source de ce droit est dans la loi étrangère. La question se réduit donc à rechercher si un principe de la loi française s'oppose à ce qu'une hypothèque portant sur un bien situé en France ait son origine dans la loi étrangère. On l'a soutenu. Nous croyons que c'est à tort.

On se fonde sur le § 2 de l'article 3, on dit qu'il en résulte que tout ce qui touche à la propriété immobilière, aux droits qui la composent, aux modes de l'acquérir et de la transmettre relève exclusivement de la loi territoriale, qui, parmi les modes d'acquérir l'hypothèque, ne relate pas la loi étrangère. On ajoute que l'article 2118 par son silence et les articles 2128, 2123 en refusant force hypothécaire aux contrats authentiques faits à l'étranger et ne l'accordant aux jugements étrangers qu'après qu'ils ont été revêtus de l'exequatur par les tribunaux français, manifestent nettement que la loi française ne reconnaît à l'hypothèque d'autres sources que les modes de l'acquérir fixés par la loi française. Il est aisé de réfuter ces arguments : 1° On ne saurait raisonner du silence de la loi dans l'article 2118, relativement à la loi étrangère comme source d'acquisition de l'hypothèque, parce que les questions relatives à la compétence des lois étrangères en France sont toutes régies par les principes posés à l'article 3.

2° Il est vrai qu'on raisonne de l'article 3 § 2, qu'on prétend qu'il en résulte que les modes d'acquérir l'hypothèque sont fixés exclusivement par la loi territoriale.

Pourtant, l'ancien droit que l'article 3 a reproduit, reconnaissait que le statut personnel pouvait avoir effet sur des immeubles où qu'ils fussent situés ; il admettait aussi que la volonté des parties pouvait, en certaines matières, régir des droits portant sur des immeubles, par une autre loi que la *lex rei sitæ*. Ainsi on avait d'abord discuté la question de savoir quelle loi régissait les conventions matrimoniales au point de vue de leurs effets sur des immeubles situés sous l'empire d'une loi autre que celle que les parties avaient choisie pour les régir ; longtemps on avait déclaré que cette loi ne pouvait s'appliquer à ces immeubles ; qu'ils relevaient exclusivement de la *lex rei sitæ ;* on avait fait remarquer que s'il s'agissait de la communauté légale, par exemple, elle amenait des mutations, et qu'il ne se pouvait qu'elles se produisissent par l'effet d'une autre loi que la loi de la situation. Mais Dumoulin soutint énergiquement que c'était la loi personnelle des époux qui devait régir les conventions matrimoniales et il finit par l'emporter sur d'Argentré ; il fit admettre que les conventions matrimoniales, expresses ou tacites, résultant de la volonté des parties, seraient partout exécutées.

Donnons un autre exemple, celui de l'usufruit légal des père et mère. Les anciens auteurs controversaient s'il était de statut personnel ou réel. Mais la plupart d'entre eux se prononçaient pour le statut personnel. Bretonnier disait : La puissance paternelle étant un rapport personnel, les statuts sont tous personnels. Henrys, Œuvre, par Bretonnier II, p. 720, — Hertius, *Opera de Coll. legum*, § 4, n°ˢ 17-22. — Bouhier, C^{me} Bourg^{ne}, ch. xxiv, n° 37.

Aujourd'hui la Cour de cassation dit : Les questions relatives à la puissance paternelle, et spécialement au droit de jouissance légale des père et mère rentrent dans le statut personnel. Cass. D. 77, 1. 385. Or il y a la plus grande analogie entre l'usufruit légal et l'hypothèque légale des incapables. L'un et l'autre existent par suite de rapports de famille, touchent très directement à des questions qui concernent le statut personnel. Dans les deux cas, il s'agit d'un droit s'exerçant sur des biens, qu'il s'agisse du capital ou des revenus, d'un droit opposable aux tiers, qu'il ait à leur encontre des effets plus ou moins étendus ; dans les deux cas, il s'agit d'un statut écrit en vue des personnes, produisant effet sur les biens pris comme moyen de contribuer à la réglementation des rapports de famille. Pourquoi la jurisprudence serait-elle favorable à l'application du statut personnel dans un cas et ne le serait-elle pas dans l'autre ?

Rappelons enfin qu'à notre question elle-même, les anciens auteurs étaient loin d'appliquer unanimement le statut réel. Nous avons vu qu'ils la confondaient en général avec celle de savoir si les contrats étrangers produisaient hypothèque en France. Sans doute les raisons que beaucoup d'entre eux invoquaient, pour accorder à la femme l'hypothèque provenant de la loi qui régissait le contrat de mariage ne peuvent plus être invoquées. Il n'est plus vrai de dire que l'hypothèque résulte de la convention tacite ou présumée des parties. L'hypothèque légale résulte de la loi, existe, le débiteur ne voulût-il pas s'y soumettre. Celle de la femme a même cela de particulier, que l'accord des époux ne peut la supprimer entièrement. Mais si les raisons, en vertu desquelles on doit aujourd'hui accorder hypothèque à l'incapable, ne sont pas celles que donnaient nos anciens auteurs, elles n'en sont pas moins concluantes. Jadis on se basait sur la volonté tacite des parties. Aujourd'hui on invoque le statut personnel. Il importe peu que nos anciens jurisconsultes n'aient pas rattaché ces hypothèques à la capacité. Nous avons dit que l'appréciation de la nature des statuts pouvait et devait se faire en se dégageant des précédents. L'hypothèque légale étant de statut personnel, on ne pourrait l'écarter que si son application devait par quelque côté porter atteinte à l'ordre territorial, bouleverser le régime de la propriété, modifier quoique ce soit au système hypothécaire français. Mais il n'en est rien. L'hypothèque n'est pas, en droit français, un droit dont la loi fixe limitativement les cas d'application ; elle peut garantir toute créance, quelle que soit sa cause, pourvu que les conditions prescrites par la loi pour son existence, tant à l'égard des parties qu'à l'égard des tiers, aient été remplies.

La loi française ne s'oppose pas à ce que le statut personnel de l'étranger ait effet sur les immeubles situés sur son territoire s'il n'a rien de contraire à ses institutions. Son effet ici consiste en une affectation hypothécaire. Qu'importe à la loi française qu'une hypothèque soit attribuée sur les biens situés sur son territoire par la loi étrangère ? Si cette hypothèque avait été stipulée par les parties, elle l'aurait sanctionnée. C'est la loi nationale, seule compétente, qui la stipule pour l'incapable, précisément parce qu'il ne peut la stipuler lui-même. Pourquoi lui refuserait-elle application ?

Parler des articles 2128, 2123, dire qu'ils révèlent l'esprit de la loi qui serait d'écarter, en matière hypothécaire, toute source étrangère, c'est oublier que ces articles sont imbus d'idées qui ne sont plus celles du Code, et partant doivent être restreints aux cas qu'ils ont en vue.

Remarquons enfin que ceux des anciens auteurs qui n'admettaient pas que la loi qui régissait les conventions matrimoniales, pût grever d'une hypothèque les immeubles placés en dehors de sa mouvance, se montraient pourtant plus généreux vis-à-vis des incapables étrangers que la jurisprudence actuelle. Car sur ces immeubles, ils donnaient aux incapables les garanties que leur accordait la loi de la situation, ils disaient le statut réel. Ainsi, dans l'ancien Droit, les incapables avaient ou les causes de préférence qui provenaient de la loi qui régissait leurs droits personnels ou celles qu'attachait à ces droits la *lex rei sitæ*. Boullenois, t. I, Observ. XXX, p. 838.

Aujourd'hui la jurisprudence déclare l'hypothèque légale de statut personnel, mais elle soutient que l'article 11 la refuse aux étrangers, ce qui aboutit à un système plus rigoureux que celui de l'ancien Droit envisagé dans son ensemble. En effet, aucune loi ne peut donner à l'incapable étranger une sûreté réelle sur des biens situés en France.

40. — Une des raisons qui décide beaucoup d'auteurs à refuser aux étrangers incapables l'hypothèque légale, est que cette hypothèque est occulte. Ils allèguent que sa clandestinité aurait beaucoup plus d'inconvénients et de dangers que celle de l'hypothèque des incapables français. Mais les motifs sur lesquels on se base, dans cette opinion, pour soutenir que la clandestinité aurait plus d'inconvénients dans un cas que dans l'autre n'ont pas grande valeur. On dit : sans doute l'hypothèque des incapables français ne doit pas être inscrite, mais la loi impose à certaines personnes obligation de l'inscrire, obligation qui contribue à rendre moins nombreux les cas où l'hypothèque est occulte. Or il est certaines de ces obligations qui ne peuvent pas exister lorsqu'il s'agit de l'hypothèque légale des incapables étrangers. Aussi la clandestinité de l'hypothèque des incapables étrangers est-elle plus grande que celle de l'hypothèque des incapables français. On ajoute qu'il est assez facile aux tiers qui contractent avec le tuteur d'un mineur français ou le mari d'une femme française d'être renseignés sur l'existence de l'hypothèque légale qui affecte leurs biens ; qu'en effet les registres de l'état civil, les publications de mariage, sa célébration publique, la possession d'état des époux et des enfants sont de nature à les avertir. On dit que ces facilités d'être renseignés n'existent pas à l'égard des incapables étrangers. — Nous ne nions pas qu'il n'y ait des cas où il est plus difficile de se rendre compte de l'état de famille d'un étran-

ger que de celui d'un Français, où partant la clandestinité des droits de l'étranger offre plus de dangers que celle des droits d'un incapable français. Mais on ne peut rien en conclure, parce que ces comparaisons ne reposent que sur des espèces, et que les espèces sont variables à l'infini. Ainsi, à côté des cas où la clandestinité de l'hypothèque légale des incapables étrangers a plus de désavantages que la clandestinité de l'hypothèque légale des incapables français, il peut se produire des cas tout aussi nombreux où les désavantages de la clandestinité seront les mêmes, des cas aussi où la clandestinité de l'hypothèque légale des incapables français aura plus d'inconvénients que celle de l'hypothèque des incapables étrangers. Il se peut en effet que les incapables français soient nés à l'étranger, que leur acte de l'état civil soit à l'étranger, que leur mariage ait eu lieu à l'étranger, qu'ils soient domiciliés et résidants à l'étranger, que les faits de possession d'état se soient produits à l'étranger. Il se peut, par contre, que les étrangers dont s'agit soient nés en France, que leurs actes de l'état civil soient en France, qu'ils se soient mariés en France, qu'ils y résident, y soient domiciliés, y aient possession d'état. Dans ces cas, si l'on compare les inconvénients de la clandestinité de l'hypothèque des incapables français et étrangers, tantôt ils sont les mêmes et tantôt ils sont plus considérables du côté de l'hypothèque des Français.

Au surplus, on ne peut tirer argument à l'encontre de l'hypothèque légale des incapables étrangers des dangers qu'offre sa clandestinité. Ils sont le fait, en effet, d'une réglementation légale, d'une volonté légale. Ils résultent de la loi française. La clandestinité de l'hypothèque de l'incapable n'est pas édictée par sa loi nationale, mais par la loi territoriale. On ne saurait donc se fonder sur ses inconvénients pour refuser hypothèque légale aux incapables étrangers.

41. — Pourtant nous irons plus loin. Nous croyons qu'on ne peut même pas reprocher ces inconvénients à notre opinion, parce que le jeu des principes de la loi française en matière hypothécaire nous paraît demander que l'hypothèque de l'incapable étranger soit inscrite pour pouvoir exister vis-à-vis des tiers. On le sait, en principe, le Code civil veut inscription pour que l'hypothèque existe vis-à-vis des tiers. Or il apporte une seule exception à ce principe quant aux hypothèques légales des incapables, qu'il déclare opposables aux tiers indépendamment de toute inscription. Dès là qu'il est avéré que les articles 2121, 2135 n'ont en vue que les incapables français, pourquoi étendrait-on cette exception aux incapables étrangers? Sans doute il s'agit des mêmes personnes, et au point de vue rationnel, il y aurait les mêmes motifs pour dispenser d'inscription l'hypothèque légale des incapables étrangers : l'incapable, par lui-même, ne peut faire l'inscription ; les personnes chargées de la faire, étant celles sur les biens desquelle l'hypothèque porte, ne se soucient pas beaucoup de la faire, d'où il résulte qu'exiger inscription, c'est peut-être, en beaucoup de cas, refuser une garantie effective à l'incapable. Mais ces considérations n'enlèvent rien à la rigueur du raisonnement qui consiste à dire : Dans l'intérêt des tiers, en vue de la sécurité des transactions, la loi pose en

principe la publicité de l'hypothèque. Elle y à formulé une seule exception; elle doit être *strictissimæ interpretationis*.

Il n'est pas téméraire d'affirmer que le législateur français n'a pas prévu le cas où une hypothèque légale appartient à un incapable étranger. On est également fondé à croire que s'il l'avait prévu, par crainte que la clandestinité n'offrît plus de désavantages dans ce cas que dans celui de l'hypothèque des incapables français, il aurait soumis cette hypothèque à l'inscription.

En fait, cette conclusion ne saurait être trouvée sévère par les incapables étrangers. Car, presque toutes les législations exigent que le droit de l'incapable soit inscrit. Ainsi, en Belgique, en Italie, les incapables n'ont hypothèque vis-à-vis des tiers qu'après inscription.

42. — Ici, une question se présente : à quelles conditions les incapables étrangers pourront-ils inscrire leur hypothèque? Suffira-t-il qu'ils suivent les prescriptions formulées par la loi française aux articles 2148, 2153? Ne pourront-ils prendre inscription que lorsque les formalités requises par les articles 2128, 546. C. pr. auront été accomplies?

Remarquons que si les prescriptions des articles 546 C. pr., 2128 C. civ. devaient être suivies, l'hypothèque des incapables étrangers ne pourrait être inscrite qu'après qu'ils auraient obtenu un jugement de condamnation. D'où l'hypothèque légale des incapables étrangers, lorsqu'on pourrait en requérir inscription, serait doublée de l'hypothèque judiciaire qu'emportent en France les jugements de condamnation. En effet, le tribunal n'appose pas *l'exequatur* à l'acte étranger, mais prononce un jugement de condamnation basé sur l'acte.

Nous ne croyons pas qu'il y ait lieu d'appliquer l'article 546 C. pr. Il est relatif à l'exécution des actes étrangers. Or l'inscription n'est pas un acte d'exécution. C'est une formalité constitutive de l'hypothèque vis-à-vis des tiers. Elle a pour but la conservation du droit. Si on comprend que la force publique française ne puisse être mise en mouvement que par les pouvoirs français, qu'une exécution forcée en France ne soit possible que par l'ordre des autorités françaises, il n'est nullement besoin de leur intervention s'il s'agit seulement de faire foi à un acte, et sur sa présentation, d'accomplir un acte conservatoire. Dès longtemps il est admis que les actes authentiques ou sous seing privé passés à l'étranger font en France foi de leur contenu. Aussi, croyons-nous que le conservateur pourra inscrire les bordereaux sans qu'il ait été obtenu de jugement de condamnation. En effet, la mission du conservateur n'est pas de juger si on a un titre valable pour s'inscrire ; elle est d'inscrire les bordereaux tels qu'on les lui présente, sauf aux intéressés, plus tard, à en démontrer la nullité. La jurisprudence française reconnaît valable l'inscription faite par le conservateur sans représentation du titre constitutif du droit réel. Il est unanimement admis qu'il n'est pas nécessaire qu'il soit représenté au conservateur un acte authentique pour qu'il puisse inscrire. En effet, les privilèges soumis à inscription, les hypothèques légales, la séparation des patrimoines sont valablement inscrits, bien qu'ils existent souvent en faveur de créances qui ne sont pas constatées par acte authentique.

Il n'y a aucun inconvénient à ce que le conservateur inscrive ces hypothèques sur la foi des actes étrangers et de la loi étrangère, car, si l'incapable n'y a pas droit, il sera exclu lorsqu'arrivera l'ordre, et s'il veut exécuter, il devra demander un jugement de condamnation qu'il n'obtiendra pas.

Au contraire, il y a grand avantage pour l'incapable étranger à pouvoir inscrire son droit sans retard. S'il lui fallait, avant d'inscrire, obtenir un jugement de condamnation, son droit ne prendrait date que du jour de l'inscription de ce jugement. Or, les lenteurs judiciaires pourraient permettre au débiteur de consentir, au cours de l'instance, des hypothèques qui primeraient celle qui naîtra du jugement. De plus avant l'obtention du jugement il aurait pu se produire un événement empêchant qu'une inscription d'hypothèque pût être désormais utilement prise.

Aux termes de l'ordonnance de la Marine de 1681, combinée avec l'ordonnance des 23 et 26 octobre 1833, les actes authentiques ne font foi en France que lorsqu'ils sont légalisés. Il faudra donc que les actes authentiques présentés au conservateur aient été légalisés.

Toutefois la jurisprudence contient des décisions qui déclarent que la transcription d'un acte authentique fait à l'étranger, non légalisé, n'est pas nulle. Il faudrait décider de même quant à l'inscription, vu l'étroite analogie qui existe entre les deux matières.

Remarquons que l'article 1990 C. civ. Iⁿ n'exige que la

légalisation des actes passés à l'étranger, pour qu'ils puissent être inscrits: « Les actes passés à l'étranger qui sont présentés pour l'inscription doivent être dûment légalisés. »

La loi belge veut, avant qu'inscription soit faite, que le Président du tribunal ait donné son visa à l'acte étranger sur lequel on fonde l'hypothèque. Art. 77, loi 16 décembre 1851.

Le rapport qu'en 1842, la Faculté de droit de Paris adressait à M. le Ministre de la Justice en vue d'une réforme hypothécaire, concluait à ce qu'on reconnût aux incapables étrangers l'hypothèque légale, à ce qu'on exigeât l'inscription de cette hypothèque, à ce qu'on ne la rendît possible que sous certaines conditions, après certaines vérifications. Il demandait qu'on soumît à l'inscription, et les hypothèques légales qui appartenaient à des étrangers et celles qui, appartenant à des Français, seraient nées à la suite d'événements accomplis à l'étranger. Ainsi, il voulait la publicité de l'hypothèque pour les mariages célébrés en pays étranger, qu'ils concernâssent des étrangers ou des Français, pour la tutelle des étrangers et la tutelle des Français, légitime ou testamentaire, ouverte à l'étranger.

Le rapport, se basant sur ce fait, qu'un tribunal est chargé de vérifier les actes et les jugements étrangers, soumettait la possibilité de l'inscription à la vérification, par un tribunal, du fait générateur de l'hypothèque, c'est-à-dire de l'existence de la tutelle ou de l'existence du mariage.

Nous ne croyons pas que la vérification à laquelle le

rapport fait allusion, qui est celle qu'exigent les articles 2123, C. civ. et 546 C.pr. soit requise, comme le rapport paraît l'admettre, pour qu'un acte fait à l'étranger puisse produire en France un effet quelconque. Ces articles, en effet, n'exigent cette vérification que pour rendre possible l'exécution des actes et jugements étrangers. Mais il faut admettre que les actes font partout foi de leur contenu, dès qu'ils ont été passés en la forme prescrite par la *lex loci contractûs*.

Toutefois, au point de vue législatif, il y aurait lieu d'hésiter entre le maintien de ce qui nous paraît être la doctrine actuelle du Code et l'adoption du projet de la Faculté de droit de Paris, car si l'une permet à l'incapable de gagner du temps au point de vue de la conservation de ses droits, le projet du rapport aurait pour avantage de placer entre les mains du conservateur un titre affirmé sérieux par la justice.

En résumé, l'origine, la source, le titre du droit de l'incapable est dans la loi nationale. La fixation de ce droit en sa manière d'être, en ses effets, etc., est de réglementation territoriale; tout ce qui est constitutif du droit est déterminé par la *lex rei sitæ*. Il nous reste à dire quelle est la loi qui désigne : 1° les immeubles sur lesquels porte, en France, l'hypothèque de l'incapable étranger; 2° les créances qu'elle garantit. Nous croyons qu'à ces deux points de vue, il faut accorder compétence à la loi nationale de l'incapable ; que son application est logique; qu'elle ne porte nullement atteinte à l'organisation de la propriété chez nous.

43. — I. C'est la loi nationale de l'incapable qui fixe

l'étendüe des biens sur lesquels son hypothèque porte. Le
code civil français donne aux incapables Français hypothèque générale. Au contraire, la loi du 16 décembre 1851
belge veut que le conseil de famille désigne les immeubles
sur lesquels inscription de l'hypothèque du mineur devra
être requise. Article 49. L'hypothèque de la femme belge,
elle aussi, est spéciale sur les biens affectés par le contrat
de mariage. Art. 65-66. De même, en Italie, le conseil
de famille indique sur quels biens le tuteur doit inscrire
hypothèque. Art. 292, 293; l'hypothèque de la femme
peut être limitée à des biens particuliers dans le contrat
de mariage, sinon elle a lieu sur tous les biens que le
mari possède au moment où la dot est constituée. Art. 1969
par. 4, al. 2. Quelle raison y aurait-il de substituer à ces
réglementations des lois belge et italienne la réglementation française? Pourquoi donnerait-on aux incapables
belge, italien, une garantie plus forte que celle que leur
loi nationale a jugé bon de leur accorder? Si le conseil de
famille, si le contrat de mariage, si dans les cas des
articles 58, 60, 66, de la loi belge, 293 C. civ. I^n, le président du tribunal compétent ou le tribunal compétent
ont limité l'hypothèque de l'incapable à quelques-uns
des immeubles du tuteur, du mari, situés en France,
pourquoi l'étendrait-on à tous les immeubles que l'administrateur de ses biens possède en France? Certes, ce ne
seront pas les tiers qui se prévalent d'ordinaire du système français et exigent qu'il ne soit pas violé, qui ici
réclameront son application. Elle leur rendrait opposable
un droit d'étendue plus grande que celui que la loi de
l'incapable lui accordè. Quant à l'incapable, s'il invoquait

la loi française, on l'écarterait en sa prétention, en affirmant qu'on ne doit rien changer à son droit dans les cas où sa vraie portée peut être conservée sans que la loi territoriale ait à en souffrir. Or, le système-hypothécaire français en son fonctionnement, l'organisation de la propriété territoriale ne sont pas en question, parce que l'hypothèque des incapables étrangers, au lieu de porter sur tous les immeubles de leur administrateur, n'en affecte que quelques-uns.

44. — II. De même, c'est la loi nationale qui désigne les créances de l'incapable qui sont garanties par une hypothèque. La loi française donne hypothèque au mineur, à la femme mariée pour toutes leurs créances, à quelque occasion qu'elles soient nées, à quelque cause qu'elles se rattachent. Mais il se peut que la loi nationale de l'incapable ne croie pas devoir garantir d'un droit réel toutes les créances de l'incapable. Pourquoi, dans ce cas, lui donnerait-on un surcroît de garanties? Ainsi l'article 1969 C. civ. I^n, ne mentionne parmi les créances de la femme garanties par une hypothèque légale que la dot, les gains nuptiaux, les sommes dotales provenant de succession ou donation. Pourquoi garantirait-on d'une hypothèque en France, les créances de la femme italienne que la loi italienne ne croit pas devoir protéger d'une hypothèque? Evidemment, c'est la loi qui a compétence pour conférer le droit qui doit dire à quelles créances elle l'attache. L'article 292 C. civ. I^n, déclare que le conseil de famille détermine la somme que l'hypothèque garantira. Pourquoi donnerait-on à l'incapable italien hypothèque pour une somme supérieure? — L'article 49, L. 16 déc.

1851 belge, déclare que le conseil de famille fixe la somme pour laquelle il sera pris inscription ; l'article 65 veut que le contrat de mariage désigne la somme à concurrence de laquelle inscription peut être prise ; l'article 66 dit qu'à défaut de stipulation d'hypothèque ou d'insuffisance, le président peut autoriser inscription jusqu'à concurrence de la somme par lui fixée en vue de toutes les causes de recours que la femme peut avoir. Il est naturel que l'incapable ne puisse rien prétendre au delà, dans un ordre ouvert en France. Sa loi nationale est juge unique du point de savoir quelle est la somme de garanties qu'il faut lui donner. Lorsqu'elle a décidé, on ne doit pas modifier l'appréciation qu'elle a faite. L'ordre public français n'est en rien lésé parce que quelques-unes des créances de l'incapable étranger ne sont pas garanties par une hypothèque. Les tiers ne sauraient s'en plaindre, puisque leur gage est moins grevé qu'il ne le serait si on appliquait la loi française. Quant à l'incapable, peut–il demander autre chose que l'application de sa loi ?

B. *Incapables auxquels la loi française ne donne pas d'hypothèque légale.*

45. — Jusqu'ici nous avons raisonné sur le cas où les incapables étrangers et les incapables français ont également hypothèque ; nous avons supposé qu'il s'agissait des mineurs, interdits, femmes mariées ; nous avons supposé que personnes protégées et droit réel conféré étaient les mêmes dans les deux législations. Mais il y a des lois étrangères qui donnent une hypothèque à d'autres incapables que ceux de l'article 2121 C. civ. Ces incapables ont-ils droit à cette hypothèque sur les immeubles que l'administrateur de leurs biens possède en France ? Ainsi, en Belgique, les personnes placées dans un établissement d'aliénés ont une hypothèque légale sur les biens de l'administrateur pour leurs droits et créances, hypothèque identique à celle des mineurs et interdits. Art. 47. Laurent, VII. D. I, P., p. 465. — Ces personnes pourront-elles prétendre à une hypothèque en vertu de la loi belge, sur les biens de leur administrateur situés en France ? Il n'y a qu'un auteur qui ait soutenu que les incapables étrangers avaient hypothèque sur les biens de leur administrateur situés en France, bien que la loi française ne donnât pas hypothèque aux Français frappés de la même incapacité. C'est M. Demangeat. L'auteur, supposant le cas où la loi de la situation n'accorderait pas hypothèque au mineur, à l'interdit, à la femme, dit : « Nous admettons bien qu'en matière d'hypothèque une certaine part doit toujours être faite au statut réel..... Mais nous ne pouvons admettre qu'il faille nécessairement que l'hypothèque légale soit consacrée dans la loi de la situation des biens. Il suffit que ce pays reconnaisse le droit réel appelé hypothèque. » Demangeat, *Condition des étrangers.*

Nous nous rangeons à son avis. L'hypothèque, dans ces cas, est de statut personnel. Pourquoi dès lors se refuserait-on à la sanctionner en France ? Est-ce parce que l'incapable Français ne l'a pas ? Mais l'avantage du statut personnel est précisément d'assurer à l'étranger les droits que sa loi lui donne, lorsqu'il n'en résulte aucune atteinte à l'ordre territorial. Or, il s'agit d'un droit admis par la loi française, d'un droit qui n'a d'autres effets que ceux que la loi française lui fait produire, qui n'existe qu'aux conditions déterminées par la loi française, dont la loi française ne fixe pas limitativement les cas d'existence, qui peut garantir l'exécution de toute créance. En quoi l'admission de ce droit au profit d'un incapable étranger bouleverse-t-elle le système hypothécaire français ? Ajoutons que le cas que nous avons cité est particulièrement intéressant. En effet, si la loi de 1838, sur les aliénés, ne donne pas hypothèque légale aux aliénés dont les biens sont confiés à un administrateur provisoire, elle autorise pourtant le tribunal à accorder à l'aliéné une hypothèque sur les biens de son administrateur, hypothèque dont le tribunal fixera lui-même l'étendue. Ainsi, en Belgique, l'aliéné a toujours hypothèque. En France, il est possible que le tribunal la lui accorde.

Le rapport de la Faculté de droit de Paris, en 1842, émettait une opinion différente de celle de M. Demangeat. La question n'était pas directement traitée dans le rapport. Pourtant la solution que la Faculté lui aurait donnée ressortait nettement : le rapport disait en effet que pour que le mineur étranger pût prétendre à une hypothèque, en France, sur les biens de son administrateur, lequel pouvait être un tuteur, un curateur, en un mot avoir un nom et des attributions différentes de celles que la loi française donne au tuteur, il fallait qu'il s'agît d'un administrateur qui eût le caractère du tuteur français, fût comme lui administrateur comptable ; il se basait sur ce que l'attribution à un incapable étranger d'une hypothèque sur les biens d'une personne qui ne serait pas administrateur comptable, lui constituerait un droit que les incapables français n'ont pas, ce qui serait une atteinte portée à la loi française. Nous ne croyons pas que la propriété française soit en jeu dans la question. L'hypothèque en effet peut garantir toute créance. En l'espèce, seul le statut personnel peut la conférer. La loi française n'a aucune raison d'ordre public pour ne pas la sanctionner.

C. Causes de préférence non admises par la loi française.

46. — Il se peut que la loi étrangère donne à ses incapables, en garantie de leur créance, un droit autre qu'une hypothèque ; y ont-ils droit sur des biens situés en France ? En Prusse, le mineur a un privilège personnel. En vertu de ce privilège *inter personales actiones*, il est préféré aux créanciers chirographaires du tuteur. La tutelle ne crée pas de droit de gage ou d'hypothèque sur les biens du tuteur, *pfandrecht*, ni de titre à un pareil droit. Article 32, §§ 5 et 6, L. 5 juillet 1875. *Annuaire lég. étrang.* 1876, p. 441. — Les raisons que nous avons développées au chapitre sur la compétence de la loi de la situation conduisent au refus de ces droits, bien qu'ils appartiennent au statut personnel. Impossible d'ajouter au nombre des privilèges admis par la loi française. De même, en Pologne, les incapables ont une hypothèque légale, et un privilège sur les biens, privilège *inter personales actiones*. Ils n'ont pas droit, en France, à ce privilège. Dans les provinces baltiques, l'incapable a un droit de gage général sur tout le patrimoine, appelé hypothèque générale. Il ne pourra l'in-

voquer sur les meubles de son administrateur situés en France.

47. — Notons, en terminant ces développements sur les causes de préférence des incapables, que la loi belge donne au mineur étranger et à la femme étrangère hypothèque légale. Elle exige qu'elle soit spécialisée, inscrite. Article 2. L. 16 décembre, 1851, additionnel. Si l'inscription est fondée sur des actes passés à l'étranger, elle ne peut être prise qu'après que ces actes ont été visés par le président du tribunal de la situation des biens. Article 77.

La jurisprudence italienne reconnaît hypothèque aux incapables étrangers sur les biens situés en Italie. Un arrêt de la cour de Modène, du 9 mai 1876, a décidé que la femme étrangère a hypothèque légale sur les biens de son mari situés en Italie ; il se base sur ce que l'article 3 C. civ. I^n donne à l'étranger la jouissance des droits civils. — J. D. I. P. 1878, p. 55.

SECTION III

CAUSES DE PRÉFÉRENCE QUI SE RATTACHENT
AUX LOIS SUCCESSORALES

48. — En droit français, le cohéritier a privilège sur les immeubles de la succession en garantie des soultes ou retour de lots qui lui sont dus, des évictions qu'il subit, sur les biens qui lui sont échus au partage. Il a privilège pour le prix de la licitation sur l'immeuble licité. 2° Les légataires ont une hypothèque sur les im-

meubles de la succession en garantie de l'exécution de leur legs. Article 1017. 3° Ils ont en outre, ainsi que les créanciers du défunt, la séparation des patrimoines, droit grâce auquel ils sont payés sur le patrimoine du défunt de préférence aux créanciers de l'héritier.

Lorsqu'un étranger est décédé laissant des immeubles et des meubles en France, la question se pose de savoir quelle est la loi qui a compétence pour conférer sur ces biens une cause de préférence, privilège, hypothèque ou droit de préférence, à l'héritier à qui une soulte est due ou qui est évincé d'un bien de la succession, au légataire à qui l'héritier refuse de payer son legs, aux créanciers du défunt. Ce qui nous décide à examiner cette question sous ce chapitre, c'est que nous conclurons en certains cas à la compétence de la loi nationale.

49. — La difficulté naît des règles que la doctrine et la jurisprudence française appliquent aux conflits des lois successorales. On ne régit pas la succession de l'étranger qui laisse des biens en France, par une loi unique; on distingue entre la succession immobilière et la succession mobilière. On s'accorde à appliquer aux immeubles la loi de la situation. Quant aux meubles, les uns leur appliquent la loi du domicile du défunt, les autres la loi nationale. Ces distinctions ont leur base dans l'ancien droit. Boullenois disait : « Si un homme meurt ayant des biens répandus dans différentes coutumes, il y aura autant de partages qu'il y aura de coutumes différentes. » Boullenois, I, p. 232. — Voir aussi Jean Voet, Comm. ad Pand. lib. XXXVIII, t. 17, n° 34.

Ce n'est pas la loi du domicile du défunt qu'il faut

appliquer à sa succession mobilière, comme le soutiennent certains auteurs et l'ont admis certaines décisions,
mais sa loi nationale. Cass. 7 novembre 1826 ; 19 mai
1830 ; 3 février 1838. Pau, 17 janvier 72 ; Paris,
12 mai 74 ; Requ., 4 avril 81 ; D. 81. 1. 380. On allègue
dans le sens de la loi du domicile du *de cujus*, que c'est
la loi que les anciens auteurs appliquaient ; on soutient
qu'ils en donnaient pour raison que les meubles ont
fictivement leur situation au domicile de la personne,
et relèvent du statut réel ; on conclut que ces précédents
conduisent à appliquer aux meubles la loi du domicile.
D. 81. 2. 93. Toulouse, 20 mai 1880.

A notre avis, l'opinion qui prévalait dans l'ancien droit
faisait du statut des meubles un statut personnel ; elle
considérait les meubles comme créés pour la personne,
son utilité, son usage, disait qu'ils étaient censés suivre
la personne, s'adapter à elle. *Ossibus inhærent, personam sequuntur*, disait-on en parlant des meubles.
Ce qui montrait bien, qu'on les considérait de statut
personnel, comme l'état et la capacité de la personne,
dont ils formaient un accessoire.

Expliquer le statut des meubles de telle ou telle
manière n'avait pas d'intérêt pratique, dans l'ancien
Droit, puisque, qu'on parlât d'assiette fictive au domicile
ou qu'on parlât d'une sorte d'inhérence à la personne,
dans les deux cas, on aboutissait à l'application de la loi
du domicile. Aujourd'hui, selon qu'on suit l'une ou
l'autre des explications qu'on trouve chez les anciens
auteurs, on arrive à des solutions différentes. En effet, si
on parle de situation fictive au lieu du domicile, c'est la
loi du domicile qui régit la succession mobilière ; si on

parle de lien entre les meubles et la personne, la succession
mobilière est régie par la loi nationale du *de cujus*,
l'état et la capacité de la personne étant aujourd'hui fixés
par sa loi nationale. C'est cette dernière explication qu'il
faut choisir. Rappelons que le dernier alinéa de l'article
4 du projet de Code civil, qui, nous l'avons dit, s'occupait
des meubles du Français résidant à l'étranger, reproduisait la formule « *mobilia sequuntur personam* ». Il
déclarait en effet qu'ils étaient régis par la loi française
comme sa personne.

On doit d'autant moins hésiter à appliquer la loi nationale que c'est la loi naturellement compétente. La loi
dans les successions *ab intestat*, présume, interprète la
volonté du défunt, tend à suivre l'ordre de ses affections.
C'est très certainement la loi nationale qui peut le mieux
se conformer aux sentiments de la personne.

Les règles que nous venons de rappeler ont-elles des
conséquences au point de vue des causes de préférence
qui existent en matière successorale? Examinons la
question successivement en ce qui concerne le privilège
des copartageants, l'hypothèque des légataires et la séparation des patrimoines.

I. — *Privilège des copartageants.*

50. — Supposons qu'un étranger est décédé, laissant
des biens, meubles et immeubles dans son pays, et en
France. Si par suite du partage une soulte est due à un
des héritiers, ou si après le partage un des héritiers est
évincé d'un bien mis dans son lot, quelle est la loi qui a

compétence pour affecter les biens situés en France d'une cause de préférence en garantie de son recours? De quelles soultes, de quelles évictions ces biens répondent-ils? — Quels droits les biens laissés par le *de cujus* à l'étranger garantissent-ils ?

Raisonnons sur le cas d'éviction. Les règles que nous avons rappelées conduisent logiquement, fatalement à une distinction tirée de la nature du bien dont l'héritier est évincé et de la situation de ce bien. Il importe de savoir si l'éviction est d'un meuble, d'un immeuble situé dans le pays du défunt ou d'un immeuble situé en France.

1° Si l'éviction porte sur un immeuble situé en France, c'est la loi française qui détermine les sûretés réelles qui garantissent le recours de l'héritier évincé. Ces sûretés réelles ne portent que sur les biens dont la loi française fait la dévolution. L'article 2103, 3° donne à l'héritier évincé privilège sur les immeubles ; mais il n'a ce droit que sur les immeubles situés en France. Ceux laissés par le défunt dans d'autres pays, en effet, font partie d'autres successions, et ont pu être attribués à d'autres héritiers que ceux appelés par la loi française.

2° Si l'éviction subie est celle d'un droit mobilier ou d'un immeuble situé dans le pays du *de cujus*, c'est sa loi nationale qui dit si l'héritier a, en garantie de son recours, une cause de préférence sur les biens recueillis par les autres héritiers. Mais elle ne peut lui donner une sûreté réelle que sur les biens dont elle fait la dévolution. Dans ce cas, l'héritier évincé n'a donc pas de privilège sur les immeubles que le *de cujus* a laissés en France. Il importe peu que la loi qui l'a appelé lui donne

un privilège sur les immeubles de la succession et que la
loi française, elle aussi, donne aux héritiers, en garantie
de l'éviction, un privilège sur les immeubles de la succession. En effet, la loi nationale du défunt de laquelle
il tient ses droits n'a pu lui donner un privilège sur des
immeubles qui ne relèvent pas de la succession qu'elle
règlemente. De même la loi de la situation ne peut
affecter les immeubles dont elle fait la dévolution, qu'à
la garantie des droits successoraux qu'elle régit, qu'elle
confère. Ce sont là des conséquences logiques, nécessaires,
de la règle qu'il y a autant de successions que d'immeubles situés dans des pays différents. Elles sont normales
et se justifient si dans ces diverses successions les
héritiers appelés ne sont pas les mêmes, ou si les parts
à eux attribuées varient. Comprendrait-on, en effet, que
l'héritier d'une succession répondît des droits de l'héritier d'une autre succession dans laquelle il n'a pris aucune
part, dont partant il ne doit supporter aucune charge ?

Aucun auteur n'a examiné les hypothèses précises sur
lesquelles nous raisonnons. Parmi ceux qui se sont occu-
pés du partage en matière successorale, M. Brocher, qui
a statué sur les divers articles du code relatifs au partage
des successions, dit à propos des articles 884 et sqs, sur
la garantie des lots : « Les articles 884 et sqs, traitant
de la garantie des lots, n'intéressent que les cohéritiers
et leur accordent une plus grande liberté de stipulations
dérogatoires..... En quelle qualité la loi française s'ex-
prime-t-elle comme elle le fait dans les articles dont il
s'agit ? Entend-elle régir indistinctement les actes de partage intervenus sur son territoire, quelle que soit la loi

régulatrice de la succession ? doit-elle, au contraire, s'appliquer seulement aux biens qui font partie d'une hérédité rentrant dans sa compétence ? Nous nous arrêtons à cette dernière solution. Ces dispositions doivent être considérées comme faisant partie de la loi la plus naturellement appelée à les émettre. Elles semblent n'avoir pas d'autre portée que de garantir la stricte observation des droits résultant de la succession... Même décision pour 887 et sqs, traitant de la rescision en matière de partage. » Brocher, Cours. D. I. P. 1. p. 438.

La conclusion est facile à tirer. Si les articles 884 et sqs, sur la garantie des lots en matière de partage, dans la pensée de l'auteur, ne s'appliquent qu'aux successions régies par la loi française, l'article 2103 3° qui est la consécration des règles posées par ces articles, concerne seulement les partages régis par la loi française.

La jurisprudence française admet que les règles relatives aux conflits des lois successorales s'appliquent au partage. Ainsi nos tribunaux se déclarent compétents pour faire la répartition des immeubles existant en France : ils décident généralement que les demandes en partage d'immeubles situés en France, et appartenant à la succession d'un étranger mort hors de France, doivent être portées devant le tribunal du lieu où sont situés les biens, et non devant celui du lieu où s'est ouverte la succession. Colmar, 12 août 1817, (Gerardy). Cass. 14 mars 1837. Par contre, ils se déclarent incompétents pour connaître du partage mobilier, si l'étranger n'avait pas son domicile en France, par suite de la distinction entre la succession. mobilière régie par une loi unique, et la succession immobilière régie par la *lex rei sitæ*, — Paris, 13 mars 1850. Brown. Pasicr. 51. 2. 791. Riom, 7 avril. 35. Pasicr. — Fiore, D. I. P., appendice, p. 708.

Mais que décider si les lois des divers pays dans lesquels le défunt laisse des biens appellent les mêmes héritiers, au même rang, pour des parts égales? Supposons que le *de cujus* avait des enfants, que les lois des pays où sont situés ses biens, les appellent en première ligne et pour parts égales. Dans ce cas, il paraît indiqué que les héritiers ne feront qu'une masse, qu'un partage. Mais si, plus tard, un des héritiers est évincé d'un bien qui lui est échu au partage, faut-il, comme dans les hypothèses précédentes, tenir compte de la nature du bien dont l'héritier a été évincé, se demander où il est situé pour résoudre la question de savoir quelle est la loi qui détermine la cause de préférence à laquelle il a droit, quels sont les biens sur lesquels ses droits portent? Si l'éviction est d'un immeuble situé dans le pays du *de cujus*, est-ce sa loi nationale qui décide si le recours de l'héritier est garanti par une cause de préférence? Cette cause de préférence ne peut-elle porter que sur les biens dont cette loi fait la dévolution? Si l'éviction est d'un immeuble situé en France, est-ce la loi française qui fixe le droit réel accessoire qui garantit le recours de l'héritier évincé? Ce droit ne porte-t-il que sur les immeubles que le défunt a laissés en France? Remarquons que s'il en était ainsi, le vœu de ces diverses législations, envisagées isolément, qui est que les héritiers aient des droits égaux, ne serait pas rempli. En effet, les héritiers sur les biens desquels porterait le droit réel accessoire seraient plus rigoureusement tenus que les autres. Remarquons aussi que les héritiers, qui n'ont fait qu'un partage, n'ont pas dû tenir compte de ce fait que juridiquement ils étaient appelés par plusieurs lois à plusieurs successions, ni procéder de manière à avoir dans chacune de ces successions une part égale. Leur seul but a dû être de se donner une part égale dans l'ensemble du patrimoine. Il est à présumer que leurs convenances réciproques les auront portés à se charger de tel bien plutôt que de tel autre. Aussi, dans les cas où les diverses lois des lieux où sont situés les biens appellent les mêmes héritiers, où il est procédé à un seul partage, nous croyons que les causes de préférence que ces diverses lois donnent en garantie d'éviction à l'héritier lui appartiennent quelle que soit la loi de laquelle lui vient le bien dont il est évincé. Ainsi, supposons ouverte la succession d'un Italien, qui laisse des biens meubles et immeubles en Italie et en France. La loi italienne donne au copartageant évincé une hypothèque légale; la loi française lui donne un privilège. L'hypothèque légale sur les immeubles situés en Italie garantira toutes les évictions subies par l'héritier, fussent-elles d'un immeuble situé en France. Le privilège sur les immeubles situés en France répondra de toutes les évictions même de celles qui se seraient produites sur un immeuble situé en Italie.

En effet, ce que les règles du droit français sur les conflits en matière successorale séparaient, ce dont elles

faisaient plusieurs successions distinctes, devant entraî-
ner des partages distincts, en chacun desquels les héritiers auraient eu une part égale, la volonté des parties
l'a groupé, réuni; elles n'ont fait qu'un partage; elles ne
se sont préoccupées d'assurer l'égalité des parts qu'au
point de vue de l'ensemble du patrimoine. Pourquoi
n'admettrait-on pas que les biens compris dans ce partage répondent hypothécairement de l'égalité des droits
des héritiers dans l'ensemble du patrimoine? Pourquoi
restreindrait-on leur affectation à la garantie de certains
des droits recueillis dans ce partage général? Notre
solution a le double avantage: 1° d'être conforme au but
poursuivi par les lois successorales envisagées en dehors
de toute question de conflit, car, lorsqu'elles déclarent
qu'elles veulent l'égalité entre héritiers, et créent en vue
de l'assurer des sûretés réelles sur les biens de la succession ou sur une catégorie de ces biens, c'est une égalité
au point de vue de l'ensemble de la succession qu'elles ont
en vue, c'est sur tous les biens de la succession ou de
cette catégorie, qu'elles veulent faire porter le droit réel
accessoire qui garantit le recours de l'héritier évincé
contre ses cohéritiers. 2° Cette solution est, en outre,
conforme à la volonté des parties, qui ont fait une seule
masse, se sont attribué des parts égales dans la succession et non dans les successions, n'ont pas tenu compte
des conséquences rigoureuses de la règle qui distingue
autant de successions qu'il y a de biens situés en des
pays différents.

Ne semblerait-il pas, dans ce cas, logique et naturel, de
dire que c'est la loi choisie ou présumée choisie par les

parties pour régir le partage qui décide si les copartageants évincés ont en garantie de leur recours un droit
réel accessoire, et désigne les biens sur lesquels il porte?
Non, et voici pourquoi : La volonté des parties, dans les
partages des successions, n'a que la liberté que lui
laisse la loi successorale. Le partage n'est en effet que la
mise à exécution de la loi successorale, qui le soumet à
de nombreuses conditions. Ainsi, souvent elle veut qu'on
y procède par voie de justice. De même une fiction supprime les transmissions d'héritier à héritier, admet que
l'héritier a toujours été propriétaire, depuis l'ouverture
de la succession, du bien que le partage lui a attribué,
etc., etc. Le partage relevant de la loi successorale, c'est
donc à elle de dire si un droit réel accessoire garantit le
recours de l'héritier évincé. Nous nous séparons, dans
l'appréciation du lien de dépendance qui existe entre le
partage et la loi de succession, de M. Laurent qui dit :
« Une fois que l'attribution aux divers héritiers est faite,
l'œuvre de la loi est accomplie; le partage qui reste à
faire n'est plus qu'une opération matérielle, qui regarde
uniquement les héritiers, et qui se fait par eux, comme
ils le jugent convenable, qui dépend de la loi personnelle
des héritiers, de leur autonomie. » D'ailleurs l'éminent
jurisconsulte lui-même reconnaît qu'il y a un effet du
partage qu'il est impossible de rapporter à la volonté des
parties contractantes, celui de l'article 883, C. civ. Il
faut aller plus loin. Mais nous ne pouvons insister sur
cette démarcation entre ce qui est de la volonté des parties et d'obligation légale en matière de partage. Disons
seulement que dans les hypothèses que nous avons exa-

minées, les lois successorales s'appliquent, où que le
partage ait été fait. Les parties n'ont pas déclaré qu'elles
renonçaient aux garanties que ces lois leur accordent ;
leur renonciation ne résulte évidemment pas de ce fait
que le partage a eu lieu dans un endroit autre que celui
où sont les biens : ce fait est sans aucune portée. D'ailleurs une renonciation ne se présume pas. Laurent,
t. VII. D. I. P. p. 25. Voir pour le pri. des coptgts. en
Belgique. Art. 27, n° 4, L. 16 décembre 1851.

II. — *Droits des légataires.*

51. — Qu'en est-il des causes de préférence qui garantissent les droits des légataires? Supposons que le testateur est étranger et qu'il laisse des meubles et des
immeubles dans son pays et en France. Quels sont ceux
de ses legs dont l'exécution est garantie par une cause
de préférence portant sur les biens qu'il laisse en France?
Y a-t-il à distinguer selon que le bien légué est un meuble
ou un immeuble, selon que cet immeuble est situé en
France ou à l'étranger? Les biens que le *de cujus* laisse
en France ne peuvent-ils être frappés de l'hypothèque
légale de l'article 1017, ou faire l'objet de la séparation
des patrimoines, qu'en garantie de ceux de ses legs qui
relèvent de la loi française? Ce qui fait que cette question
se pose c'est qu'on applique aux testaments des étrangers, au point de vue des conflits, les mêmes règles qu'aux
successions *ab intestat* des étrangers. Il en résulte que
les meubles laissés par le testateur où qu'ils soient
situés, et les immeubles qu'il a laissés dans son pays,
sont régis par sa loi nationale. Seuls, les immeubles

situés en France relèvent de la loi française. C'est par application de ces idées que les tribunaux français se sont déclarés compétents pour interpréter le testament d'un étranger relativement aux immeubles situés en France, même dans un sens contraire à celui de l'autorité appelée à le faire exécuter dans le pays où s'est ouverte la succession. Cass. 10 novembre 1847. D. 48.1.38.

Faut-il en conclure que les legs des meubles, ceux des immeubles situés dans le pays du *de cujus* ne sont garantis en leur exécution que par les causes de préférence par lesquelles les protège la loi nationale du *de cujus*, et que ces causes de préférence ne portent que sur les biens relevant de cette loi au point de vue successoral? Les immeubles que le testateur laisse en France échappent-ils à toute affectation réelle en faveur du payement de ces legs? Faut-il dire qu'ils font partie d'une succession distincte, et ne peuvent répondre que des legs régis par la loi française? Faut-il en conclure que l'exécution des legs d'immeubles situés en France ne peut être garantie que par les immeubles que le testateur laisse en France, que les biens laissés par le testateur dans son pays échappent à toute affectation réelle en faveur de ces legs qui, ne relevant pas de la loi du *de cujus*, ne peuvent être garantis par les causes de préférence que cette loi crée?

Bien qu'on applique aux testaments, quant au fond de leurs dispositions, les distinctions admises en matière de conflits pour les successions *ab intestat*, nous croyons que, quelle que soit la nature du legs, quelle que soit la situation du bien sur lequel il porte, qu'il soit d'un meuble, d'un immeuble situé à l'étranger ou en France, il est garanti par les causes de préférence créées en faveur de l'exécution des legs par les lois des divers pays où le testateur laisse des biens. Ce qui nous décide, c'est : 1° que le testateur, en faisant ces legs, a dû vouloir que l'exécution en fût protégée par les causes de préférence attribuées aux légataires par les lois des divers pays où il laisse des biens ; 2° nous avons dit aussi que les diverses lois qui régissent la succession, en créant des droits de préférence en faveur des légataires, n'avaient pas en vue tel legs déterminé, mais tous les legs ; 3° ajoutons que la singularité des résultats auxquels on aboutirait, si on appliquait strictement, rigoureusement aux garanties qu'ont les légataires le principe de la pluralité des successions, les impossibilités pratiques qu'on rencontrerait, rendent ce système inadmissible. Ainsi, ce serait la loi nationale du testateur qui déterminerait les causes de préférence qu'ont les légataires sur les meubles. Mais la loi française s'opposant à ce qu'on invoque chez elle d'autres causes de préférence que celles qu'elle a organisées, très souvent les causes de préférence accordées par la loi nationale du *de cujus* sur les meubles ne pourraient porter sur ceux qui se trouvent en France, parce qu'elles ne seraient pas au nombre des sûretés réelles admises par la loi française. Comme les légataires n'auraient pas, en compensation, sur ces meubles, le droit de préférence que la loi française donne aux légataires il en résulterait qu'en définitive, une partie des biens de la succession échapperait à la garantie des legs. Ainsi, dans les provinces baltiques, les légataires ont sur la part de l'héritier qui a à leur délivrer le legs, ou si la charge incombe simultanément à tous les héritiers sur leur part à tous en proportion de leur importance, ce que le droit des provinces baltiques appelle un droit de gage spécial, une hypothèque spéciale, droit qui affecte les meubles et les immeubles. En France, ce droit sur meubles n'étant pas admis, le légataire ne pourrait pas se prévaloir de cette disposition de la loi des Baltiques. En droit français les légataires ont la séparation des patrimoines sur les meubles et sur les immeubles. Il se pourrait que la loi nationale du *de cujus* ne l'accordât pas. On aurait alors, en France, une séparation des patrimoines scindée, réduite, qui ne porterait pas sur les meubles, mais seulement sur les immeubles du *de cujus*. Est-ce possible? 4o Enfin, nous aurons l'occasion de constater que dans des cas assez nombreux, des auteurs de l'ancien Droit restreignaient le principe de la pluralité des successions. Ici, il est sans avantages, et a des inconvénients considérables. Il ne faut donc pas hésiter à l'écarter.

52. — Donnons quelques développements sur une des causes de préférence qui peuvent, en Belgique, garantir l'exécution des legs. L'article 44 de la loi du 16 décembre 1851 déclare que le testateur peut créer une hypothèque testamentaire. Le Code civil étant en vigueur en Belgique, l'article 1017 figure au nombre des dispositions de la loi belge. M. Laurent décide que l'article 44 .a abrogé l'article 1017 C. civ. Cela étant, supposons qu'un testateur de nationalité belge, laisse des biens, immeubles et meubles, en Belgique et en France. S'il n'a

pas constitué d'hypothèque au profit de ses légataires, ceux-ci n'en ont pas sur les immeubles situés en Belgique, mais ils ont sur les immeubles situés en France l'hypothèque de l'article 1017. Mais, si le testateur a conféré aux légataires une hypothèque sur les immeubles qu'il laisse en Belgique, ceux-ci ont-ils, en outre, en France, l'hypothèque légale de l'article 1017? Ne peut-on pas dire que le testateur qui est le maître d'instituer ou de ne pas instituer le légataire, a, en affectant à la garantie de son legs des biens déterminés, entendu limiter à ces biens la garantie réelle à laquelle il aurait droit? Nous reconnaissons que le testateur qui tient entre ses mains l'existence ou l'inexistence des droits du légataire peut décharger les biens recueillis par l'héritier des sûretés réelles dont les lois successorales les frappent en faveur des légataires. Mais ce fait unique d'avoir constitué une hypothèque sur un immeuble situé en Belgique, bien sur lequel le légataire ne l'aurait pas eue sans cela, n'implique pas que le testateur a entendu refuser au légataire l'hypothèque légale que la loi française lui donne sur les immeubles de la succession. Il se peut que le testateur, loin de vouloir diminuer les garanties que les lois sous l'empire desquelles il laisse des biens attachent de plein droit aux legs, ait voulu, bien au contraire, y ajouter celles que la loi belge lui donnait la faculté de créer; il se peut que loin de vouloir restreindre les droits des légataires, il ait voulu les accroître. Dans tous les cas, sa pensée n'étant pas exprimée, on ne peut affirmer qu'il ait rien entendu modifier aux dispositions des lois sous l'empire desquelles il laisse des biens.

Mais si le testateur belge avait conféré au légataire une hypothèque sur un immeuble situé en Belgique et une hypothèque sur un immeuble situé en France, quelle portée faudrait-il donner à cette constitution d'hypothèque sur un immeuble situé en France, contenue dans un testament? Le légataire aurait-il hypothèque sur les autres immeubles que le testateur a laissés en France? Évidemment il aurait hypothèque sur l'immeuble situé en France qu'a désigné le testateur. Sur un autre terrain que celui du droit il serait exact de dire qu'il a un double titre: 1° la loi, article 1017; 2° la volonté du testateur. En droit, il peut invoquer l'article 1017. La volonté exprimée par le testateur prouve qu'il a entendu maintenir cet article quant à l'immeuble situé en France qu'il a désigné. Mais le légataire a-t-il hypothèque sur les autres immeubles que le testateur laisse en France? Nous ne le pensons pas. Le testateur pouvait ne pas l'instituer légataire. Il n'est donc pas douteux qu'il a pu rendre le legs qu'il lui a fait plus ou moins avantageux, obliger plus ou moins rigoureusement les héritiers à son exécution. En accordant hypothèque au légataire sur tel bien situé en France, il en a implicitement déchargé les autres biens situés en France.

M. Laurent fait à tort une distinction basée sur la nationalité des légataires. Leurs sûretés réelles ne varient pas selon qu'ils sont Français ou Belges, comme l'admet l'éminent professeur. Sans doute, il est vrai, comme le dit M. Laurent, que les immeubles situés en Belgique ne sont grevés d'hypothèque en faveur des légataires, français ou belges, que si le testateur a conféré hypothèque sur

11

ces biens. Mais il n'est pas exact que les légataires belges ne puissent prétendre sur les immeubles situés en France à l'hypothèque légale de l'article 1017. Il n'est pas douteux que cet article ne distingue pas entre les légataires français et étrangers. Or, c'est en vertu de l'article 1017 que les légataires ont hypothèque. M. Laurent se base sur l'intérêt des créanciers belges, dit que le testateur belge n'ayant pas constitué d'hypothèque en garantie des legs, les créanciers belges seraient lésés injustement si on leur opposait en France l'hypothèque de l'article 1017. Pourtant les créanciers belges auraient pu connaître cette hypothèque, savoir que les successions immobilières, les droits réels relèvent de la loi territoriale, se rendre compte que le silence du testateur n'équivaut pas au rejet des règles édictées par cette loi.

M. Laurent, supposant ensuite que la succession du Belge s'ouvre en France, donne aux légataires français l'hypothèque légale de l'article 1017 sur les immeubles qui sont en France. La succession est, dit-il, régie à leur égard, par la loi française. Il refuse cette hypothèque aux légataires belges, estimant qu'à leur égard ce n'est plus la loi française, mais la volonté du testateur qui doit prévaloir, volonté qui, d'après M. Laurent est présumée s'être référée à la loi belge. Nous donnons au légataire belge l'hypothèque de l'article 1017. Pourquoi présumer la volonté du testateur différente selon qu'il fait un legs à un Français ou à un Belge ? Lorsque le testateur ne s'explique pas, la seule présomption admissible, est qu'il s'est référé à tous égards à la réglementation édictée par la loi naturellement compétente, qui est ici la *lex rei sitœ*. L'article 1017 donne hypothèque aux légataires, sans distinction de nationalité. Le testateur est présumé en avoir accepté l'application. — Laurent, t. VII D. I. P., n° 399, 374. — Brocher, D. I. P, t. II, n° 265, p. 360.

III. — *Séparation des patrimoines.*

53. — Aux termes des articles 878 et sqq. et 2111 C. civ. les créanciers du défunt peuvent exercer la séparation des patrimoines qui leur permet de se faire payer sur les biens de la succession par préférence aux créanciers de l'héritier. Supposons que le défunt est étranger, laisse des meubles et des immeubles à l'étranger et en France. Quelle est la loi qui dit ce que deviennent les droits des créanciers de cet étranger à son décès? Quelle est la loi qui a compétence pour décider s'ils ont sur les biens du *de cujus* un droit de préférence? Dans quels cas, sous quelles conditions, en vertu de quelle loi ont ils sur les biens situés en France la séparation des patrimoines? Y a-t-il lieu d'appliquer aux droits des créanciers du *de cujus* la distinction admise, en matière successorale, entre les meubles et les immeubles du *de cujus*, de régir les droits des créanciers quant aux meubles par la loi nationale du *de cujus*, quant aux immeubles par la loi de la situation?

I. — En tenant compte de la tradition, nous concluons que la distinction entre la succession mobilière et les successions immobilières n'existe pas pour les *droits personnels* des créanciers, qui sont uniformément régis, fixés par la loi nationale du *de cujus*.

II. — Mais les créanciers du *de cujus* n'ont droit sur

les biens meubles ou immeubles de la succession qu'aux droits de préférence que leur confère la loi de la situation.

54. — I. — L'opinion des anciens auteurs n'était pas formelle quant au payement des dettes de la succession comme elle l'était quant à la dévolution, quant au partage ; ils controversaient. Le plus généralement ils n'admettaient pas que les droits des créanciers fussent soumis à autant de lois distinctes que le défunt avait de biens situés en pays différents. Ils appliquaient la loi du domicile du *de cujus* à l'action personnelle des créanciers du défunt vis-à-vis de ses héritiers, à la contribution et l'obligation des héritiers aux dettes. Il y avait des coutumes qui admettaient la division des dettes, d'autres qui consacraient la solidarité des héritiers quant aux dettes. Il importait donc de savoir si les droits des créanciers variaient à cet égard selon les pays dans lesquels le défunt laissait des biens. Paul de Castres et de Christiné admettaient que la coutume où se faisait l'addition d'hérédité l'emportait sur les coutumes de la situation des biens, en donnaient pour raison que l'héritier contracte tacitement dans la maison mortuaire, avec les créanciers de la succession, et que ce contrat doit être régi par la coutume où il est passé ; le Parlement de Flandres l'avait décidé ainsi ; huit arrêts du conseil de Malines s'étaient prononcés dans ce sens. Bouhier appliquait aussi la loi du domicile du *de cujus*. Il se décidait par cette raison que l'acceptation de la succession, censée faite au lieu de l'ouverture, forme une espèce de contrat entre les héritiers et les créanciers héréditaires, que l'obligation qui

en résulte prend sa force de la coutume où elle a été contractée, que le statut qui produit une action personnelle
est personnel, qu'il y aurait inconvénient à admettre la
solidité des actions sur certains biens, à en ordonner la
division à l'égard des autres.

Boullenois lui-même, bien qu'il n'osât pas se prononcer catégoriquement puisqu'il disait : « J'avouerai de
bonne foi que cette question m'ayant fait beaucoup de
difficulté, lors des dissertations que j'ai données au public, je n'osai pas m'expliquer et que je me contentai de
rapporter les autorités pour et contre... », ajoutait pourtant : « Il est vrai que le sentiment de monsieur le Président Bouhier paraîtrait d'abord le plus juridique ; car
enfin il faut convenir que la loi du domicile mortuaire est
celle qui, dans la succession, régit l'action personnelle
dont le défunt était tenu et il faut bien distinguer entre
l'action solidaire et l'action hypothécaire. La première est
toute personnelle ; la seconde est toute réelle. La disposition de la coutume où le défunt avait des biens, qui n'est
qu'accidentelle en ce que le défunt n'y avait pas de domicile, détruirait-elle la disposition de la coutume principale et dominante qui est celle du domicile? J'avouerai
que celle du domicile me paraît supérieure, quand il ne
s'agit que de la personnalité des actions. » — Boullenois,
Dissertations mixtes, quæst. 22, p. 511; Per[té] et Ré[té],
statuts, observ., XVII, p. 277 et sq.— Bouhier, C[me] Bourg.
ch. XXI, n°s 212-215, t. I, p. 616. En sens con[re], Froland. Sur la nature et la qualité des statuts, II, p. 1548,
1557; Bourgnoingne, tract. ad consuetu. Flandriæ II,
16 et sq.

M. Laurent, qui régit le payement des dettes par la loi nationale du *de cujus*, en donne, en résumé, les raisons que voici : l'unique motif pour lequel les héritiers sont tenus des dettes est qu'ils représentent la personne du défunt. Or le lien entre le défunt et son héritier, qui de deux personnes n'en fait qu'une, n'a rien de commun avec les biens et leur situation. Quand même l'héritier ne recueille rien, il est le représentant du défunt, il est tenu indéfiniment des dettes comme le défunt. Or le défunt en était tenu en vertu de l'obligation qu'il avait contractée. C'est aussi en vertu de cette obligation que l'héritier en est tenu. Les créanciers, en contractant, ont naturellement cru que la loi du défunt réglerait les obligations de ses héritiers, Laurent, VII, D. I. P., p. 66 et sq.

Nous nous rangeons à cette opinion. Ce sont les précédents qui nous décident. Ce sont aussi les inconvénients considérables qu'il y aurait pour les créanciers à voir leurs créances soumises à autant de lois diverses que le débiteur a de biens situés en des pays différents. C'est enfin l'impossibilité où ils se trouveraient de prévoir quelles seraient, au décès du débiteur, les lois diverses qui régiraient leurs droits.

55. — II. La solution à laquelle nous venons de nous arrêter, les anciens auteurs ne la prenaient qu'au point de vue des actions personnelles des créanciers. Quant aux droits réels sur les immeubles, s'il n'est pas absolument exact de dire que l'ancien droit écartait toute source étrangère, il est certain pourtant que le plus généralement il donnait exclusivement compétence à la loi territoriale. — Sans doute nous avons admis que les causes

de préférence qui se rattachent au statut personnel de
l'incapable étranger, pourvu qu'elles soient au nombre de
celles organisées par la loi française, pouvaient être invoquées en France. Il y en avait une raison déterminante :
c'est que le statut personnel est partout applicable. Ici,
il semblerait naturel, logique que la loi nationale du *de
cujus*, qui fixe les modifications que le décès du débiteur
est de nature à apporter dans les droits personnels de ses
créanciers, déterminât également les causes de préférence que ces créanciers peuvent réclamer sur ses
biens. Pourquoi la loi qui régit le principal ne détermi-
nerait-elle pas ses accessoires ? Pourtant nous démontrerons, au chapitre suivant, qu'au cas de conflit entre la
loi de l'obligation et la loi française de la situation, la
loi de l'obligation ne peut conférer une cause de préférence sur les biens que le débiteur a en France, mais que
l'obligation, bien que régie par une loi étrangère, béné-
ficie des causes de préférence que la loi française attache
à sa cause. L'application de ces règles conduit à décider
que les droits de préférence des créanciers du *de cujus*
sont déterminés par la loi de la situation. Ces créanciers
ont donc la séparation des patrimoines sur les biens meubles et immeubles que leur débiteur laisse en France.
Art. 878 et sq., 2111. Quelle que soit la nature du droit
de séparation des patrimoines, notre solution doit rester
la même. En effet si elle n'est pas un privilège, elle n'en
constitue pas moins l'affectation de certains biens du débiteur à une catégorie de créanciers par préférence à une
autre catégorie de créanciers, et il est d'intérêt public
que sur le territoire, les droits qui font aux créanciers

une situation en dehors du droit commun soient de réglementation exclusivement territoriale.

56. Pourtant, indépendamment des raisons spécieuses
en vertu desquelles on peut soutenir que la loi qui régit
l'obligation, peut seule lui conférer une cause de préférence sur les biens du débiteur, en quelque endroit qu'ils
soient situés, raisons que nous exposerons longuement
au chapitre suivant, il existe des raisons spéciales qui
sont de nature à faire hésiter sur la question de savoir
si la loi nationale du *de cujus* n'a pas seule le pouvoir
de donner à ses créanciers la séparation des patrimoines.

Indiquons-les :

La séparation des patrimoines, le mot dit la chose,
s'exerce sur une universalité juridique, est l'attribution
du patrimoine du défunt à ses créanciers. Ce ne sont pas
les objets *ut singuli* qui composent le patrimoine que
la loi a en vue lorsqu'elle pose les bases de ce droit, mais
le patrimoine en son ensemble. Or, avec notre système
qui l'accorde aux créanciers du défunt sur les biens
laissés en France, quelle que soit la loi qui régit leur
créance, il se pourra que ceux-ci aient le droit en France
et ne l'aient pas à l'étranger sur les biens qu'y a laissés
le défunt, si la loi de leur situation ne l'admet pas. Voilà
donc un droit dont la nature est de porter sur l'ensemble
du patrimoine du *de cujus*, transformé, par suite de la
situation des biens, en droit qui ne peut affecter qu'une
partie des biens du défunt. Cette conséquence ne de-
vrait-elle pas être évitée? Le peut-on autrement qu'en
déclarant que les créanciers du défunt n'ont la séparation
des patrimoines que si la loi nationale de celui-ci, qui est

la loi qui régit leur obligation, la leur accorde? Nous reconnaissons que cette conséquence est singulière, mais nous ne croyons pas qu'elle autorise une dérogation aux principes que nous établirons au chapitre suivant.

57. — M. Laurent admet qu'une seule loi a compétence pour conférer aux créanciers du *de cujus* la séparation des patrimoines, la loi qui régit leur obligation. Il dit que le fondement de la séparation des patrimoines est dans les articles 2092-93 ; qu'il est juste que les créanciers du défunt qui, de son vivant, avaient pour gage ses biens, y comptaient, ne voient pas leurs droits changer par suite de son décès ; que les motifs de la séparation sont personnels, sont fondés sur le lien que l'obligation crée entre le créancier et le débiteur. Nous ne le nions pas, le but de la séparation des patrimoines est d'assurer aux créanciers du défunt la continuation des droits qui résultaient pour eux des articles 2092-93. Mais on ne saurait voir dans la séparation des patrimoines une application pure et simple des articles 2092-93. En effet, l'ouverture de la succession a amené la confusion des patrimoines du défunt et de ses héritiers ; le patrimoine du défunt est donc devenu le gage commun des créanciers du défunt et des créanciers de l'héritier. La séparation des patrimoines a pour but de soustraire aux créanciers de l'héritier le patrimoine du *de cujus* que l'acceptation de l'héritier avait rendu leur gage, d'en faire le gage propre des créanciers du défunt. Loin d'être une application des articles 2092-93, elle est une exception à ces articles, elle est au nombre des droits qui font

à une catégorie de créanciers une situation de faveur. Laurent, t. VII, traité D. I. P., p. 85.

M. Berthauld, qui s'est prononcé pour l'application d'une loi unique aux successions, mobilières et immobilières, la loi personnelle du *de cujus*, se demandant si les créanciers du *de cujus* dans une succession ouverte à l'étranger ont la séparation des patrimoines sur les biens de cette succession situés en France, ne la leur donne que si la loi personnelle du *de cujus* la leur confère. Elle s'exerce, dit l'auteur, sur une universalité juridique, continuation fictive du défunt, doit être soumise à la loi de l'ouverture de la succession, et non aux régimes plus ou moins variés des lois de situation. Cependant les créanciers devront remplir en France les conditions de publicité de la loi française. Bien qu'au point de vue du payement des dettes, nous ayons conclu dans le même sens que l'auteur, les raisons qui seront exposées au chapitre suivant, nous font décider que la séparation des patrimoines, droit qui donne à certains créanciers une situation de faveur, leur appartient en France quelle que soit la loi qui régit leur créance, celle-ci la leur refusât-elle. Berthauld. Conflits des lois, questions pratiques, n° 140, p. 100.

C'est l'opinion de M. Brocher. Il admet : 1° que les dispositions sur la séparation des patrimoines s'appliquent, sur le territoire français, même aux biens dépendant d'une succession régie par une loi étrangère ; 2° que ces dispositions ne passent pas le territoire ; 3° qu'aucune loi étrangère ne peut exercer une telle influence sur le territoire français. Brocher, Cours D. I. P., t. I, p. 432.

Il en résulte que lorsqu'un étranger laisse des biens en divers pays, ses créanciers peuvent avoir la séparation des patrimoines dans un État, et ne pas l'avoir dans un autre ; qu'ils peuvent avoir un droit très différent, selon les pays. Ainsi en Russie, l'héritier acceptant est tenu de plein droit des dettes de la succession, même sur son propre patrimoine. A l'inverse, ses propres dettes ne peuvent être poursuivies sur les biens de la succession qui lui est échue, qu'après extinction complète des prétentions provenant du chef de son auteur, ce qui est implicitement une séparation des patrimoines au profit des créanciers du défunt. Mais si un Russe laisse des biens en France, ses créanciers n'ont sur ces biens la séparation des patrimoines qu'aux conditions de la loi française. Lehr, D^t civil russe, 1877, n° 514. — Recueil des arrêts du Sénat, t. I, p. 552.

En Italie, la séparation ne peut s'exercer que dans le terme péremptoire de 3 mois à compter du jour de l'ouverture de la succession. En France, elle peut être demandée pendant trois ans sur les meubles. Les créanciers d'un débiteur italien auront donc un droit plus long de durée sur les meubles laissés en France que sur les biens laissés en Italie. Art. 2057 C. civ. Iⁿ. Art. 880, C. civ. fr.

58. — Telles sont les solutions que nous donnons aux conflits de lois relatifs aux causes de préférence qui ont leur source dans les lois successorales. Nous ne nions pas qu'elles n'aient des côtés singuliers. Tantôt nous avons appliqué rigoureusement la distinction entre la succession mobilière et les successions immobilières, tantôt nous avons cru avoir la possibilité de l'écarter. Il est

grandement à désirer que des traités diplomatiques et que les législations de l'avenir fassent disparaître ces difficultés dues aux conséquences de la division des successions, et abrogent cette règle qui détruit la notion de l'hérédité, méconnaît cette idée si vraie, que les lois successorales présument la volonté du défunt, laquelle est une, ne varie pas selon la nature et la situation des biens. Dans cette section, nous avons montré combien il pouvait être fâcheux qu'en matière successorale on distinguât entre les meubles et les immeubles, alors que très souvent les lois successorales édictent des règles non en vue de tel bien déterminé, mais en vue de l'ensemble du patrimoine. Aussi, dès longtemps, les conséquences de cette division qui détruit l'unité de vues, l'idée générale qui préside aux lois successorales, ont arrêté les interprètes. Déjà, dans l'ancien Droit, les derniers auteurs, Boullenois, Bouhier se refusaient à consacrer certaines conséquences pourtant rigoureusement déduites de la division des successions. Ainsi, ils n'admettaient pas que la même personne pût être héritier pur et simple dans un pays, légataire dans un autre, héritier bénéficiaire dans un troisième, renonçant dans un quatrième. Ils soutenaient que l'acceptation une fois faite amenait acceptation pour les successions partout ouvertes, que le titre d'héritier était indivisible. Boullenois disait : « Dans la France il y a, par rapport aux successions, presque autant de différentes manières de succéder, qu'il y a de différentes provinces et de différentes villes… Il n'en faudrait pas conclure que parce que les biens du défunt se partagent différemment… néanmoins un même homme puisse diviser la qualité d'héritier... se dire héritier dans l'une et légataire dans une autre... parce que la qualité d'héritier est indivisible et que du moment que l'héritier présomptif se porte héritier, il acquiert et contracte cette qualité partout où la loi la lui défère. » Et dans un autre passage de son remarquable traité : « Par arrêt du 13 juillet 1705, disait-il, on a jugé pour l'incompatibilité des qualités d'héritier dans une coutume et de légataire dans une autre, quand dans cette autre coutume on est appelé à la succession avec concurrents. Les raisons de cette jurisprudence sont que celui qui est habile à succéder partout est partout saisi de droit, *etiam dormiens*. Cette saisie légale a lieu, dans le même instant, dans toutes les coutumes où il est habile à succéder. » Ajoutons que déjà Boullenois avait émis le vœu de voir une loi unique régir les successions : « Si dans un même royaume il n'y avait qu'une loi uniforme pour les successions... ou si, nonobstant la variété des lois, la loi du domicile du défunt fixait et déterminait la manière de succéder dans toutes les coutumes, comme j'ai pris la liberté de le proposer dans le Discours préliminaire de mes dissertations mixtes et dans le présent ouvrage, il n'y aurait pas grande difficulté entre héritiers. » Boullenois, t. II, Observ. XLI, P[té] et ré[té] st[ts], p. 389 ; t. I p. 255, 538, 551. — Balde, Cons. 219, vol. I, art. 2.

A un point de vue spéculatif, il semble qu'il faille opter pour l'application aux successions de la loi nationale du *de cujus*, sous cette importante condition qu'elle ne sera appliquée à l'étranger qu'autant qu'elle n'y portera atteinte à aucun principe d'ordre fondamental, d'intérêt général. Sans doute le but politique poursuivi par les États a son influence en matière successorale. Mais ce qui domine dans la réglementation des droits successoraux, c'est l'interprétation présumée de la volonté du défunt, de ses affections, interprétation qu'une seule loi est à même do faire, la loi nationale. Qu'on pose donc en principe que la loi nationale a seule compétence. Il suffira, pour que l'ordre public, le but politique, social, poursuivi par un État en matière successorale soient respectés, maintenus, qu'on refuse d'appliquer sur son territoire toute disposition qui y serait contraire. Art. 8, C. civ. I^n.

SECTION IV

CAUSES DE PRÉFÉRENCE DES PERSONNES CIVILES ÉTRANGÈRES

59. Beaucoup de législations donnent des causes de préférence au trésor public, à l'État et à ses subdivisions sur les biens de leurs contribuables ou de leurs fonctionnaires. Nous avons, en ce qui concerne ces causes de préférence, à examiner deux questions : I. L'État étranger, les communes étrangères, les établissements publics étrangers ont-ils sur les biens meubles ou immeubles que leurs contribuables ou leurs receveurs comptables ont en France, les privilèges, l'hypothèque légale que la loi française donne au trésor public, à l'État, aux communes et aux établissements publics. Art. 2098, 2102, n° 7? II. Ont-ils sur les biens situés en France les droits que leur loi nationale leur donne?

60. — I. — Il n'est pas douteux que les articles qui, au Code civil, donnent privilège ou hypothèque au fisc, à l'État, n'ont en vue que l'État français, les établissements publics français. En effet, la loi française n'avait pas à prendre des mesures en vue de la fidélité de gestion des agents d'un État étranger, du payement de ses impôts, de la prospérité de ses finances. Les personnes civiles étrangères n'ont donc pas les causes de préférence que la loi française donne à l'État, aux communes, etc.

61. — II. — Mais ont-elles droit en France aux causes de préférence que leur loi nationale leur confère? Il est bien certain qu'alors même que leur loi nationale aurait compétence pour leur donner une cause de préférence, elles ne pourraient pas l'exercer en France si elle n'était pas au nombre de celles consacrées par la loi française. Art. 1957, 1958, § 1ᵉʳ; 1962, 1969, § 5, C. civ. Iⁿ, comparés à 2098, 2102 al. 7, C. civ.

Mais auraient-elles droit en France aux sûretés réelles accordées par leur loi, qui seraient conformes à celles que contient le régime de crédit français? Ainsi la loi belge (art. 15, Trésor public; art. 47, dern. alin.) reproduit la loi française. Les personnes civiles belges auxquelles ces articles donnent ces droits, les ont-elles sur des biens situés en France? Dans ce cas, il y a lieu d'hésiter. En effet, nous avons refusé aux personnes civiles étrangères les droits des articles 2098, 2102 al. 7, etc., C. civ., parce qu'il est manifeste qu'ils n'ont été créés qu'en vue des personnes civiles françaises. Si nous leur refusons ceux donnés par leur loi nationale, il en résulte qu'aucune loi n'a le pouvoir d'affecter hypothécairement

à la garantie des droits d'un État étranger, des biens situés en France. Pourtant, n'y a-t-il pas analogie entre
cette situation et celle des incapables étrangers ? En ce
qui les concerne, après avoir déclaré que la loi de la
situation n'avait pas compétence pour leur donner hypothèque légale, nous avons admis que leur loi nationale
avait cette compétence. Ne devons-nous pas décider de
même pour les personnes civiles étrangères ? Nous reconnaissons qu'il n'y a que leur loi nationale qui puisse
leur attribuer une cause de préférence en garantie de
leurs créances. Mais reste la question de savoir si la loi
française permet que la loi nationale de ces personnes
leur confère des droits réels sur des biens situés en
France. Pour les incapables étrangers, nous appliquions
ce principe, que le statut personnel a effet partout. Ici,
en vertu de quel principe de droit international privé,
admis par la loi française, pourrions-nous faire porter
sur des biens situés en France les droits réels conférés
par une loi étrangère ? Lorsqu'on dit que le statut personnel suit l'étranger partout, eût-il effet sur des biens,
on entend parler des lois qui concernent les personnes
physiques, lois qui varient selon la race, les traditions
des personnes. Peut-on dire que les droits des personnes
civiles étrangères sont de statut personnel ? La question
peut se poser. Mais elle est précédée de celle de savoir si
les personnes civiles étrangères ont une existence reconnue en dehors des pays où elles ont été créées. Il
nous est impossible d'entrer dans les détails de cette
question, qui est susceptible de recevoir des solutions différentes selon la personne civile dont il s'agit, selon

qu'elle est publique ou privée, civile ou commerciale. D'une façon générale, M. Laurent n'admet pas que les personnes civiles étrangères existent hors du territoire où elles ont été créées. « Elles existent, dit M. Laurent, dans un but déterminé, en vue de certains services, au delà desquels on ne doit pas les étendre ; elles sont une fiction ; les lois ne peuvent créer de fictions hors de leur territoire. » Les arguments sur lesquels il se base se retrouvent dans un arrêt de la Cour de cassation du 1er août 1860, relatif aux sociétés anonymes étrangères. S. 60. 1. 865. — D. 60. 1. 446. Pourtant M. Laurent, après avoir dit que sa théorie s'applique à toutes les personnes civiles étrangères, sans exception, même à l'État étranger, après avoir déclaré que ce fait que les États se reconnaissent les uns les autres au point de vue politique, n'a pas pour conséquence qu'ils existent partout au point de vue du droit civil, se ravise et reconnaît existence à l'État étranger et à ses subdivisions au point de vue du droit civil comme au point de vue politique, n'apercevant pas de raison de distinguer. Laurent, VII, n° 393-394, p. 464-466.

Les auteurs sont, en général, plus favorables que M. Laurent à l'existence des personnes civiles étrangères. M. Brocher a réfuté l'éminent jurisconsulte belge, a montré que l'expansion au dehors des personnes civiles aurait les mêmes avantages que celle des personnes physiques. Pour lui, leur reconnaissance ne porte pas plus atteinte à la souveraineté que l'application de la règle *locus regit actum* ou du statut personnel de l'étranger.

La jurisprudence française (Conseil d'État) est favo-

rable aux établissements publics étrangers ; elle sanctionne les dispositions à titre gratuit à eux faites. Un
avis du Conseil d'État du 12 janvier 1854 a consacré cette
doctrine.

Il faut admettre que l'État étranger, ses communes,
ses provinces qui n'en sont que des subdivisions, la représentation partielle, ont une existence reconnue en
France. M. Laurent refuse existence aux établissements
publics étrangers. Mais la pratique française leur reconnaîtrait existence s'ils n'avaient rien de contraire aux
principes territoriaux sur les associations et les cor-
porations.

Est-ce à dire qu'il faille voir dans les droits que leur
loi leur donne en garantie de leurs créances, des droits
relevant du statut personnel? Nous ne le croyons pas. Il
n'y a pas ici une question de statut personnel : les incapables ont une hypothèque pour les garantir contre les
pouvoirs de leur administrateur, vu l'impossibilité où
ils sont de veiller eux-mêmes à leurs intérêts. Mais est-
ce parce que l'État n'a pas les moyens de contrôle sur ses
fonctionnaires, les moyens d'agir vis-à-vis de ses contribuables, que ses lois lui donnent des garanties réelles ?
Est-ce qu'il n'a pas tous les pouvoirs, tous les moyens
de coercition à sa disposition? S'il prend des garanties à
l'encontre de ceux entre les mains desquels passent les
deniers publics et sur les biens des contribuables, c'est
dans l'intérêt du bon fonctionnement des services publics, pour que le dernier mot reste aux lois de finance et
d'impôt qu'il édicte. Ces droits ont en vue la chose publique, la marche régulière des rouages qui contribuent

au fonctionnement de l'État ; ils sont d'ordre public ; on pourrait les dire de statut réel.

Au surplus, quelle que soit l'analogie qui existe entre la cause de ces droits et celle qui fait accorder hypothèque aux incapables, à un point de vue strict, on ne peut soutenir qu'il y a statut personnel. Dès lors, en vertu de quel principe de droit international privé admis par le droit français, dirait-on que ces droits peuvent affecter les biens situés en France ? Nous démontrerons, au chapitre suivant, que les sûretés réelles qui affectent des biens situés en France ne peuvent provenir d'une loi étrangère. L'intérêt de l'État étranger, de la chose publique étrangère, seraient-ils de nature à légitimer une exception à ce principe qu'une loi étrangère ne peut conférer un droit réel sur des biens situés en France ? Nous ne le croyons pas. Il ne nous paraît pas douteux que le législateur de 1804, qui était loin d'être dépouillé de toute prévention, de toute susceptibilité en matière de souveraineté, n'aurait pas donné à une loi étrangère le pouvoir de grever des biens situés en France au profit d'un État étranger, d'un établissement public étranger.

62. — Nous déciderions autrement au point de vue spéculatif. En effet, il faut tendre, autant que possible, à ce qu'il n'y ait pas de cas de conflits de lois qui aboutissent au rejet de la loi naturellement compétente. Dans nos hypothèses la loi française n'a pas compétence, mais il n'est pas douteux que la loi nationale de ces personnes a compétence. L'admission en France des droits qu'elle confère ne bouleverse pas l'ordre territorial, puisque nous supposons que ces droits ont cours en France. On ne

devrait refuser application qu'à ceux de ces droits qui ne sont pas admis en France.

M. Laurent accorde l'hypothèque légale à l'État, aux communes à la double condition : 1° que la loi nationale de ces personnes la leur confère ; 2° que la loi française donne ce même droit aux personnes civiles françaises. M. Laurent croit qu'il y aurait atteinte à l'ordre territorial si une personne étrangère avait en France un droit que les Français n'auraient pas.

Au point de vue spéculatif, cette deuxième condition ne nous paraît pas nécessaire. Nous ne voyons pas en quoi l'ordre territorial est bouleversé parce qu'un créancier à qui la loi française ne donne pas un droit réel le tient d'une loi étrangère, lorsque ce droit est admis *generaliter* sur le territoire, et peut y garantir toute créance. L'organisation de la propriété territoriale ne serait en question que si l'étranger exerçait un droit qui n'est pas admis en France. — Laurent, t. VII, D. I. P. 464-466 ; t. IV, p. 152-364.

63. — Fœlix cite une consultation de la faculté de Leipzig de janvier 1780 qui déclare que l'hypothèque légale du fisc sort à effet dans tous les pays. « Un principe reçu dans le droit des gens européen accorde au fisc de chaque État, *jure mutuæ familiaritatis*, l'hypothèque légale sur les biens immeubles de son débiteur situés dans un autre État. » Hommel, *Rhapsodia quæstionum*. Observ. 754.

Cette consultation n'est pas de nature à modifier les solutions auxquelles nous nous sommes arrêté au point de vue du droit positif français.

CHAPITRE V

CONFLIT DE LA LOI DE L'OBLIGATION ET DE LA LOI DE LA SITUATION

I. — 64. Il faut régir les obligations par la loi choisie par les parties ou présumée choisie par elles. — 65. Motifs. — 66. Ancien droit. — 67. Présomption en faveur de la *lex rei sitæ*. — 68. Compétence de la loi du lieu où l'obligation doit être exécutée. — 69. Présomption en faveur de la *lex loci contractûs*. — 70. Présomption en faveur de la loi du domicile.

II. — 71. Le créancier a droit aux sûretés réelles qu'attache à la cause de la créance la *lex rei sitæ*. Controverse. — 72. Opinion de M. Fiore ; distinction qui ruine son système. — 73. Comparaisons entre les législations belge, italienne et française. — 74. Droit de rétention. — 75. Privilèges généraux sur meubles. — 76. Privilèges spéciaux sur meubles et immeubles. — 77. Hypothèque judiciaire. — 78. Rôle du tribunal français qui donne l'*exequatur* à un jugement étranger. — 79. Cas où il y a des traités diplomatiques.

III. — 80. Influence de la loi de l'obligation sur les causes de préférence. — 81. Modifications que subit la créance qui n'ont pas leur contrecoup sur le droit réel. Indivisibilité. — 82. Les effets des droits réels que la loi permet aux parties de modifier ne le sont que si leur volonté de les modifier résulte du contrat.

64. — I. — *Règles sur les obligations.* Supposons l'obligation régie par une loi étrangère. Si le débiteur a des biens meubles et immeubles situés en France, la loi qui régit l'obligation a-t-elle à certains égards

compétence en ce qui concerne les causes de préférence qui peuvent la garantir sur ces biens ? Les
solutions que nous avons données comme incontes-
tables au chapitre sur la compétence de la loi de la
situation, restreignent le nombre des questions qui,
dans l'hypothèse que nous supposons, nous restent à
trancher. Pourtant, ce conflit entre la loi de l'obligation
et la loi de la situation soulève une question d'une extrême importance, dont la solution est très délicate, au
sujet de laquelle on conçoit une controverse sérieuse
entre partisans de la compétence de la loi de l'obligation
et partisans de la loi de la situation. Il nous faut l'ex-
poser et prendre parti.

En outre, il n'est pas douteux qu'à certains égards la
loi de l'obligation agit sur les sûretés réelles portant sur
des biens situés en France qui la garantissent. Nous
aurons donc à signaler les cas où elle a compétence.

Mais avant de nous occuper de ces questions, disons,
puisque ce sont les hypothèses en face desquelles nous
nous plaçons, dans quels cas l'obligation invoquée en
France est régie par une loi étrangère. Les contrats sont
la source des obligations de beaucoup la plus importante.
Posons quelques règles concernant les contrats. Il n'est
pas inutile de les énoncer, nous connaîtrons ainsi l'ensemble des cas dans lesquels, en pratique, pourront se
présenter les difficultés dont ce chapitre recherche la
solution.

Il faut décider que les contrats, au point de vue de leurs
formalités intrinsèques, de leur validité, de leurs effets,
relèvent de la loi que les parties ont voulu leur appliquer.

Si elles n'ont pas exprimé leur volonté, il faut la présumer. M. Louis Barde dit : « C'est à la volonté exprimée ou présumée des parties qu'il faut se rapporter pour interpréter les actes juridiques et en déterminer les effets. » M. Alphonse Bard dit : « C'est cette loi qui indique alors l'interprétation à donner à la pensée des contractants, qui détermine la nature de l'engagement, sa portée normale et l'étendue que les parties sont présumées lui avoir donnée. C'est en vertu de cette loi que le créancier exercera l'action du contrat. Elle décide ce qui est dû, dans quel délai, sous quelles modalités, sous quelles conditions, à qui incombe la perte de la chose avant le payement, dans quelles circonstances l'éviction ou les défauts de la chose donnent lieu à garantie, quelles causes inhérentes au contrat en autorisent la résolution. Elle régit le taux des intérêts conventionnels jusqu'à l'époque fixée par la convention. » — Louis Barde, 1880. Théorie traditionnelle des statuts. Bordeaux, p. 85. Alphonse Bard, 1883. Précis D. I. P. p. 268. — *Jus est in tacitâ et verisimili mente contrahentium*, disait Dumoulin.

65. — Pourquoi cette souveraineté, à peu près absolue, reconnue à l'autonomie des parties ? C'est que l'état naturel de la personne est son indépendance, sa franchise de tout lien vis-à-vis d'autrui. L'obligation l'astreignant à donner, faire ou ne pas faire quelque chose, fait disparaître plus ou moins cet état d'indépendance. C'est donc aux parties de voir si elles veulent s'engager ou ne pas s'engager, de dire sous quelles conditions elles entendent s'engager. En principe, les lois, en matière d'obligations, ne sont qu'interprétatives ; elles ne sont écrites que pour

faciliter aux parties leurs contrats, pour leur éviter d'avoir à s'expliquer en détail sur toutes les conséquences de leurs accords. Aussi, si elles désignent la loi sous laquelle elles veulent placer leurs rapports de droit, il faut l'appliquer. Les parties, en substituant à la réglementation que la loi organisait en interprétation de leur volonté une autre réglementation, usent d'un droit.

66. — D'où résultent ces règles? Le code ne les énonce pas. Mais l'ancien Droit appliquait aux contrats la loi que les parties avaient choisie; il avait fini par consacrer l'autonomie des parties même. dans les contrats relatifs aux biens. Nous avons dit déjà que Dumoulin avait fait admettre que les conventions matrimoniales, où que fussent les biens, relevaient de la loi choisie par les parties. Si les parties n'avaient pas désigné la loi applicable à leur contrat, les anciens auteurs présumaient leur volonté. Leurs opinions différaient seulement quant aux présomptions à admettre. Il y a sur ce point de nos jours encore une grande diversité d'opinions. Signalons quelques-unes des présomptions qui nous paraissent devoir être admises, car il est rare que les parties désignent la loi par laquelle elles entendent régir leur contrat. Or nous raisonnons sur des hypothèses où il relève d'une loi étrangère. Il nous faut donc indiquer par suite de quelles circonstances cela est possible. Si la loi de la situation des biens, celle du lieu où le contrat est fait, celle du lieu où il est exécuté, la loi nationale, ou la loi du domicile des parties ne sont pas les mêmes, il y a conflit. On est, *a priori*, assez naturellement porté à opter pour

l'application de la loi du lieu où le contrat a été fait. C'est,
l'opinion la plus répandue. M. Laurent déclare que c'est
la doctrine du code. Laurent. D. I. P, t. II, 217. — Il se
base sur ce que c'est celle de l'ancien Droit, ce qui n'est
pas absolument exact. Sans doute beaucoup des anciens auteurs se sont prononcés pour la loi du lieu du
contrat; ils invoquaient en général en faveur de cette
loi des textes du Droit romain : « *Si non pateat quod
actum est, erit consequens ut id sequamur quod in
regione in quâ actum est, frequentatur.* » L. 34 de reg.
Juris. « *Si fundus venierit ex conventione ejus regio-
nis in quâ negotium gestum est pro evictione cavere
oportet.* » Loi Si fundus 6 ff de evictione. — Boullenois II,
Per[té] et Ré[té] St[ts], p. 446.

Mais d'autres jurisconsultes, se basant sur un autre
texte du Droit romain, régissaient les contrats par la loi
du lieu où ils devaient être exécutés. « *Contraxisse
unusquisque in eo loco intelligitur in quo ut solveret,
se obligavit* » disait Julien, 21, D. 44, 7.

Ces textes se détruisaient. Au surplus, ni les uns ni les
autres n'auraient dû être invoqués. Le Droit romain en
effet n'avait pu les écrire en vue des conflits de lois, puisqu'il les ignorait. Toutefois ces dissidences établissent
que les anciens auteurs ne se prononçaient pas uniformément pour la *lex loci contractûs*. De même ils se
divisaient sur la loi par laquelle il fallait régir les actions
personnelles; les uns appliquaient la loi du domicile du
débiteur; les autres la loi du domicile du créancier. De
même beaucoup d'entre eux appliquaient aux contrats
relatifs aux biens la loi de la situation des biens. On voit

combien nous sommes loin d'une présomption unique.

Les auteurs de l'ancien Droit, qui ont le mieux compris les vrais principes de la matière, sont Dumoulin et Boullenois. Sans doute on lit à la 2ᵐᵉ règle de l'observation 46 de l'ouvrage de Boullenois : « Ici il faut communément suivre la loi du lieu du contrat dans tout ce qui peut former le lien du contrat, ce que l'on appelle *vinculum obligationis*. » Mais son opinion, telle qu'elle ressort de cette observation 46, et de tout son traité si remarquable par la justesse et la profondeur de l'analyse, est résumée dans les passages suivants : « Si on se réunit à dire que *quantum ad solemnia*, il faut suivre la loi du lieu du contrat, on ne se réunit pas à convenir de la loi qui doit régler les effets qui naissent des contrats, *effectus ab ipsis causatos*..... » Plus loin il dit : « Je ne crois pas qu'il faille suivre comme une maxime en toute sorte de cas que quand il s'agit de l'interprétation d'un contrat, l'on doive aussitôt avoir recours à la coutume du lieu où il a été passé..... J'estime que la seule règle que l'on puisse prescrire, est celle de se déterminer par les diverses circonstances, et ces différentes circonstances *vous entraînent tantôt pour la loi du contrat, tantôt pour celle de la situation, quelquefois pour celle du domicile et quelquefois encore pour celle où le payement doit se faire.* » Citons enfin ces quelques lignes : « Il n'est pas possible de dire qu'un homme qui contracte par hasard et fortuitement dans un lieu et qui peut-être n'a pas intention d'y revenir jamais, ait néanmoins voulu se soumettre à une loi qui lui est étrangère, et dont il n'a souvent pas eu le temps d'être informé ; et ces réflexions

militent soit pour le cas où il ne serait question que d'un
engagement personnel, soit, à plus forte raison, s'il s'agit
d'un fonds situé ailleurs. » Boullenois. Per^té et Ré^té St^ts.
Observ. 46, p. 448, 457, 492, 493, 501.

Cette variété de solutions, chez les anciens auteurs,
nous autorise à dire que, lorsque plusieurs lois sont en
conflit, si les parties n'ont pas exprimé leur volonté, il
faut peser les raisons qui militent en faveur de chacune
d'entre elles et se décider pour les plus sérieuses.

Ainsi, il y a des cas où la présomption est en faveur de
la loi de la situation. — 2° La compétence de la loi du lieu
d'exécution de l'obligation est facile à déterminer. 3° Il y
a des cas où la présomption est en faveur de la *lex loci
contractûs*. 4° Il y a des cas où la présomption est en faveur de la loi du domicile des contractants. Reprenons
brièvement ces quatre propositions :

67. — I. — *Loi de la situation des biens.* Le contrat
est relatif à des biens, meubles ou immeubles situés en
France ; c'est une vente de meubles ou d'immeubles, un
louage. Alors même que ce contrat s'est formé entre
étrangers de même nationalité et a eu lieu à l'étranger, si
les parties n'ont rien dit sur la loi qui doit le régir, il faut
appliquer la loi de la situation. Il y a, en faveur de cette loi,
une présomption plus forte qu'en faveur de la loi nationale
des parties ou de la loi du lieu du contrat. En effet, les contrats relatifs aux biens relèvent forcément, par certains
côtés, ceux qui intéressent l'organisation de la propriété,
de la loi territoriale. Cela étant, les parties le sachant ou
étant censées le savoir, il est naturel de régir entièrement
leurs contrats par la loi territoriale. Il serait en effet

étrange de penser que les parties ont voulu régir leurs
contrats par plusieurs lois, l'une relative à ce qui en constitue l'élément réel, l'autre régissant ce qui en est l'élément personnel. La loi territoriale s'imposant, à bien des
égards, en matière de vente de meubles, d'immeubles, de
louage, en un mot dans tous les contrats relatifs aux biens,
il faut lui donner compétence pour déterminer les droits et
obligations du vendeur, de l'acheteur, du bailleur, du preneur, etc. Remarquons pourtant que Dumoulin admettait
qu'une volonté présumée pouvait l'emporter sur la disposition réelle de la situation des biens. D'après lui, la volonté
ne devait pas être toujours présumée conforme à la loi de
la situation ; Boullenois se rangeait à son opinion. Boul-
enois, t. II. Per^té et Ré^té St^ts, p. 516, 527, 536, 513.

Ce n'est pas notre avis. Si les parties ont désigné une
loi, nous lui donnons effet. Si la loi qu'elles ont entendu
appliquer appert des circonstances de la cause, nous la
sanctionnons. Mais si rien ne révèle l'intention des parties, nous considérons que la présomption la plus forte
est en faveur de la loi de la situation, loi qui à divers
égards doit nécessairement régir leur contrat et partant
est naturellement désignée pour régir tous les effets personnels et réels, qu'il produit. Dans l'ancien Droit, Burgundus concluait dans ce sens : « Quare satis mirari
non possum quid scriptoribus in mentem venerit om-
nem rerum cogitationem a contractibus excludere et
generaliter obligationes interpretari secundum consue-
tudines loci ubi sunt celebratæ ; quæ sane, quam sint a
communi utilitate, nemo est qui non videat ; quippe non
solum in emptione obtinet ut ad consuetudinem rei spec-

tare deceat, sed in locatione præterea et conductione, cœterisque contractibus. » Burgundus. Ad. const. Fland. Tract. 4, n° 9; Boullenois, II, p. 449. Per^té et Ré^té.

M. Laurent qui, dans son remarquable traité sur le Droit international privé, a indiqué les présomptions auxquelles il s'arrêterait en théorie spéculative, n'en formule pas en faveur de la loi de la situation. Il n'y a pas lieu de s'en étonner trop. L'éminent jurisconsulte, vu ses tendances à faire prédominer la personnalité des lois sur la réalité, a omis parfois de donner au statut réel des applications pourtant réclamées par la nature des choses.

68. — II. — *Loi du lieu de l'exécution*. La compétence de la loi du lieu où l'obligation doit être exécutée nous paraît facile à déterminer. A tort, on a parfois déclaré que la loi du lieu où l'obligation doit être exécutée la régit en sa validité intrinsèque, en ses effets. Nous ne saurions nous ranger à cette opinion soutenue par MM. de Savigny, Berthauld, Story, admise par un jugement du tribunal de commerce de Marseille du 16 mars 1860, basée, dans l'ancien Droit et de nos jours sur un texte du Droit romain, dont nous avons dit la valeur en nos questions. Berthauld, questions pratiques, I, p. 114; Story, Conflict of laws, p. 325, § 280, 7e édit. — Journ. D. I. P. Clunet, année 1874, p. 14; Julien, L. 21, Digest. XLIV, 7.

Les législations, pour déterminer quel est le lieu où un contrat doit être exécuté, se basent en général sur des considérations qui n'ont de la valeur qu'en ce qui concerne sa seule exécution, et peuvent ne pas en avoir pour faire régir le contrat par cette loi. De ce que l'exécution d'un droit doit avoir lieu en un endroit, il n'en résulte pas que la loi de l'exécution soit celle qui doit régir ce droit. Cela peut être et ne pas être ; tout dépend des circonstances. Ce fait qu'un contrat sera exécuté dans tel endroit ne fait pas, à lui seul, présumer qu'il sera régi par la loi du lieu d'exécution. Ce que la loi du lieu où le droit s'exécute régit nécessairement, c'est uniquement le mode d'accomplissement des obligations, payement, délivrance, mise en demeure. M. Alphonse Bard dit : « Les formalités de la délivrance, le mesurage, les espèces stipulées pour le payement, les offres et consignations, les intérêts moratoires, les dommages-intérêts, la quittance sont régis par la loi de l'exécution. » Précis D. I. P. 1883.

69. — III. — *Loi du lieu du contrat.* Lorsque les contractants sont de nationalité et de domicile différents, il faut appliquer la loi du lieu où leur contrat est né. Ainsi si des Français et des étrangers, domiciliés dans des pays différents, traitent ensemble, en France ou à l'étranger, c'est la loi française ou la loi étrangère du lieu du contrat qui doit être déclarée applicable. Les anciens auteurs, aux cas où le créancier et le débiteur avaient un domicile différent, étaient divisés d'opinions sur la loi qui devait régir les actions personnelles du créancier. Les uns appliquaient la loi du domicile du créancier, les autres la loi du domicile du débiteur. Mais les raisons qui existent en faveur de l'une et de l'autre de ces lois se détruisent réciproquement. Lorsque le créancier allègue que puisqu'il est maître du contrat et peut l'empêcher, s'il le veut, ce contrat doit être régi par sa loi, il invoque

un argument spécieux. Mais lorsque le débiteur soutient que puisqu'il est libre de s'engager ou de ne pas s'engager, son obligation doit relever de sa loi, il invoque un argument qui a également de la valeur. Dès lors, comment se prononcer pour une loi plutôt que pour l'autre? D'où, de deux choses l'une : ou il faut décider que les parties ayant eu en vue des lois différentes, il n'y a pas eu entre elles accord de volontés, contrat, ou il faut appliquer la seule loi qui les rallie, qui leur est commune, la *lex loci contractûs*. C'est à ce dernier parti qu'on doit se ranger. Les parties ont dû savoir que leur nationalité était distincte; elles se seraient donc expliqué si elles avaient voulu appliquer une de leurs lois. Ne doit-on pas présumer plutôt qu'elles ont accepté la *lex loci contractûs* que supposer qu'elles n'ont pas voulu faire un engagement sérieux?

70. — IV. — *Loi du domicile des contractants*. Il y a des cas où la présomption est beaucoup plus difficile à établir : ce sont ceux où deux personnes de même nationalité traitent à l'étranger. Ainsi deux Français contractent ensemble à l'étranger, deux étrangers font entre eux un contrat en France, quelle loi appliquer à leur contrat? Leur loi nationale? La *lex loci contractûs*? La question est délicate, les opinions varient en doctrine, elles varient aussi en théorie spéculative. Nous ne croyons pas qu'on puisse ériger une présomption unique soit en faveur de la loi nationale des parties, soit en faveur de la *lex loci contractûs*. Pourtant la tendance des auteurs est d'appliquer la loi nationale des parties. C'est pour cette loi que M. Laurent, dans le projet qu'il

a formulé sur les présomptions à établir en matière d'obligation, s'est prononcé. En règle générale, mieux vaudrait, croyons-nous, opter pour la loi du lieu de lapassation de l'acte, sauf en certaines hypothèses, par suite de certaines circonstances, à appliquer la loi nationale des parties. En effet, les transactions dépendent beaucoup plus des influences, des usages du milieu où elles sont faites, qu'elles ne se ressentent des influences de race, de traditions. Pourtant, nous nous prononcerions pour la loi nationale des parties, si elle était en même temps la loi de leur domicile. En effet, si les parties sont, en quelque sorte par hasard, accidentellement, dans le pays où leur rapport juridique se forme, il semble naturel d'appliquer à leur contrat la loi qui est à la fois leur loi nationale et la loi de leur domicile. Elles sont censées connaître leur loi; il est à supposer qu'elles ne connaissent pas celle du lieu où elles contractent. Mais, si au contraire, elles sont depuis longtemps dans le pays où elles contractent, si leurs affaires, leurs transactions, les actes de leur vie civile, s'y concluent, si elles y sont domiciliées de fait ou de droit, la présomption est alors en faveur de la *lex loci contractûs*.

Ainsi, si en certaines matières, la notion du domicile à laquelle s'attachait l'ancien Droit, peut être et doit être remplacée par la notion de nationalité, ici le domicile a une très grande importance, est de nature à faire présumer l'application d'une loi plutôt que d'une autre.

On pourrait même dire que ce n'est ni en faveur de la loi nationale ni en faveur de laloi du lieu où est fait l'acte qu'est la présomption, mais en faveur de la loi du domicile des parties, ce qui aurait pour conséquence, au cas où loi nationale, loi du domicile et loi du lieu du contrat différeraient, de faire ériger une présomption en faveur de la loi du domicile.

Nous ne pouvons pas insister plus longtemps sur des questions qui ne touchent à notre sujet qu'indirectement. Donc, un contrat peut relever d'une loi étrangère : 1° si les parties l'ont déclaré ; 2° par suite de l'application d'une des présomptions que nous avons établies. De même, si la créance est née à l'étranger, au profit d'un étranger, à l'encontre d'un étranger, elle est évidemment régie par la loi étrangère. Qu'on suppose, par exemple, qu'en Italie des soins ont été donnés à un malade, Italien de nationalité, par des personnes de nationalité italienne, la loi applicable à leurs créances est évidemment la loi italienne. Qu'on suppose qu'en Belgique un ouvrier, un domestique belge ont fourni leurs services à un patron belge, leurs droits, leur action personnelle sont évidemment réglés par la loi belge.

Dans tous ces cas, si le débiteur a des biens situés en France, la loi de l'obligation et la loi de la situation sont en conflit, quant aux causes de préférence, qui garantissent sur ces biens l'exécution de l'obligation. Disons quelle compétence il faut reconnaître à la loi de l'obligation. Examinons auparavant une controverse difficile, mais qu'il faut trancher dans le sens de l'application de la loi de la situation.

71. — II. — *Compétence de la lex rei sitæ.* On sait que les législations, parmi les causes si nombreuses et si variées, qui sont l'origine des créances, en font

sortir quelques-unes du Droit commun, qu'elles jugent particulièrement dignes de faveur, et dont elles protègent l'efficacité, l'exécution, par une cause de préférence sur tout ou partie des biens du débiteur. C'est ainsi que le Code civil français donne, dans certains cas au créancier le droit de rétention, protège certaines créances d'un privilège général sur les meubles, privilège qui grève subsidiairement les immeubles, qu'il confère à certaines créances un privilège spécial sur meubles ou immeubles, qu'il accorde, en certains cas, une hypothèque légale. Beaucoup de législations garantissent les mêmes créances ; parfois elles les protègent par les mêmes droits. Mais il n'est pas rare qu'une créance soit garantie d'un droit réel dans telle législation et ne le soit pas dans telle autre; que les causes de préférence que les diverses législations attachent aux créances diffèrent. Dans les cas où l'obligation est régie par une loi étrangère et où le débiteur a des biens, meubles ou immeubles situés en France, la question se pose de savoir quelle est la loi qui peut grever ces biens en garantie de l'exécution de cette créance. N'y a-t-il que la loi qui régit l'obligation, qui puisse affecter les biens du débiteur, où qu'ils soient situés, d'une cause de préférence ? La loi territoriale s'oppose-t-elle à ce qu'une loi étrangère soit la source de droits réels affectant des biens situés sur son territoire? N'a-t-elle pas seule compétence pour conférer des droits réels sur ces biens ?

Nous allons établir que seule la *lex rei sitœ* peut grever les biens situés sur son territoire d'une cause de préférence ; que le créancier a droit aux sûretés réelles qu'elle attache à la cause de sa créance, bien que l'obligation relève d'une loi étrangère ; qu'il n'y a pas à rechercher si la loi qui régit l'obligation lui accorde un droit semblable sur les biens du débiteur, ou un droit différent, ou ne garantit sa créance d'aucune sûreté réelle.

Mais on pourrait, en vertu d'arguments vraiment spécieux, soutenir qu'il n'y a que la loi qui régit l'obligation qui puisse la garantir d'un droit réel accessoire, où que soient les biens que ce droit affecte. On ferait remarquer, en effet, qu'il ne paraît pas possible que plusieur lois régissent la créance ; qu'il est nécessaire qu'une seule loi détermine sa force, son efficacité, dise si elle est garantie d'une cause de préférence ; que cette loi doit être celle que les parties ont désignée ou sont censées avoir désignée pour régir le contrat ; qu'il ne se peut, soit dans l'intérêt du créancier, soit dans l'intérêt du débiteur, soit dans celui des ayants cause des parties que la créance varie d'énergie, selon qu'après sa naissance, le débiteur acquiert des biens dans un pays ou dans un autre ; que la loi de la situation n'a aucune compétence pour attacher ou refuser une sûreté réelle à des créances qui ne relèvent pas d'elle ; que le fait par un débiteur d'avoir des biens ici et là est un accident, une éventualité dont la détermination des droits du créancier ne peut dépendre ; qu'au contraire tout indique que les accessoires de la créance doivent être déterminés par la loi qui la régit ; qu'en effet les sûretés réelles n'ont pas d'existence propre ; qu'envisagées *in abstracto*, isolément, elles n'ont aucune utilité ; qu'elles ne sont qu'une qualité, un complément de la créance; que la doctrine lie les droits réels accessoires à la créance au point de leur donner la nature du droit principal et d'appeler droit réel mobilier l'hypothèque qui pourtant ne peut grever que les immeubles, lorsqu'elle existe en garantie d'un droit personnel mobilier. On pourrait ajouter que les parties, en déclarant ou en étant présumées avoir déclaré qu'elles optaient pour une loi étrangère comme loi régulatrice de leur obligation, ont entendu ou sont présumées avoir entendu choisir cette loi pour régir leurs rapports de droit en leur ensemble, en principal et accessoires ; qu'il en résulte : 1° qu'elles ont renoncé à toutes autres garanties réelles que celles conférées par la loi qui régit leur contrat; 2° et compté sur celles-ci, où que soient situés les biens du débiteur.

Enfin on affirmerait que ce double résultat peut être obtenu en France. Sans doute, dirait-on, lorsque la loi française attache une cause de préférence à certaines créances, elle envisage uniquement la cause de ces créances, sans se préoccuper de la nationalité des personnes entre lesquelles elles existent, du lieu où elles sont nées, et décide *generaliter*. Mais elle laisse aux parties le droit de renoncer aux faveurs qu'elle crée dans leur intérêt. Or lorsqu'elles ont opté ou sont présumées avoir opté pour une loi étrangère comme loi applicable à leur contrat, elles ont implicitement renoncé aux droits réels accessoires conférés par la loi de la situation. Pour démontrer que la loi française ne s'oppose pas à ce qu'une cause de préférence portant sur des meubles et immeubles situés en France ait sa source dans une loi étrangère, on alléguerait que l'ancien Droit duquel le Code procède en ces questions admettait qu'une loi étrangère pouvait avoir effet sur les biens ; qu'il régissait les meubles par la loi du domicile de leur propriétaire, loi qui pouvait n'être pas la loi de leur situation ; qu'enfin à propos des hypothèques tacites, qui sont devenues nos privilèges ou nos hypothèques légales, une opinion soutenait qu'elles provenaient de la volonté des parties, qu'elles existaient, si la loi choisie par les parties pour régir leur contrat les conférait où que fussent situés les biens qu'elles affectaient ; qu'ainsi Bouhier disait : « De ce nombre sont incontestablement celles qui ont accordé des hypothèques tacites en de certaines occasions ; nous l'apprenons de ces lois mêmes qui nous disent que cela se fait par une espèce de fiction, *quasi id tacite convenerit*, et c'est sur cela que les docteurs ont formé ce principe qu'en pareil cas « Jus fingit dictam hypothecam fuisse ab ipsis contrahentibus adjectam in actu etiam si de hoc nihil dictum fuerit. » D'où il suit par une conséquence nécessaire que *comme l'hypothèque conventionnelle s'étend sur tous les biens de celui qui la constitue, quelque part qu'ils soient situés, il en doit être de même de l'hypothèque tacite*, et cela a été jugé ainsi par divers arrêts du C^{eil} supérieur de Flandres au sujet de l'hypothèque de la dot des femmes. Il est vrai qu'il y a quelques auteurs d'avis contraire. Mais ils n'en disent d'autre raison sinon que les statuts n'ont point d'empire hors de leur territoire, raison excellente quand il est question des choses que les statuts ordonnent indépendamment de la disposition présumée des hommes, mais qui ne vaut rien pour celles où ils supposent une convention tacite, comme nous l'avons dit plusieurs fois. » Bouhier, C^me Bourgogne, I, p. 745, L. IV, pr. Digst., in quib. caus. pig. tacit. conv., xx, 2, L. 7. — L. un., § 1 Digs. de rei. ux. — L. 7. cod. VIII, 15; Paul, L. IV, pr. Dig. de pactis, ii, 14.

Quelque spécieux que soient ces arguments, aucun d'eux n'est absolument exact. On peut les résumer d'un mot : ils aboutissent tous à dire qu'en matière d'obligations, la volonté exprimée ou présumée est souveraine et que les causes de préférence accordées par la loi, le sont en interprétation de la volonté des parties.

Il est certain que le droit, en matière d'obligations, laisse de grands pouvoirs à la volonté des parties. Mais ce n'est pas à dire que la loi ne dispose jamais d'une façon impérative dans la matière des obligations, ne restreigne jamais les pouvoirs des parties. Il y a des contrats qu'elle soumet à des conditions, à des formalités obligatoires pour les parties; il y a des cas où elle poursuit un but d'intérêt général, et édicte, en vue de l'atteindre, certaines prescriptions. Or, parmi les dispositions impératives de la loi en ces matières, il faut précisément ranger celles relatives aux causes de préférence qu'elle attache à certaines créances. C'est en vue d'intérêts supérieurs d'équité, d'humanité, qu'elle crée ces droits, en vue d'encourager certains services qui aident à la vie sociale. De même qu'il y a des créances qu'elle ne sanctionne pas parce que leur cause est contraire aux bonnes mœurs, à l'ordre public, de même il en est qu'elle croit devoir favoriser parce qu'elles profitent à l'intérêt

général. Dans ce but elle affecte tout ou certaine partie
des biens du débiteur au payement de ces créances, et
ne donne aux parties, en ce qui concerne ces sûretés
réelles, d'autre pouvoir que celui d'y renoncer. Article 2180 2°. Cela étant, il nous sera facile de montrer
qu'aucune des conséquences de l'opinion qui déclare que
la loi qui régit l'obligation a seule compétence pour lui
conférer un droit réel n'est admissible.

I. Les sûretés réelles conférées par la loi de l'obligation ne peuvent pas être invoquées sur les biens situés
en France. En effet, la loi française reconnaît bien aux
parties le droit de régir leur créance comme elles l'entendent; elle leur permet d'y attacher une hypothèque,
un gage. Mais elle exige, pour que la constitution de ces
droits soit valable même entre les parties, l'accomplissement de certaines formalités. Or, avoir droit en
France aux sûretés réelles conférées par la loi étrangère
de l'obligation, serait avoir sur des biens situés en
France des droits qui, en définitive, proviendraient de la
stipulation tacite ou présumée des parties. La loi française n'admet pas de pareils modes de constitution des
droits réels. Elle ne se contente pas d'une stipulation
tacite ou présumée pour donner naissance aux causes de
préférence. Nous verrons au chapitre sur la compétence
de la *lex loce contractûs* qu'elle exige toujours certaines formalités, un contrat exprès, parfois devant
notaires, parfois accompagné de possession, etc., etc.

On ne peut se prévaloir des solutions admises par
l'ancien Droit en matière mobilière, ni de l'opinion de
Bouhier sur les hypothèques tacites : le brocard *vilis*

mobilium possessio qui, dans l'ancien Droit, pouvait expliquer l'absolu de la règle *mobilia sequuntur per-sonam*, n'est plus vrai. Aujourd'hui l'importance des meubles, dans un système de crédit, est au moins aussi grande que celle des immeubles. Il faut, en vue de l'intérêt général, en vue de la vitalité du crédit territorial et de la sécurité des tiers que la propriété des meubles, la possession des meubles, les privilèges sur meubles, les voies d'exécution relèvent exclusivement de la loi de leur situation. — Sans doute Bouhier faisait résulter les hypothèques légales de la volonté tacite des parties, les rattachait à la théorie des contrats. Mais on ne peut s'en prévaloir aujourd'hui, les sûretés réelles n'étant pas conférées par la loi en interprétation de la volonté des parties, mais par disposition impérative. De plus, l'opinion de Bouhier est une opinion isolée. Et général les anciens écartaient les droits réels provenant de lois étrangères. Boullenois, I, p. 842, 843.

Il n'y a aucune contradiction entre l'opinion que nous admettons sur cette question et celle à laquelle nous nous sommes arrêté, quant aux hypothèques légales des incapables étrangers. L'hypothèque légale des incapables étrangers étant de statut personnel, ne pouvait provenir que de leur loi nationale. Refuser de l'appliquer en France, c'était donc soustraire à toute affectation réelle au profit des incapables les biens de leur administrateur situés en France. Ici, au contraire, il s'agit de créances dont la cause n'est pas plus de la compétence naturelle d'une loi que d'une autre. En refusant à la loi étrangère le pouvoir d'affecter d'une sûreté réelle des biens situés

en France, on ne fait que refuser aux parties le droit
d'invoquer en France un droit réel qui n'a pas été acquis
conformément aux lois françaises. Mais ces biens peuvent
être affectés au payement de leur créance. Ils le seront :
1° si la loi française, la *lex rei sitæ*, les grève d'un privilège, d'une hypothèque au profit de ces créances ; 2° si
les parties stipulent en garantie de la créance, conformément aux prescriptions de la *lex rei sitæ*, un droit
réel accessoire. Sans doute les incapables étrangers ont
le droit aussi d'obtenir par contrat un droit réel accessoire. Mais pratiquement ils ne peuvent exercer ce
droit.

II. La deuxième conséquence de l'opinion adverse n'est
pas plus admissible. Nous ne croyons pas qu'on puisse
voir dans ce fait que les parties ont choisi ou sont présumées avoir choisi une loi pour régir leur obligation, une
renonciation aux causes de préférence conférées à cette
créance par toute autre loi. Sans doute, en Droit français, les renonciations aux privilèges et hypothèques
peuvent être expresses ou tacites. Mais nous nous refusons à voir une renonciation aux causes de préférence
attachées à la créance par la loi française, dans ce fait
que les parties ont opté ou sont présumées avoir opté pour
une loi étrangère comme loi régulatrice de l'obligation.

La question est peut-être discutable si les parties ont
déclaré expressément qu'elles entendent régir leur rapport de droit par une loi étrangère. Dans ce cas, on peut
soutenir qu'elles ont voulu stipuler les droit conférés par
cette loi et rejeter tous autres droits. Pourtant, nous ne
donnerions pas une portée aussi considérable à leur

volonté ; nous ne verrions dans leur stipulation que des clauses relatives à leurs engagements personnels, à leurs obligations, aux dispositions de la loi qui ne sont qu'interprétatives.

Que si les parties entendaient aussi ne pas profiter des avantages que la loi territoriale, en sa souveraineté, dans un intérêt d'un ordre véritablement supérieur, d'une façon impérative, leur accorde, il faudrait pour les cas où comme pour les sûretés réelles, la loi leur permet d'y renoncer, quelles s'en expliquassent formellement, ou qu'il résultât des circonstances qu'elles ont entendu y renoncer. Ce fait qu'elles ont déclaré que leur contrat sera régi par une loi étrangère ne nous paraît être l'expression de leur volonté que quant aux règles de la loi qui sont purement interprétatives. Quant aux règles que la loi édicte en vue d'intérêts généraux, de sa pleine autorité, il faut pour que les modifications qu'elle permet aux parties d'y apporter aient lieu, qu'elles s'en soient expliquées expressément, spécialement. Une déclaration générale de leur part sur la loi régulatrice de leur contrat ne nous paraît pas suffire.

A plus forte raison, si les parties n'ont pas désigné la loi qui doit régir leur contrat, et si la présomption est en faveur d'une loi étrangère, ne doit-on pas décider que le créancier n'a droit qu'aux causes de préférence attachées à sa créance par cette loi, et qu'il a renoncé aux sûretés réelles que donnent à la créance les lois des autres pays dans lesquels le débiteur a des biens. En effet, le plus souvent les parties n'ont pas songé à la loi qui régira leur contrat. Comment pourrait-on présumer qu'elles ont renoncé aux sûretés réelles attachées à leur créance par les lois des lieux où le débiteur a des biens ? Au surplus, est-ce que les renonciations se présument ?

Toutefois nous ne nions pas qu'il serait désirable qu'une loi unique dît quels sont les droits du créancier, quelles sûretés réelles en garantissent l'exécution. Il faudrait qu'il y eût un moment à compter duquel ses droits fussent stables, fixés invariablement. Mais, qu'on le remarque, les garanties d'être payés qu'ont les créanciers chirographaires, elles aussi, sont incertaines, car elles portent sur le patrimoine du débiteur dont celui-ci a la libre disposition et qu'il peut appauvrir comme accroître. De même, ce fait que les sûretés des créanciers varient selon la situation des biens du débiteur est une conséquence des pouvoirs qu'a le débiteur sur son patrimoine. Si les créanciers ne veulent pas subir ces incertitudes, qu'ils stipulent des garanties, qu'ils spécialisent leurs droits, les déterminent en contractant. Sans doute il est singulier qu'un droit puisse relever de plusieurs lois. Mais, en théorie, au point de vue du droit international privé de l'avenir, nous ne croyons même pas qu'il soit possible de dire que la loi de l'obligation devrait avoir seule compétence pour conférer une cause de préférence à l'obligation, cause de préférence, qui porterait sur les biens du débiteur, où qu'ils fussent situés.

Les droits réels conférés par cette loi, en effet, pourraient rarement affecter des biens situés en dehors de sa mouvance, par suite des différences qui existent entre les droits consacrés par les systèmes de crédit des divers pays. Presque toujours, ils rencontreraient une fin de non-recevoir, basée sur ce que leur application bouleverserait l'organisation de la propriété territoriale, ne cadrerait pas avec le régime de crédit territorial. Ainsi le plus souvent les droits conférés par la loi de l'obligation ne pourraient affecter les biens situés hors de son territoire et le créancier n'aurait plus en compensation ceux attachés à la cause de sa créance par la loi de la situation. Ne vaut-il pas mieux, dès lors, puisque le droit international privé se propose la combinaison des lois en conflit, maintenir aux lois de la situation une compétence que seules, pratiquement, elles peuvent avoir ?

En ce sens, s'est prononcé le congrès juridique italien qui s'est réuni en 1880, du 7 au 11 septembre, dans lequel la France était représentée par M. L. Renault. Le congrès, prenant des résolutions en matière de faillite, disait : Les droits réels, les raisons de préférence par hypothèque, privilège et gage, les droits de revendication, distraction et rétention sur les biens mobiliers et immobiliers du failli seront réglés par la loi du lieu de la situation des droits. J. D. I. P. 1880, p. 626.

72.—M. Fiore applique la loi de l'obligation. Le jurisconsulte italien, dont les ouvrages de Droit international privé ont une si grande autorité, partant de ce point de vue que les droits réels accessoires sont une qualité, un complément de la créance, les dit attachés à la créance par la loi qui la régit ; il place l'origine, la source de ces droits dans la loi qui régit l'obligation. Il ne fait dépendre de la *lex rei sitæ,* que l'exercice de l'action hypothécaire. Mais l'auteur fait entre les privilèges et les autres droits réels accessoires, hypothèque, gage, etc., une distinction qui ruine son opinion : il déclare que les privilèges relèvent uniquement de la loi de la situation, ne peuvent être conférés que par elle, quelle que soit la loi qui régit l'obligation, et fait dériver les autres droits réels accessoires de la loi de l'obligation. D'après lui, les privilèges seraient conférés par la loi, les hypothèques légales résulteraient de la volonté tacite des parties. En somme il reproduit, quant aux hypothèques légales, l'opinion émise par Bouhier.

Nous avons dit en vertu de quelles raisons il fallait admettre que les hypothèques légales proviennent de la loi seule. Il n'est pas possible de distinguer entre les privilèges et les hypothèques, car les privilèges ne sont que des hypothèques privilégiées. M. Fiore nous fournit lui-même la preuve du mal-fondé de la distinction qu'il adopte : il base son opinion sur les droits réels autres que les privilèges, sur un texte du Droit romain relatif à l'hypothèque tacite du bailleur. Or précisément, de nos jours, en France et en Italie, le bailleur a un privilège. Ainsi ce droit que M. Fiore cite comme exemple de droits provenant de la volonté des parties, l'auteur le régirait pourtant exclusivement par la loi de la situation, car c'est un privilège. N'y a-t-il pas là la preuve de l'impossibilité qu'il y a d'établir une distinction entre les privilèges et les hypothèques ? L'auteur cite, pour prouver que les hypothèques légales proviennent de la volonté tacite des parties, un droit qui, hypothèque dans l'ancien droit, est aujourd'hui privilège, sans que sa raison d'être ait changé pourtant.

Présentons une dernière observation sur la théorie de M. Fiore. N'y a-t-il pas une contradiction entre les opinions émises par l'auteur dans les deux passages que voici, empruntés à la traduction de M. Pradier-Fodéré :

1° « Pour déterminer quelles sont les obligations qui peuvent être garanties par le gage et l'hypothèque, on doit appliquer la loi à laquelle l'obligation est par elle-même soumise... Quant à l'hypothèque, il est nécessaire de distinguer le droit réel qu'acquiert le créancier sur la chose d'autrui, des effets qui en dérivent et de l'action hypothécaire. Le droit réel, *jus in re*, engage le fond directement, et le suit entre les mains de n'importe qui, de sorte que la chose peut être considérée comme engagée jusqu'à l'extinction de la dette. Ce droit est toujours un accessoire de l'obligation personnelle dont il garantit l'exécution, et pourvu qu'il ne blesse pas le régime de la propriété territoriale *il doit être régi par la loi même qui règle l'obligation principale* soit qu'il provienne d'une convention expresse des parties, soit qu'il découle d'une disposition de la loi ou d'une sentence judiciaire. »

2° « Tout ce qui a pour effet de rendre judiciairement efficace l'obligation, ce qui concerne les moyens et les formes par lesquelles un créancier peut contraindre le débiteur à la remplir, relève de la loi du lieu d'exécution. La nature de l'obligation considérée *au point de vue des moyens dont peut disposer le créancier pour en obtenir l'accomplissement, doit être jugée suivant la loi du lieu où elle doit être remplie.*(Elle est privilégiée, chirographaire, exécutoire ou non exécutoire, ordinaire, civile ou sanctionnée par la contrainte par corps.) »

Il semble, d'après ces extraits, que l'auteur rattache l'hypothèque tantôt à la loi de l'obligation, tantôt à la loi de l'exécution. Mais nous ne croyons pas qu'il y ait chez l'éminent jurisconsulte confusion ou contradiction. Lorsqu'il se prononce pour la loi de l'obligation c'est qu'il suppose qu'elle n'est pas distincte de la loi de l'exécution. Ce n'est qu'au cas où ces deux lois sont distinctes qu'il fait découler l'hypothèque de la loi de l'exécution, l'hypothèque n'ayant pas d'autre but que de favoriser l'exécution des droits du créancier.

S'il était vrai qu'une loi unique pût conférer à la créance un droit réel en garantie de son exécution, cette loi serait plutôt la loi d'exécution du droit que la loi qui régit l'obligation ; il faudrait dire avec Burgundus : « Ea verò quæ ad complementum vel executionem contractûs spectant, vel absolute eo superveniunt solere a statuto loci dirigi in quo peragenda est solutio. » Fiore, D. I. P. 1875, p. 366, n° 220-221 ; — p. 383, 376, 422 ; — Burgundus, Tract. n° 8, p. 103.

En résumé, si le débiteur a des biens dans divers pays, il n'y a que la loi de leur situation qui puisse les affecter hypothécairement au payement de certaines créances. Il en résulte qu'une créance peut être à la fois chirographaire, hypothécaire ou privilégiée si sa cause est envisagée différemment dans les pays où le débiteur a des biens.

73. — Nous n'insisterions pas sur les applications de ces principes, si nous n'y voyions l'occasion de signaler quelques-unes des différences qui existent en matière hypothécaire entre le Code civil français et des législa-

tions de date plus récente, la loi du 16 décembre 1851 belge et le Code civil italien.

I. — *Droit de rétention*

74. — Ces règles s'appliquent-elles au droit de rétention ? N'y a-t-il que la loi française qui puisse le conférer sur des biens, meubles ou immeubles, situés en France ? Le droit de rétention est de tous les droits réels accessoires celui qui procède le plus de l'autonomie des parties ; on peut avec raison soutenir que la plupart des cas dans lesquels la loi l'accorde consacrent la condition tacite, qui se rencontre dans tous les contrats, de par laquelle l'une des parties n'a pas à exécuter son obligation lorsque l'autre se refuse à exécuter la sienne. Art. 1184. Quoi qu'il en soit, dans les cas où la loi française ne donne pas ce droit expressément, où on ne peut raisonner de son esprit général pour affirmer qu'elle l'accorde implicitement, où enfin les parties ne l'ont pas stipulé, bien que la loi qui régit leurs obligations leur donne un droit de rétention, elles n'y ont pas droit sur des biens situés en France. — Voir Brocher, t. II, D. I. P., n° 261.

Bien que nous ne traitions de ces questions qu'au point de vue du droit civil, empruntons un exemple à la législation commerciale. En Allemagne, art. 313 C. com. allemand, en matière commerciale, pour les créances échues, tout commerçant peut exercer un droit de rétention sur toutes les choses mobilières et valeurs publiques du débiteur venues en sa possession par suite d'opération de commerce et par la volonté du débiteur ; il peut l'exercer tant qu'il les a en mains ou peut en disposer par connaissements, lettres de voitures ou bulletins d'entrepôts. — En Suisse, entre commerçants, les créances échues, si les créances et la possession résultent de relations d'affaires, sont garanties par un droit de rétention sur les meubles et titres. Au cas de faillite où de suspension de payements, le droit de rétention peut être exercé même pour créance non échue. Art. 226-224. — Si l'on suppose que des relations d'affaires existent entre commerçants d'Allemagne, de Suisse et de France, le commerçant de France n'a pas droit en France au droit de rétention de ces articles. Il n'y a, en France, de droit de rétention légal, que celui venu de la loi française. Or elle ne contient pas de dispositions analogues à celles des codes allemand et suisse.

II. — *Privilèges généraux sur meubles.*

75. — La loi belge, la loi italienne et la loi française donnent privilège général sur les meubles à peu près aux mêmes créances. Mais il existe des différences entre elles au point de vue de l'étendue du droit, du montant des créances garanties, de la détermination des cas dans lesquels ces créances sont garanties. 1° Si des soins ont été donnés en Italie à un malade de nationalité italienne par un médecin de même nationalité, sa créance est évidemment régie par la loi italienne. 2° Si des ouvriers, des gens de service de nationalité belge, ont fourni leurs services à des patrons de même nationalité, en Belgique, leur action personnelle est évidemment régie par la loi belge. 3° Si des fournitures de subsistance ont été faites en France par un marchand français à des clients

14

de même nationalité, la créance du marchand est évidemment régie par la loi française. Dans ces trois cas, si le débiteur ne paye pas et si l'on suppose qu'il a des biens en Italie, en Belgique et en France, les frais de maladie faits en Italie seront privilégiés sur les biens meubles que le débiteur a en Italie, pour les derniers six mois de la vie du débiteur. Art. 1956 3° C. civ. iⁿ ; sur les meubles qui sont en Belgique, ces frais seront privilégiés pendant un an, art. 19, n° 3, L. 16 décembre, 1851 ; sur les biens que le débiteur a en France, ces frais seront privilégiés pour la totalité. L'article 2101 3° dit en effet « *les frais quelconques* de la dernière maladie ». Résultat singulier, une même créance, selon le pays où elle est invoquée, est privilégiée pour un laps de temps différent.

Autre différence : en Italie, le privilège pour frais de maladie n'existe que si le malade est mort. En Droit français, on controverse s'il n'existe pas en dehors de ce cas. Le créancier italien, dont la créance est régie par la loi italienne, peut donc essayer de prouver qu'en France les frais de maladie sont privilégiés aussi bien au cas où le malade a été sauvé qu'au cas où les soins ne l'ont pas empêché de mourir. En Belgique, le créancier, de par un texte formel, l'article 19, a droit au privilège pour les époques qui précèdent la mort, le dessaisissement ou la saisie du mobilier.

2° Dans notre deuxième exemple, celui du privilège des gens de service, si le débiteur a des biens en Belgique, en France et en Italie, en vertu de l'article 19 4° de la loi belge et de l'article 2101 4° C. civ. iⁿ, les salaires sont privilégiés pour l'année échue et ce qui est dû de l'année courante. Ainsi le privilège est le même dans les deux pays. Mais en Italie, l'article 1956 C. civ. iⁿ, § 4, *in fine* ne donne aux gens de service que les six derniers mois.

3° Au cas où des fournitures de subsistance ont été faites en France par un marchand français à un Français, le marchand, en Italie et en Belgique, a privilège pour six mois. En France, s'il est marchand en gros, il a privilège pour un an. Art. 1956 4 C. civ. iⁿ, 19 4°. Loi belge, 2101. C. civ. fr. Le marchand en gros a donc un privilège plus avantageux sur les biens situés en France que sur les biens qui sont en Italie et en Belgique.

Terminons par une importante remarque. En droit français, les privilèges généraux sur les meubles portent sur les immeubles, en cas d'insuffisance du mobilier. Art. 2104, 2105. La loi belge n'a maintenu ce principe que pour les frais de justice. En Belgique et en Italie les privilèges généraux ne grèvent les immeubles qu'après que les créanciers hypothécaires sont désintéressés ; ils ne priment que les créanciers chirographaires. Art. 1963 C. civ. iⁿ; Art 19, al. dern. L. belge.

III. *Privilèges spéciaux sur meubles et immeubles.*

76. — I. — *Privilèges spéciaux sur meubles.* — 1° *Privilège du bailleur.* Il s'exerce sur les meubles dont le locataire a rempli les lieux loués ; il repose sur une idée de gage. Les législations les plus récentes donnent au bailleur un privilège beaucoup plus restreint que celui de l'article 2103 C. civ. f. La doctrine française reconnaît assez généralement que ce privilège est exorbitant. Il

n'est pas rare, en effet, qu'il supprime entièrement les droits des autres créanciers. Il résulte des règles que nous avons posées, que le bail d'un immeuble situé en France, quoique passé à l'étranger et fait entre étrangers, doit être présumé, au point de vue des droits et obligations du bailleur et du preneur, régi par la loi de la situation. Pour que le bail d'un immeuble situé en France relève d'une loi étrangère, il faut que les parties aient déclaré vouloir le régir par cette loi. L'hypothèse est peu pratique. Quoi qu'il en soit, il ne faudrait pas voir dans une semblable déclaration, une renonciation de leur part au privilège accordé par la loi française. Cette déclaration ne prouverait pas non plus qu'elles ont voulu y substituer le droit réel accessoire que la loi qu'elles ont choisie pour régir le bail donne au bailleur. Mais si les parties avaient déclaré expressément, formellement qu'elles renoncent au privilège de l'article 2103 et y substituent celui que la loi qu'elles ont choisie accorde au bailleur, que vaudrait cette stipulation? Dans ce cas, il n'est pas douteux que le bailleur perdrait le privilège de l'article 2103. Mais aurait-il en retour le droit conféré par la loi qu'il a choisie pour régir le bail? Non, évidemment, si ce droit n'est pas au nombre de ceux admis par la loi française. Mais s'il n'existe entre le droit conféré par cette loi et le privilège accordé au bailleur par la loi française, que cette différence que le nombre d'années de bail échues ou à échoir garanties y est moindre, ce qui est précisément le cas du privilège du bailleur en Belgique et en Italie, faut-il admettre ce droit ainsi restreint? Nous le croyons. Les parties pouvaient renoncer entièrement au privilège. Elles n'y ont renoncé que pour partie. Il semble qu'elles en avaient le droit, et que l'on ne doit pas donner à leur stipulation une portée plus radicale. Qui donc pourrait se plaindre de ce qu'on sanctionne leur volonté? Les tiers auxquels le droit de l'article 2102 aurait pu être entièrement opposable trouvent leur avantage à cette restriction; l'organisation territoriale n'en souffre aucunement. Ainsi, tandis que le 1° de l'art. 2102 donne au bailleur privilège pour tout ce qui est échu et pour tout ce qui est à échoir si les baux sont authentiques ou sous seing privé avec date certaine ; tandis qu'à défaut de bail authentique ou sous seing privé ayant date certaine il donne privilège pour une année à partir de l'expiration de l'année courante, en vertu de l'article 20 § 1° Loi belge, le bailleur n'a privilège que pour deux années échues s'il s'agit d'une maison, trois années échues, s'il s'agit d'une ferme et pour l'année courante et celle qui suivra, à moins que les baux ne soient authentiques ou sous seing privé ayant date certaine, cas auquel il a privilège pour tout ce qui est à échoir. De même, l'article 1958, n° 3, al. 2 C. civ. iⁿ donne privilège pour loyers et fermages pour la créance de l'année courante et de l'année antécédente comme aussi pour tout ce qui est à échoir, si les baux ont date certaine, et si la date n'est pas certaine, seulement pour les créances de l'année courante et de la suivante. Donc si les parties réduisent le privilège de l'article 2103 au privilège de l'article 1958, 3° du Code italien ou de l'article 20, 1° de la loi belge, il faut sanctionner leur volonté. Il n'y a là qu'une diminution dans le nombre d'années garanties par le privilège, qui n'en modifie en rien la nature. Cette stipulation a pour effet de sauvegarder le crédit du locataire. Aucun principe d'ordre territorial ne s'oppose à ce qu'elle soit sanctionnée.

2° *Droits du vendeur de meubles.* — On le sait, nos questions ne se posent qu'à propos de biens qui sont en France. Les meubles vendus ont pu s'y trouver avant la vente : il se peut aussi qu'ils aient été expédiés de l'étranger. — Si les meubles se trouvaient en France lors de la vente, celle-ci ne relève d'une loi étrangère qu'au cas où les parties ont déclaré qu'elles écartaient la loi française. Si elles ne se sont pas expliquées sur la loi qui doit régir leur contrat, bien qu'elles soient étrangères, bien que la vente ait été faite à l'étranger, la présomption la plus forte est en faveur de la loi de la situation. — Si les meubles ont été expédiés de l'étranger en France, sans que les parties se soient expliquées sur la loi par laquelle elles entendent régir leur contrat, on ne peut pas dire que la présomption est en faveur de la loi de la situation ; car ces meubles ont deux situations, celle d'avant leur déplacement qui est à l'étranger, celle d'après leur déplacement qui se trouve en France. Or il n'y a pas de raison plus déterminante en faveur d'une loi qu'en faveur de l'autre. Il faut donc, dans ces cas, recourir aux autres présomptions que nous avons posées. Qu'on le remarque, aux cas où la présomption est en faveur de la loi du lieu du contrat, il se peut que cette loi soit difficile à déterminer. Aux cas en effet où la vente a été faite par correspondance, par télégramme, le pays d'où l'offre est partie n'est pas celui d'où l'acceptation est partie. Dans ces cas quel est le lieu du contrat? Nous croyons que c'est le lieu où l'acceptation est faite. En effet, c'est là que se rencontrent la volonté de celui qui fait l'offre et de celui qui l'accepte. Or le contrat est l'accord des volontés. Pourtant cette opinion est loin d'être unanimement admise. On soutient que le contrat n'est pas parfait lorsque l'acceptation a été faite; qu'il ne l'est que lorsqu'elle est connue du pollicitant. Mais lorsqu'on contracte par mandataire, le contrat est parfait avant que le mandant en ait connaissance. De même, ici, les deux parties sont liées dès que les deux côtés de l'engagement existent. C'est la loi du lieu où les deux engagements se rencontrent, qui est la *lex loci contractûs*.

En vertu de nos principes, alors même que la vente de meubles qui se trouvent en France relève d'une loi étrangère, le vendeur a droit aux sûretés réelles que donne la loi française et n'a pas celles que donne la loi du contrat. Il a donc le privilège de l'article 2102, si les meubles sont en la possession de l'acheteur et n'ont pas subi de transformation, bien que la loi qui régit la vente ne donne pas de privilège au vendeur. Ainsi en Italie, le vendeur de meubles n'a pas de privilège. Dans nos hypothèses, où les meubles vendus sont en France, bien que la vente relève de la loi italienne, le vendeur a le privilège de l'article 2102. Il est donc mieux traité que si les meubles vendus étaient en Italie.

En Droit français, on controverse la question de savoir si le privilège subsiste au cas où les meubles sont devenus immeubles par destination. Elle a été tranchée négativement par la loi belge, art. 20 5°, qui déclare que l'immobilisation détruit le privilège, sauf dans un cas où elle le dit maintenu. Si des meubles ont été expédiés de Belgique en France, et y sont devenus immeubles par destination, le vendeur est en droit de faire la preuve qu'en Droit français l'immobilisation ne détruit pas le privilège. M. Colmet de Santerre dit qu'il subsiste à l'encontre des créanciers chirographaires, ne l'admet à l'encontre des créanciers hypothécaires que s'il est prouvé qu'ils ont connu le privilège. La Cour de cassation a parfois incliné vers la perte du privilège. Notons un arrêt de la cour du Brabant septentrional du 8 août 1876 qui admet qu'un privilège sur une chose meuble subsiste même si cette chose devient immeuble par destination. Demante, t. 9, n° 33 bis, VI. — Cass. Arrêts 22 janvier 1833, 9 juin 1847. Journal Clunet, 1884, p. 214.

La loi belge déclare le privilège maintenu s'il s'agit de vente de machines, malgré l'immobilisation. Comprenant que la prospérité d'un établissement industriel est liée à la perfection de ses appareils, voulant faciliter aux fabricants les moyens de se procurer les meilleurs, croyant que ce maintien du privilège, malgré l'immobilisation, peut y contribuer, elle a décidé qu'il subsistait pendant deux ans. Elle le limite à ce délai parce qu'il n'est guère dans les habitudes du commerce de faire un crédit plus long. Ainsi ce privilège ne se perpétue pas aux dépens des créanciers hypothécaires. Il faut qu'il soit rendu public (Art. 20, 5°), que dans la quinzaine de la livraison l'acte constatant la vente soit transcrit sur un registre spécial tenu au greffe du tribunal de commerce. — Le vendeur de machines, de nationalité belge, qui expédie de Belgique en France des machines qui deviennent immeubles par destination, n'a qu'un droit incertain, dépendant de la solution de la question de savoir si le privilège du vendeur de meubles subsiste malgré l'immobilisation.

La loi française donne au vendeur de meubles le droit de les revendiquer dans la huitaine de la livraison, s'ils sont en la possession du vendeur et n'ont pas subi de transformation; art. 2102. Une controverse existe sur la nature de ce droit de revendiquer accordé par l'article 2102. On a soutenu que le 4° § 2 de cet article avait pour effet de restreindre, vis-à-vis des créanciers de l'acheteur, dans les cas de vente sans terme, la durée de l'action résolutoire qui appartient au vendeur en vertu des articles 1184 et 1654. Mais plus généralement la doctrine considère qu'il n'y a là que la revendication du droit de rétention. Est-il intéressant de prendre parti sur cette controverse au point de vue des conflits de lois? Supposons que le quatrième alinéa de l'article 2102 apporte une restriction à l'action résolutoire; dans ce cas si la vente relève d'une loi étrangère, faut-il dire que l'action résolutoire est régie par cette loi? Si cette loi donne à l'action résolutoire une durée plus longue que l'article 2102, celui-ci doit-il être écarté? Son application n'est-elle obligatoire que s'il concerne la revendication du droit de rétention? Nous croyons que, quelle que soit la nature du droit conféré par l'article 2102, ses prescriptions s'imposent : en effet, s'il a pour but de res-

treindre l'action résolutoire de droit commun, c'est dans
un intérêt général, pour assurer le maintien des accords
intervenus, protéger les tiers qui ont fait crédit à l'acheteur. Aussi, bien que l'action résolutoire ne soit ni
de statut personnel ni de statut réel, mais relève en
principe de l'autonomie des parties ; bien qu'on puisse
n'y voir qu'une condition que mettent les parties à
l'exécution de leur engagement, condition de par
laquelle si l'une des parties n'exécute pas son obligation,
l'autre ne doit pas exécuter la sienne, l'action résolutoire du
vendeur dans une vente régie par une loi étrangère subira
en France les restrictions qui résultent du 4° de l'article 2102. Elles sont en effet édictées en vue d'intérêts
généraux. Impossible à l'autonomie des parties de s'y
soustraire. De même si le § 4 de l'art. 2102 entend parler
de la revendication du droit de rétention, alors même que
la vente relève d'une loi étrangère, le vendeur y a droit.
Dans ce cas en effet nous sommes en présence d'un droit
réel que seule la loi de la situation a le droit de créer.

Ainsi, quelle que soit la nature du droit créé par le § 4
de l'article 2102, les solutions, au point de vue des conflits
de lois, sont les mêmes. Il est donc superflu de s'attarder
sur cette question de Droit civil. Pourtant, puisque nous
l'avons signalée, disons quelques-unes des raisons en
vertu desquelles il faut voir dans le § 4 de l'article 2102,
la revendication du droit de rétention.

Si la loi, comme le prétend l'opinion contraire, avait eu
pour but de sauvegarder les intérêts des créanciers de
l'acheteur, d'éviter qu'après avoir compté sur ces meubles pour gage, ils ne pussent en bénéficier, ce n'est pas

uniquement la durée de l'action résolutoire qu'elle aurait
abrégée. La mesure, en effet, aurait été tout-à-fait insuf-
fisante, inefficace, car après l'extinction de l'action résolutoire, le privilège aurait continué à être opposable aux
créanciers de l'acheteur. Et puis, pourquoi la loi aurait-
elle réduit l'action résolutoire dans les ventes sans terme
et l'aurait-elle laissé subsister conforme au droit commun
dans les ventes avec terme? On comprend, au contraire,
que le droit de rétention ne puisse pas être revendiqué
si un terme a été accordé. Le terme prouve que le vendeur a eu confiance en l'acheteur. La revendication du
droit de rétention, au contraire, manifeste que le vendeur
doute du crédit de l'acheteur. Donc la revendication du
4° de l'article 2102 et l'action résolutoire sont deux droits
distincts. L'action résolutoire, dans les ventes de meubles
avec ou sans terme, demeure régie par le droit commun.
Elle n'est ni de statut personnel, ni de statut réel. Elle
dépend, comme la vente, de l'autonomie des parties.
D'où, si la vente est régie par une loi étrangère, à la
différence du privilège du vendeur et du droit de revendiquer qui en France relèvent de la loi française, l'action
résolutoire dépend de la loi sous laquelle les parties ont
entendu placer la vente.

L'opinion qui réunit la résolution et la revendication est à peu près devenue la doctrine du code belge. La
loi belge ne dit pas que la revendication n'est autre que la
la résolution. Mais elle déclare que lorsque l'action
revendicatoire est éteinte, l'action résolutoire l'est
aussi à l'égard des créanciers. « La déchéance de
l'action revendicatoire emporte également celle de l'ac-

tion en résolution à l'égard des autres créanciers. » Art. 20, 5°, 6° alin. Donc, en Belgique, la résolution dans les ventes sans terme ne peut être conservée à l'encontre des créanciers, que pendant la huitaine de la livraison. Si nous supposons une vente de meubles expédiés de Belgique en France, régie par la loi belge, les créanciers de l'acheteur pourront opposer au vendeur, qui prétendrait exercer l'action résolutoire des articles 1184, 1654 qu'il a accepté l'action en résolution de la loi belge. Art. 20. 5°, al. 6. En France, cette restriction à l'action en résolution devra être admise. L'action en résolution relève de l'autonomie des parties. La réglementation que lui donne la loi belge, n'a rien qui soit contraire à l'organisation de la propriété en France.

II. *Privilèges spéciaux sur immeubles*. — La loi belge, en matière de vente d'immeubles, lie l'action en résolution au sort du privilège. En droit français, en vertu de l'article 7 de la loi de 1855, lorsque le privilège est éteint, l'action résolutoire n'existe plus à l'égard des tiers qui ont acquis des droits sur l'immeuble et les ont conservés conformément aux lois, les causes d'extinction du privilège entraînent l'extinction du droit de résolution à l'égard des tiers de la loi de 1855. A ce point de vue l'action résolutoire dépend du privilège. C'est là une disposition obligatoire pour les parties, qui restreint leur autonomie. Dans les cas où l'article 7 est applicable l'action résolutoire est, comme le privilège, de statut réel. Donc, si l'on suppose que la vente d'un immeuble situé en France est régie par une loi étrangère, qui ne lie pas le sort de l'action résolutoire à celui du privilège, elle subit pourtant les restrictions qui résultent de l'article 7, car elles sont édictées dans un intérêt général, afin que la propriété ne demeure pas trop longtemps en suspens.

Une espèce de la nature de celle que nous supposons ne se présentera que très exceptionnellement. En effet, nous avons dit que les contrats relatifs aux biens devaient être présumés régis par la loi de la situation. D'autre part, il est assez peu vraisemblable que les parties déclarent la vente d'un immeuble situé en France régie par une loi étrangère.

IV. — *Hypothèque judiciaire*

77. — Appliquons nos règles à l'hypothèque judiciaire : L'article 2123, 4° dit : « L'hypothèque ne peut pareillement résulter des jugements rendus en pays étranger, qu'autant qu'ils ont été déclarés exécutoires par un tribunal français, sans préjudice des dispositions contraires qui peuvent être dans les lois politiques ou dans les traités. »

Il résulte de cette disposition que les jugements étrangers n'emportent hypothèque que lorsqu'ils ont été rendus exécutoires, à moins que des traités diplomatiques n'en décident différemment.

Cette disposition cadre avec les règles exposées sous ce chapitre. Si elle n'existait pas, il faudrait, en vertu de ces règles, dire que c'est la loi française qui attache hypothèque aux jugements étrangers ; que leur exécution est garantie par cette hypothèque, alors même que la loi du lieu où ils ont été rendus ne la leur donne pas. Mais l'article 2123 § 4, empêche la controverse que ces principes soulèvent de se poser. Il exige en effet, pour que l'hypothèque qui garantit l'exécution des jugements étrangers puisse produire un effet quelconque en France, qu'ils aient été rendus exécutoires par un tribunal français. Évidemment si la loi française admettait que l'hypothèque résulte du jugement étranger, elle n'en reculerait pas tous les effets jusqu'après l'*exequatur;* on pourrait accomplir, dès le jugement, tous les actes conservatoires de ce droit; on pourrait, par exemple, inscrire cette hypothèque avant le *pareatis*. Or jusqu'après l'*exequatur* l'inscription est impossible. Pendant la procédure en *exequatur* le débiteur peut consentir des hypothèques et rendre ainsi illusoire l'hypothèque judiciaire. Ces retards dans l'inscription de l'hypothèque judiciaire ne se comprennent que si la loi la fait découler du jugement d'*exequatur*. D'ailleurs la filiation historique de cet article supprime tout doute à cet égard. Il reproduit une partie de l'article 121 de l'ordonnance de 1629, qui, nous l'avons déjà dit, rattachait l'hypothèque à la force exécutoire des actes et des jugements. Lorsque Treilhard disait : « Les jugements étrangers ont un caractère qui ne permet pas de leur accorder moins d'effet qu'aux contrats authentiques; » il oubliait que le code n'admet pas que les actes authentiques produisent de plein droit hypothèque. Quoi qu'il en soit, l'hypothèque des jugements étrangers est considérée par le Code comme une dépendance de la force exécutoire. Or tout ce qui est relatif à l'exécution des droits relève exclusivement de la loi territoriale. — Locré, t. VIII, p. 239.

Donc bien qu'en Belgique, en Portugal, l'hypothèque judiciaire n'existe pas, bien que la Suède l'ait rejetée, bien que la Hollande ne reconnaisse que l'hypothèque conventionnelle spéciale et n'admette pas d'hypothèques générales, légales ou judiciaires, l'hypothèque de l'article 2123 garantit l'exécution des jugements rendus dans ces divers pays, lorsqu'ils sont revêtus du *pareatis* français. De même, bien qu'en Grèce, l'hypothèque ne porte que sur les biens présents, un jugement rendu en Grèce, devenu exécutoire en France, sera protégé par une hypothèque portant sur les biens présents et à venir du débiteur. Annuaire, Lég. étr. 1878, p. 814; 1878, p. 663. — Loi hollandaise, 28 avril 1834. — Journ. D. I. P., 1880, p. 175.

Certains auteurs n'accordent aux jugements étrangers une hypothèque en France, que si, indépendamment de la loi française, la loi du lieu où ils ont été rendus la leur confère. Ainsi la loi belge de 1851 a supprimé l'hypothèque judiciaire en Belgique M. Laurent n'admet pas que les jugements rendus en Belgique aient hypothèque en France, alors même que l'*exequatur* a été obtenu en France, D. I. P., t. VII, n° 373.

M. Fiore applique à l'hypothèque judiciaire les règles qu'il a posées relativement aux autres droits réels accessoires ; il distingue le droit et l'action réelle qui le concerne, fait découler le droit de la loi de l'obligation. C'est donc par la loi du lieu où le jugement a été rendu, qu'il régit l'obligation qu'il consacre et le droit réel accessoire qui en garantit l'exécution. — Fiore, D. I. P., n° 233.

78. — Nous pourrions borner là nos explications sur

l'hypothèque des jugements étrangers. En effet, la question de savoir quel est le rôle des tribunaux français chargés de donner l'*exequatur* aux jugements étrangers, n'entre pas directement dans notre sujet. Pourtant l'hypothèque ne pouvant exister qu'après l'*exequatur*, il n'est pas inutile de dire brièvement à quelles conditions on l'obtient.

L'article 2123 4° n'indique pas quelle est la mission du tribunal, quelle est la procédure qu'il faut suivre pour obtenir un jugement d'*exequatur*. Toutes ces questions sont plus ou moins vivement controversées; nous ne ferons que prendre parti en indiquant qu'elles nous paraissent être les raisons principales de décider.

Sur la mission du tribunal français à qui l'*exequatur* est demandé, il y a trois principaux systèmes :

I. Le tribunal ne doit pas reviser au fond les jugements étrangers; il examine seulement si on lui présente un véritable jugement, rendu par des juges compétents, ne lésant aucun principe d'ordre public français.

II. Il a le droit et le devoir de reviser tous les jugements étrangers.

III. On doit distinguer selon que le jugement a été rendu contre un étranger ou contre un Français. Le jugement rendu contre un étranger n'est pas revisé; le jugement rendu contre un Français doit être revisé.

Ce qui fait la difficulté, c'est que le Code ne s'est expliqué que sur la force hypothécaire et sur la force exécutoire des jugements étrangers, et n'a rien dit sur la force de chose jugée qu'ils ont en France, sur la foi qui leur est due.

On argumente, dans l'opinion qui n'admet pas que le tribunal puisse reviser, des art. 2123, 4°, 546, C. Proc.

On dit : L'article 2123 parle de l'*exécution du jugement étranger*, de l'*hypothèque attachée au jugement étranger*. C'est donc que le tribunal français n'a pas le droit de reviser. Sinon, il ne s'agirait pas de l'*exequatur* d'*un jugement étranger*, mais d'*un jugement français*.

Cet argument de mots n'est pas concluant : en définitive, il s'agit d'aboutir à l'exécution d'une décision étrangère. Donc, alors même que les tribunaux français devraient la reviser, les textes pourraient employer l'expression « Jugement étranger » ; elle ne serait pas inexacte. Ce sont les effets, les suites de la décision étrangère, que le tribunal français, quelle que soit sa mission, réglemente. Les expressions « hypothèque du jugement étranger, exécution du jugement étranger » viennent naturellement à l'esprit du rédacteur; on ne peut soutenir qu'elles fournissent une preuve quelconque; elles n'enlèvent aucune force à l'affirmation que nous avons produite que le Code est muet sur la foi qu'il faut attacher aux jugements étrangers.

Il faut donc recourir à l'ancien Droit. La loi du 30 ventôse an XII ne s'applique qu'aux matières que le Code a réglées. Celles sur lesquelles il ne s'est pas expliqué demeurent régies par les lois et coutumes anciennes. De même, un avis du conseil d'État du 1er juin 1807 déclare que l'article 1041, C. pr., n'a porté aucune atteinte aux formes de procéder « en toute matière pour laquelle il aurait été fait par une loi spéciale exception aux lois générales ».

Quelle était donc la doctrine de l'ancien droit ? Citons à cet égard quelques extraits de Boullenois : « Quand on veut exécuter un jugement dans une autre juridiction, on ne le peut que de la permission du juge de cette juridiction... Il faut observer que l'on ne doit permettre l'exécution d'aucun titre qu'autant qu'il est scellé d'un sceau public et autorisé dans les États du prince où on veut mettre le jugement à exécution, et qu'autant qu'il est cogné des coins d'un seigneur, disent les assises de Jérusalem... Le sceau est nécessaire pour l'exécution des contrats et pour donner le droit de coaction. Mais il n'en est pas de même pour l'hypothèque. Quand on a obtenu un *pareatis* du grand sceau il faut bien se donner de garde de venir, par action, par devant le juge du lieu où l'on veut mettre le jugement à exécution. *Mera enim executio commissa est, non cognitio.* Car si l'on vient par action c'est soumettre au juge par devant lequel se forme l'action, la connaissance du jugé même. Il arrive ordinairement que celui qui est condamné se pourvoit par opposition contre les poursuites et non seulement il propose des moyens contre l'exécution, mais il en propose même contre le jugement. Dans ce cas la partie qui a le titre qui n'est susceptible ni d'opposition ni d'appel doit se renfermer dans la fin de non recevoir résultant de la chose jugée. Néanmoins s'il paraît sensiblement que le jugement rendu dans les pays étrangers l'ait été incompétemment et contre l'ordre public, comme s'il a été rendu en matière réelle, et pour des biens situés hors la domination du prince, où le jugement a été rendu, le juge de la situation des biens à qui la connaissance des fonds appartient, doit recevoir opposant aux contraintes... Quand donc quelques-uns de nos auteurs disent que les jugements des pays étrangers ne s'exécutent pas en France et qu'il faut venir par nouvelle action, *cela est vrai indistinctement dans les matières réelles, cela est encore vrai en matière personnelle, quand le Français est défendeur, qu'il n'a point contracté dans le pays, ni promis d'y payer, y eût-il même subi juridiction volontairement et par hasard :* il faut venir par nouvelle action, sauf à demander l'exécution provisoire des jugements, ce qui doit être ordonné par nos juges ; *mais quant aux autres jugements* dont nous avons parlé ci-devant, je penserais qu'*ils doivent s'exécuter sans nouvelle action,* avec un *pareatis du grand sceau.* L'ordonnance de 1629 porte à la vérité... Mais nous avons marqué ci-dessus ce que l'on devait penser de cette ordonnance. » — Boullenois, I, p. 638. Per^te et Ré^te, S .

Ce n'est pas pourtant dans ce sens que nous conclurons. Nous appliquons l'ordonnance de 1629, art. 121 car bien qu'elle n'ait jamais été enregistrée par tous les parlements, elle a été fréquemment appliquée par la jurisprudence même après 1789, et le Code, dans les articles 2123, 546, en a fait des applications qui prouvent qu'il l'a considérée à tort ou à raison comme l'ancien droit. Cet article dit à propos des jugements : «Les jugements rendus ès royaumes et souverainetés étrangères pour quelque cause que ce soit, n'auront aucune exécution dans le royaume, et les sujets contre lesquels ils seront rendus pourront de nouveau débattre leurs droits comme entiers, par devant les officiers du royaume. »

On ne peut objecter que le code, en reproduisant dans les articles 2123 C. civ. et 546 C. pr., une partie de l'article 121 et en ne reproduisant pas l'autre a manifesté qu'il abrogeait la partie non reproduite. Ces articles sont écrits spécialement, uniquement en vue de la force hypothécaire ou exécutoire des actes et jugements étrangers. Il n'est pas étonnant qu'ils ne reproduisent pas la dernière partie de l'article 121, relative à la force de chose jugée.

Il faut donc distinguer selon que le jugement a été rendu contre un Français ou contre un étranger, accorder le droit de revision dans un cas, le refuser dans l'autre. — *Sic.* Pigeau, t. 2, p. 36. Malleville, sur 2123 et 14. C. civ. Analyse, disc. C. civ. au C. d'État, IV, p. 269. Avocat général Séguier; Henrion; Persil; Valette des Pr. et Hyp. Fœlix; Gazette des tribunaux, 23 août 1883, p. 809; Journal Clunet 1884, p. 189; Jugement tr. Seine, 3 avril 1884. Gazette tribunaux, 5 avril 1884.

Remarquons que cette distinction cadre assez bien avec les articles 14 et 15 qui manifestent une certaine méfiance de la loi à l'égard des décisions étrangères concernant les Français. Elle cadre également avec la jurisprudence française actuelle qui se déclare, sauf exceptions, incompétente dans les procès entre étrangers. Il semble qu'elle devrait considérer comme anormal de juger à propos d'une demande d'*exequatur* un procès dont elle n'aurait pas voulu connaître s'il lui avait été soumis, avant d'avoir été jugé par un tribunal étranger.

Pourtant, on rencontre dans la jurisprudence française des décisions en faveur des trois opinions que nous avons énoncées. Le plus fréquemment elle se prononce pour la revision, quelle que soit la nationalité des parties entre lesquelles le jugement a été rendu. C. Paris 27 août 1816, S. 16, 2.371 ; Cass. arrêt, rejet 19 avril 1819, S. 19. 1. 290 ; id., req. 11 janvier 43 ; 27 décembre 52. D. 52. 1.313. — Cass. 20 août 72. S. 72, 1. 327. — Req. 16 juin 75. D. 77. 1. 184. — Req. 28 juin 1881. D. 81. 1. 377. — Rouen 20 avril 1880, sous Cass. S. 82. 1. 33.

Elle, allègue principalement que la souveraineté française serait atteinte si l'autorité judiciaire étrangère faisait prévaloir ses sentences en France. Argument qu'on retrouve toutes les fois qu'il s'agit de faire sortir à effet une manifestation quelconque d'une autorité étrangère quelconque, qui pourrait conduire à un ostracisme absolu, à l'impossibilité pour toute loi étrangère de sortir le moindre effet en France. Dans l'ancien Droit, les jugements étrangers concernant les étrangers avaient effet probant en France. Pourquoi considérerait-on que la souveraineté française est compromise là où l'ancien Droit ne la voyait pas en jeu ? Est-ce qu'il ne suffit pas pour que la souveraineté soit sauvegardée que le tribunal examine si on lui présente un véritable jugement, émané des juges compétents, dont aucune des déclarations ne porte atteinte à notre ordre public ? Est-ce que nos lois ne donnent pas force probante aux actes authentiques passés à l'étranger ? Si on ne peut pas dire que les jugements sont des contrats judiciaires, puisque le contrat est l'accord libre des volontés, tandis que le jugement a pu être rendu entre parties qui ne s'y sont pas librement soumises, il n'en est pas moins la résultante, la conséquence du droit qu'a toute personne de s'adresser aux juges compétents pour faire déclarer ses droits. Pourquoi ne pas sanctionner les droits constatés par les tribunaux étrangers, comme ceux constatés par les notaires étrangers ?

On s'est demandé quelle procédure doit employer la partie qui veut obtenir un jugement d'exequatur, si elle doit agir par voie de requête ou par voie d'assignation. Il faut opter pour la voie de l'assignation qui est le mode de procéder de droit commun, tandis que la requête est la voie exceptionnelle, spécialement prévue par la loi, employée dans les matières gracieuses. En ce sens Cour Cass. 30 janvier 1867. S. 67. 1. 117. — En sens con. De Belleyme. Ord. sur requête et référé. I, p. 511. 3ᵉ édition.

79. — Trois traités diplomatiques sont relatifs à l'exécution des jugements étrangers : 1° la convention franco-sarde du 24 mars 1760, art. 22 ; 2° la convention du 16 avril 1846 entre la France et le grand duché de Bade. 3° le traité franco-suisse du 15 juin 1869. Recherchons s'ils modifient à certains égards les dispositions de la loi française relatives à l'hypothèque des jugements étrangers. Le texte de deux de ces conventions consacre certaines différences.

I. — La première partie de l'article 22 de la convention franco-sarde dit : « De la même manière que les hypothèques établies en France par actes publics ou judiciaires sont admises dans les tribunaux de S. M. le roi de

Sardaigne, on aura aussi pareil égard dans les tribunaux de France pour les hypothèques qui seront constituées à l'avenir soit par contrats publics, soit par ordonnances ou jugements, dans les États de S. M. le roi de Sardaigne.»

On est en droit de conclure de ce texte que c'est la loi du pays où le jugement est rendu qui lui donne hypothèque, qu'elle existe avant le jugement *d'exequatur*, indépendamment de ce jugement ; que, dès que le jugement étranger a été rendu, elle peut être inscrite, tout acte conservatoire peut être fait.

Pourtant la cour d'Aix a décidé le 16 décembre 1869 que l'inscription, en Sardaigne, d'une hypothèque résultant d'un jugement rendu par un tribunal français, n'est valable qu'*autant que ce jugement a été revêtu de la formule d'exequatur* par la Cour supérieure de Sardaigne, dans le ressort de laquelle l'hypothèque doit être inscrite. Il s'agissait de savoir si une inscription d'hypothèque avait pu être prise valablement dans l'ancien comté de Nice, en vertu d'un jugement français non déclaré exécutoire par la Cour de Nice. D. 71. 2. 73. Note sous arrêt.

Bien que la note sous l'arrêt affirme le contraire, les appelants soutenaient avec raison que l'inscription constitue un simple acte conservatoire qui pouvait être réalisé en Sardaigne sans qu'au préalable le jugement français fût revêtu d'une formule de *pareatis*, exigée seulement pour l'exécution. Il y a en effet, dans la doctrine et la jurisprudence, un accord à peu près unanime pour reconnaître à l'inscription d'hypothèque le caractère de simple acte conservatoire. Troplong, I. n° 365, *in fine*, n° 463 bis. Pont, n° 931 ; Feraud Giraud, France et Sardaigne, p. 368; Jur. gén. Pr. et hyp. n° 1158.

La note, raisonnant sur la question de la force probante des jugements étrangers, dit : Si on admet le système qui refuse aux jugements étrangers non seulement l'exécution mais aussi l'autorité de la chose jugée, le jugement manque de deux éléments de son existence. Il n'en peut conséquemment rien résulter, pas plus des actes conservatoires que d'exécution. Elle ajoute : Les deux autres systèmes reconnaissent, l'un d'une manière générale, l'autre suivant des distinctions que les jugements étrangers ont autorité de chose jugée. Mais on ne peut s'autoriser de ces opinions pour soutenir que les jugements étrangers peuvent, avant *l'exequatur*, servir de base à des actes conservatoires en France. En effet ces deux opinions s'accordent avec la précédente pour attribuer aux tribunaux français un droit de contrôle sur les jugements étrangers, n'en diffèrent que quant à l'étendue du droit.

C'est mal raisonner, c'est se placer sur un terrain juridique qui n'est pas le vrai. En effet nous sommes dans un cas où il y a un traité. La convention de 1760 empêche la question sur la force probante des jugements étrangers de se poser. Elle fixe en effet le rôle de la justice, ne lui accorde pas le droit de reviser au fond, limite sa mission à l'examen de questions qui intéressent l'ordre public, sont relatives à la compétence des juges, à l'existence, à la validité du jugement. Il a donc une force suffisante pour qu'un acte conservatoire soit possible.

La note ajoute : « Supposons maintenant que l'autorité de la chose jugée reste attachée aux jugements étrangers, même en l'absence de l'examen sommaire dont il vient d'être parlé, quelles en seront les conséquences? La chose jugée en tant qu'elle résulte d'un jugement étranger est équivalente à un contrat, mais elle n'est pas équivalente à un contrat authentique. Car si les contrats sont, en général, du droit des gens et peuvent en conséquence conserver leur efficacité dans des pays autres que celui où ils ont été conclus, l'authenticité est au contraire une pure création du droit civil, lequel ne communique pas ses effets d'une nation à l'autre. D'où la distinction suivante : Les jugements étrangers forment par eux-mêmes un titre suffisant pour faire en France ceux des actes conservatoires, qui, d'après la législation française, peuvent être pratiqués en vertu d'un titre privé, mais non pour ceux de ces actes auxquels on ne peut procéder qu'en vertu d'un titre authentique. Ainsi nous admettrions qu'une saisie-arrêt pût être faite en vertu d'un jugement étranger, mais il ne servirait pas de base à une inscription d'hypothèque. »

Ce passage contient une erreur de droit qu'il nous faut signaler. Il n'est pas exact qu'il faille un acte authentique pour qu'une inscription d'hypothèque soit possible. Les privilèges qui garantissent des créances dont la constatation peut n'être faite que par acte sous seing privé, l'hypothèque légale des incapables dont les créances peuvent n'être constatées que dans des actes sous seing privé, sont pourtant valablement inscrits. —

En l'espèce, le traité de 1760 ayant écarté l'article 121 du code Michaud, dont l'article 2123 4° n'est que la reproduction, l'inscription de l'hypothèque était possible bien qu'elle ne fût pas constatée par un acte authentique.

La note soutient cependant que le traité de 1760 contient une disposition conforme à la décision de la cour d'Aix ; elle nie que la possibilité d'inscrire, sans avoir au préalable obtenu *exequatur*, résulte de la première partie de l'article 22 ; elle fait remarquer que ces termes du 1er alinéa de l'article 22 : « on aura aussi pareil égard dans les tribunaux de France pour les hypothèques qui seront constituées à l'avenir soit par contrats publics, soit par ordonnances ou jugements, dans les États de S. M. le roi de Sardaigne » impliquent pour les tribunaux un certain droit de contrôle.

Nous ne croyons pas que cet argument de texte soit exact. L'article 22 du traité contient 3 parties, l'une réglant à quelles conditions les hypothèques des actes et jugements étrangers existent dans les deux pays ; la deuxième, sur laquelle nous fournirons plus loin quelques explications, disant à quelles conditions l'exécution des jugements rendus dans l'un des États est possible dans l'autre « en second lieu, pour favoriser l'exécution des décrets et jugements, les cours suprêmes déféreront, de part et d'autre, à la forme du droit, aux réquisitions qui leur seront adressées à ces fins, même sous le nom desdites cours, » la troisième fixant à quelles conditions les nationaux des deux États pourront y être admis à jugement.

Or, qu'on le remarque, cet article, nettement divisé
en trois parties, sépare très catégoriquement la force
hypothécaire des jugements de leur force exécutoire.
Lorsqu'il est nécessaire de s'adresser aux tribunaux, il
détermine avec précision à quelle juridiction on doit
s'adresser, la manière de saisir le tribunal qu'il rend
compétent, etc. Or toutes ces conditions, il ne les édicte
qu'en ce qui concerne l'exécution des jugements. Pourtant, si pour donner existence à l'hypothèque judiciaire,
il eût fallu recourir aux tribunaux, si pour faire un acte
conservatoire de l'hypothèque, il eût fallu s'adresser à
eux, ne s'en fût-il pas expliqué ?

Le traité de 1760 tranche la controverse de l'ancien
Droit sur la validité ou l'inefficacité des hypothèques
constatées, consacrées par acte et jugement étranger, en
établissant à cet égard une réciprocité entre les deux
États. Il ne formule aucune prescription spéciale. Ce que
décide la justice sarde sera admis en France et réciproquement.

Or en Italie, l'inscription d'une hypothèque, acte conservatoire, peut être prise, en vertu d'un jugement français, avant qu'il ait été rendu exécutoire, sauf à obtenir
exequatur lorsqu'il faudra suivre l'effet de cette inscription. Journal D. I. P. 1879, p. 86, Turin, 20 mars
1876.

La loi italienne toutefois prescrit une formalité pour
que les actes passés à l'étranger soient présentés à l'inscription, la légalisation. Art. 1990. Cette légalisation des
actes s'étend aux jugements. Mais la jurisprudence italienne décide que l'inscription prise en vertu d'un acte

étranger qui n'était pas légalisé lors de l'inscription, mais l'a été plus tard, n'est pas nulle, la légalisation n'étaut qu'une simple formalité extérieure, accidentelle, ne conférant aucun droit *ex novo*, n'ajoutant et n'enlevant rien aux actes publics. — Journal D. I. P. 1878, p. 55, cour Modène.

Il faut étendre à nos hypothèses cette solution de la cour de Modène, dire que l'inscription n'est pas nulle, bien que la légalisation n'ait pas encore été donnée au moment où elle est prise, pourvu qu'elle l'ait été plus tard.

II. — La convention du 16 avril 1846 entre la France et le grand duché de Bade qui, depuis 1871, régit nos rapports avec l'Alsace-Lorraine, déroge à l'article 2123, § 4.

L'article 1er dit : « Les jugements ou arrêts rendus en matière civile et commerciale, par les tribunaux compétents de l'un des deux États contractants emporteront hypothèque dans l'autre... » L'article 3 dit : « S'il ne s'agit que de l'inscription d'une hypothèque judiciaire, il suffira d'une inscription légalisée du jugement et d'un acte constatant la signification. »

Ainsi l'hypothèque judiciaire résulte *ipso facto* du jugement. On peut l'inscrire sans que le jugement étranger ait obtenu *exequatur* en France. Il suffit d'une expédition légalisée du jugement et d'un acte constatant la signification.

Le tribunal de Nancy a eu à connaître en 1873, d'une espèce dans laquelle l'expédition du jugement qui avait servi à inscrire n'avait pas été légalisée ; il a jugé que la légalisation n'était pas exigée à peine de nullité. 8 janvier 1873, Tr. Nancy. Journal D. I. P. 1874, p. 305.

III. — Le traité franco-suisse ne dit rien de l'hypothèque ; elle est donc régie par le droit commun, n'existe qu'après le jugement d'*exequatur*.

Quelle mission ces traités donnent-ils aux tribunaux chargés de donner *exequatur* aux jugements ? quelle procédure exigent-ils ? Ces questions ne nous intéressent pas directement. Pourtant on ne peut arriver à l'exécution de l'hypothèque qu'après avoir obtenu l'*exequatur*. Signalons donc rapidement les principales conditions moyennant lesquelles on l'obtient.

I. — La mission de la Cour à laquelle l'*exequatur* d'un jugement italien est demandée a été précisée par une déclaration du 10 septembre 1860 échangée entre la Sardaigne et la France ; il en résulte que l'examen doit porter exclusivement sur les points suivants : La décision émane-t-elle d'une juridiction compétente ? Les parties ont-elles été dûment citées et légalement représentées ou défaillantes ? L'ordre public ne s'oppose-t-il pas à la décision du tribunal étranger ? S. Lois annotées, 60, p. 97.

L'*exequatur* n'est accordé que sur lettres rogatoires adressées par cours à cours. On a soulevé la question de savoir si elles étaient nécessaires. Le tribunal civil de Bordeaux, le 16 juin 1881, la cour, le 19 juin 1882, ont jugé que lorsque la demande d'exécution d'un jugement italien est portée directement, sans lettres rogatoires, devant un tribunal de première instance, le bénéfice des traités diplomatiques de 1760 ne peut être invoqué ; qu'il y a lieu de reviser au fond ; que des lettres rogatoires obtenues par le demandeur au cours de l'appel ne peuvent transformer le débat. On a soutenu dans le journal de M. Clunet, que même en l'absence de lettres rogatoires, les traités de 1760 et 1860 continuaient à produire leur effet, 1878, p. 141. — Mais la solution donnée par le tribunal et la cour de Bordeaux a pour elle la lettre du traité.

Qu'on remarque que ce sont les cours françaises qui sont compétentes pour statuer sur l'exécution non seulement des arrêts mais des jugements italiens.

II. — Les conditions moyennant lesquelles un jugement rendu dans le grand duché de Bade est exécutoire en France sont fixées aux articles 1 à 3 de la convention du 16 avril 1846 et ne demandent pas de développements. Depuis 1870-71, ce traité de par l'article 18 de la convention additionnelle du traité de paix signé à Francfort-sur-Mein le 11 décembre 1871, ratifié par la loi du 9 janvier 1872, règle nos rapports avec l'Alsace-Lorraine, au point de vue de l'exécution des jugements.

III. — Les conditions moyennant lesquelles un jugement rendu en Suisse devient exécutoire en France, et *vice versâ*, sont déterminées aux articles 15 à 19 du traité franco-suisse de 1869. Le juge saisi de la demande en exécution ne doit pas discuter le fond. Il ne peut rejeter la demande que si la décision émane d'une juridiction incompétente, si elle a été rendue sans que les parties aient été dûment citées et légalement représentées ou défaillantes, si le droit public ou les intérêts de l'ordre public s'opposent à son exécution. Le traité concerne des jugements ou arrêts définitifs qui ont acquis force de chose jugée, art. 15. C'est le tribunal réuni en chambre du conseil, sur le rapport d'un juge commis par le président et les conclusions du ministère public, qui est chargé de donner l'*exequatur*.

§ III. — *Compétence de la loi de l'obligation.*

80. — La loi qui régit l'obligation, bien qu'elle soit étrangère exerce une certaine influence sur le droit réel portant sur un bien situé en France, qui la garantit. Indiquons les points de vue auxquels elle a compétence. Sans doute, la loi de situation régit le droit en tant que droit, en sa manière d'être ; sans doute, elle est seule à pouvoir le conférer. Pourtant ce droit ne se conçoit pas indépendamment de la créance ; il n'a d'autre but ni d'autre efficacité pratique que de faciliter son exécution. Il en résulte que la loi de l'obligation par contre-coup, par voie de conséquence, influe sur le sort du droit réel accessoire.

Ainsi les causes d'inexistence, de nullité, de résolution, du droit principal, enlèvent aux sûretés réelles toute raison d'être. Son extinction entraîne celle des droits réels accessoires. Donc dans les cas où les conditions de validité, d'efficacité de la créance, sont déterminées par une loi étrangère, cette loi, à ces divers points de vue, agit sur les droits réels accessoires. Leur existence dépend alors de deux lois : 1° de la loi qui régit la créance; 2° de la loi territoriale.

III. — Il ne faudrait pas croire pourtant que toutes les modifications que la créance subit ont leur contre-coup sur le droit réel accessoire. Fournissons-en une double preuve : 1° au cas de novation, il se peut que ces droits subsistent en garantie de la nouvelle créance. Art 1278.

2° De même la créance peut se diviser : 1° Ainsi, par suite du décès d'une personne ses droits et obligations se divisent de plein droit entre ses héritiers. 2° Le créancier peut avoir reçu un payement partiel. Dans ces cas, si la créance est garantie par un gage, une hypothèque, ces droits réels subsistent sur la totalité des biens affectés tant que la dette n'a pas été payée. Art. 2114. Ces biens sont affectés dans leur totalité et dans chacune de leur partie à la totalité et à chaque partie de la dette.

Toutefois, l'indivisibilité n'est pas de l'essence du droit réel accessoire, mais de sa nature. Son but est uniquement de protéger les intérêts du créancier. Aussi si le créancier déclare se contenter de garanties moindres, on doit sanctionner sa volonté. Il a le pouvoir de renoncer au caractère d'indivisibilité du droit réel.

Il faut que cette renonciation résulte du contrat. Il importe peu que les parties soient de nationalité étrangère, que leurs obligations relèvent de leur loi nationale, et que cette loi, comme le décide la loi suédoise, art. 132, pose en principe que l'hypothèque est divisible. Si l'hypothèque porte sur des biens situés en France, elle est indivisible, les parties n'ayant pas dérogé à l'article 2114. Sans doute, cette disposition est interprétative et peut être modifiée par les parties. Mais lorsqu'elles n'ont rien dit sur les droits réels qui doivent garantir leur créance, il faut présumer qu'elles se sont référées à la loi de la situation, pour les régir.—Ord^{ce} Suède, 14 septembre 1875, Annuaire 76, p. 824, art. 132.

82. — Nous pouvons, généralisant la question, poser en principe qu'il faut pour que les effets des droits réels accessoires que l'autonomie des parties peut modifier, cessent d'être régis par la loi territoriale, que l'intention des parties de les soustraire à sa réglementation, ressorte du contrat.

Ainsi, le droit de rétention, le gage, l'antichrèse, droits qui n'existent que par la possession de la chose aux mains du créancier, ont certains effets qu'il est licite aux parties de modifier, la loi, en les édictant, étant simplement interprétative. La possession par le créancier fait naître au profit du créancier et du débiteur et à leur charge des droits et obligations sanctionnés par les actions *pignoratitia directa et contraria* : Le gagiste, art. 2080, 1° doit apporter à la conservation de la chose les soins d'un bon père de famille. 2° Dès qu'il est payé, il est tenu de restituer, art. 2082, C. civ. Cpr. art. 1940, C. civ. I^n. 3° Le débiteur a le droit même avant d'avoir payé le créan cier, de réclamer la restitution du gage, si celui-ci s'en sert sans autorisation, ou si, autorisé à s'en servir, il en abuse ; art. 2082, al. 1°.

Il n'est pas douteux que les parties pourraient modifier ces dispositions de lois. Ces obligations relèvent en effet de l'autonomie des parties.

2° De même, parmi les effets de ces droits réels accessoires, il en est qui ne sont pas de l'essence de ces droits et que les parties peuvent modifier. Ainsi, il est de règle que le droit de rétention ne procure pas la jouissance de la chose, mais on peut y déroger dans la rétention conventionnelle. Celui qui a le droit de rétention

16

ne peut faire siens les fruits retenus, mais la convention contraire est possible. Le Code civil français règle la faculté de percevoir les fruits laissée à l'antichrésiste, mais la convention des parties peut adopter une réglementation différente. Le créancier gagiste d'un meuble corporel ne peut se servir de la chose, ni en jouir, le créancier gagiste d'une créance en touche les intérêts, qu'il impute d'abord sur les intérêts de sa propre créance, puis sur le capital, mais ce sont là des dispositions interprétatives ; les parties peuvent décider que le gagiste d'un meuble corporel en aura l'usage, en percevra les fruits, que le créancier gagiste d'une créance n'aura pas les intérêts de cette créance, lesquels continueront d'être payés au créancier.

Mais si les parties sont de nationalité étrangère et si la créance est régie par leur loi, les droits réels qui la garantissent sur des biens situés en France n'en sont pas moins, quant à ceux de leurs effets que la volonté des parties peut modifier, déterminés par la loi territoriale, à moins que les parties n'aient manifesté leur intention de les régir par leur loi. Tr. de la Seine, 3 mars 1875, § 77. 2. 25.

Pourtant si, lorsque le droit de rétention ou le droit de gage ont été consentis, le bien se trouvait à l'étranger, si ce n'est que plus tard qu'il a été transporté en France, il faut appliquer aux droits et obligations nés en faveur et à la charge des parties par suite de la possession de la chose, aux effets de ces droits que la loi française ne règle que d'une façon interprétative, la loi du lieu où se trouvait la chose lorsque le

droit est né. En effet, s'il n'y a pas stipulation expresse
des parties, disant qu'elles entendent régir le droit par
cette loi, il n'est pourtant pas douteux que c'est elle
qu'elles ont eue en vue. On comprend qu'on oppose
une fin de non-recevoir à ceux des effets de ces droits
qui ne seraient pas compatibles avec l'organisation territoriale française. Mais s'il s'agit de ceux à l'égard
desquels la loi laisse toute latitude aux parties, lorsque
leur volonté n'est pas douteuse, pourquoi ne lui donnerait-on pas satisfaction? Donc, si à l'étranger le gagiste
jouissait des fruits, il les conservera en France; s'il
pouvait s'y servir de la chose, on devra lui en maintenir
l'usage.

D'après l'article 278 § 3 Suisse-Glaris, sauf stipulation contraire, les intérêts de la créance donnée en gage
continuent à être perçus par le créancier primitif, débiteur de la créance garantie par ce gage. Supposons le
gage d'une créance constitué en Suisse-Glaris, où se
trouvaient le débiteur, le créancier et celui à qui elle a
été donnée en gage. Plus tard, le débiteur vient en
France : De par le Code civil le créancier gagiste a droit
aux intérêts de la créance. Il ne pourra pourtant pas y
prétendre, son droit relevant de l'article 278 § 3. Annuaire, 1875, Glaris-Suisse.

CHAPITRE VI

APPLICATION DE LA RÈGLE « LOCUS REGIT ACTUM »

« § 1. — *Règle locus regit actum.* »

83. — I. — *Actes auxquels la règle s'applique. — Sa nature.* Si le droit de rétention, le gage, l'antichrèse, l'hypothèque relatifs à des biens situés en France, sont consentis à l'étranger ; si l'on fait, à l'étranger, la cession d'une
cause de préférence qui affecte des biens situés en France ;
si le payement avec subrogation d'une créance garantie par
des sûretés réelles qui portent sur des biens situés en

France, est effectué à l'étranger; en un mot, si un acte quelconque, juridique ou instrumentaire, concernant ces causes de préférence, est fait à l'étranger, il y a conflit entre la *lex loci contractûs* et la *lex rei sitæ*. La question se pose de savoir quelle est la compétence de la *lex loci contractûs* quant à la forme dans laquelle ces actes doivent être faits, quant aux conditions moyennant lesquelles ils sont parfaits, quant à leurs modes de preuve. Sa solution dépend de la question générale de savoir quelle est la valeur dans un pays des actes juridiques faits dans un autre, dans la forme admise par la loi du lieu du contrat ; quelle y est la force des actes instrumentaires, des modes de preuve, admis par la *lex loci contractûs*.

Toutes les nations reconnaissent que l'accomplissement des formes prescrites par la loi du lieu où l'acte est passé suffit pour qu'il soit valable partout. *Locus regit actum.*

Cette règle est admise unanimement par la doctrine et la jurisprudence française bien que le Code ne la formule pas. L'ancien Droit l'avait proclamée; le projet préliminaire du Code la reproduisait ; les travaux préparatoires établissent que le législateur ne l'a pas rejetée. Locré dit, dans la notice historique mise en tête du livre préliminaire : « Dans la première discussion du tribunat on avait attaqué et défendu cet article, au fond, dans sa rédaction et dans son classement. Mais il n'a été retranché du titre préliminaire que sous ce dernier rapport. On a pensé qu'il convenait de le placer ailleurs. » — Voir tribun Andrieux, séances du 3 et 14 décembre 1801; Thiessé, séance du 5 décembre 1801.

Au code, trois articles en font des applications, les articles 47, 170, 999. On n'en a jamais conclu qu'ils fussent limitatifs des cas dans lesquels la règle *locus regit actum* existe ; on y a vu seulement des applications de cette règle.

La maxime que la loi du lieu où l'acte est fait le régit, donne lieu aux questions suivantes : 1° Dans quel sens faut-il entendre le mot « acte » ? 2° Au cas où la loi du lieu où l'acte est fait est applicable, l'est-elle d'une manière impérative ou facultative ? Les actes faits d'après les formes prescrites par la loi nationale des parties, la loi de la situation ou une autre loi, sont-ils nuls ou au contraire sont-ils valables aussi bien que ceux faits d'après la *lex loci contractûs* ? 3° Quelles sont les restrictions que l'on doit apporter à cette règle ? — Il faut être fixé sur ces diverses questions pour pouvoir dire : 1° A quels égards les actes relatifs aux causes de préférence sont régis par la règle *locus regit actum ;* 2° A quels points de vue la *lex rei sitæ* a seule compétence pour déterminer les conditions moyennant lesquelles ces actes peuvent être faits et prouvés.

Nous croyons, comme la généralité de la doctrine, comme MM. Aubry et Rau, Demolombe, Fœlix, que la règle « locus... » concerne les actes juridiques et les actes instrumentaires, c'est-à-dire les conditions moyennant lesquelles un acte juridique est formé et la manière d'en faire la preuve. Nous ne distinguons pas entre les actes publics et les actes sous seing privé, entre la preuve littérale et la preuve testimoniale. Ainsi le décide la jurisprudence française. Sur la question la plus controversée, celle de savoir si la règle *locus regit actum* s'applique aux actes solennels, elle répond affirmativement. Paris, 11 mai 1816, aff. Bertin ; 22 novembre 1828, aff. de Roquelaure. —Nous lisons dans un arrêt de la Cour de cassation du 24 août 1880 :

« Les contrats sont régis quant à leur forme et à leur preuve par la loi du lieu où ils ont été conclus. » La Chambre civile disait le 23 février 1864 : « L'acte est régi par la loi du lieu où il a été passé quant à sa forme, quant à ses conditions fondamentales, quant à son mode de preuve. — » S. 64. 1. 385. — D. 64. 1. 160. — S. 80. 1. 413. — D. 80. 1. 447.

— Les motifs sur lesquels cette règle se fonde existent à propos de tous les actes faits à l'étranger, de tous les modes de preuve admis par la loi étrangère. Cette règle s'imposait aux États. Elle facilite, rend possibles à l'étranger les transactions par lesquelles vit et prospère le commerce des nations. Exiger que les parties remplissent à l'étranger les formalités requises par une loi autre que la *lex loci contractûs* serait leur imposer l'accomplissement de formalités qu'ils auraient toujours de grandes difficultés à connaître, et que souvent ils ne pourraient pas réaliser. Ajoutons que les parties étant tout naturellement portées à contracter selon les formes du lieu où elles se trouvent, le rejet de la règle très souvent entraînerait la nullité des actes par elles faits.

84. — II. — Les raisons qui ont fait écrire la règle *locus regit actum* vont nous servir à en fixer la nature. La question de savoir si elle est impérative ou facultative ne peut se trancher que par des distinctions :

1° En ce qui concerne les actes sous seing privé, elle n'est que facultative. En effet, son but est de faciliter les actes faits à l'étranger. On accepte la loi du lieu où l'acte est fait parce qu'on considère qu'il y a avantage pour les parties à pouvoir traiter dans les formes du pays où elles se trouvent. Mais si elles ont employé les formes requises

par une autre loi, pourquoi ne dirait-on pas l'acte valable? La règle *locus regit actum* est une faveur pour les
parties ; en n'en profitant pas, elles ont usé d'un droit. —
Savigny, § 381 ; Fœlix, p. 184 ; *id.* Demangeat, § 83.

2° En ce qui concerne les actes publics, la règle *locus regit
actum* est impérative. L'officier public ne peut pas en effet,
employer d'autres formes que celles prescrites par la loi sous
l'empire de laquelle il instrumente.

Reste une question : Dans quelle forme les actes passés
en France par un étranger doivent ils être faits ? Il n'est pas
douteux que les actes publics ne peuvent être faits en
France que selon les régles de la loi française. — Mais
qu'en est-il des actes sous seing privé ? La règle *locus regit
actum* est elle facultative pour l'étranger? La majorité des
auteurs et la jurisprudence décident que l'étranger qui fait
un acte en France, même en la forme sous seing privé, ne
peut le produire utilement devant un tribunal français
que s'il est conforme à la loi locale. La règle *locus regit
actum* serait donc, à ce point de vue, impérative.

85. M. Duguit a, dans un ouvrage très remarquable,
sur la règle *locus regit actum*, publié en 1882, restreint
considérablement la portée de cette règle.

Il ne l'applique qu'à la forme instrumentaire des écrits
publics, la dit étrangère aux formes solennelles requises
pour la formation de certains actes.

Il régit les formes instrumentaires des actes sous seing
privé, l'étendue de leur force probante par la loi personnelle des parties. Il applique aux conventions unilatérales
la loi personnelle du débiteur; s'il y a convention synal-
lagmatique, il applique la loi personnelle la plus exigeante.

De même il régit la preuve par témoins par la loi personnelle des parties. — Duguit, Conflits des formes, p. 41 et sqq. 122 et sqq. — S. 83, p. 22, 5ᵉ partie.

M. Duguit se fonde principalement sur l'article 999 C. civ. D'après ce texte, le testateur français peut faire à l'étranger un testament privé ou un testament public ; le testament olographe y est obligatoirement soumis à la loi française, le testament public doit être fait selon la *lex loci contractûs*. M. Duguit en conclut que la forme instrumentaire des actes publics et privés est régie différemment ; que la règle s'applique aux actes publics, la loi personnelle des parties aux actes sous seing privé ; il estime que la distinction faite relativement au testament par l'article 999 doit être faite relativement à tous les actes. — 2° M. Duguit argumente aussi de certains passages de Bouhier qui ne raisonnent que sur les actes publics. « Tout statut, disait Bouhier, qui concerne les formalités extrinsèques des actes est personnel, en sorte que quand l'acte est passé dans les formes usitées dans le lieu où il est rédigé, il a partout son exécution. Je m'étonne qu'on n'ait pas pris garde que la forme des actes est attachée non à la personne de celui qui le passe, mais à celle de l'officier qui est chargé de le rédiger. Car c'est lui qui est le maître de la forme. » « Les statuts de forme, disait Prévot de la Jannès, sont personnels parce qu'ils sont établis en considération de la personne du rédacteur de l'acte. »

Réfutons aussi brièvement que possible cette opinion : 1° M. Duguit nous expliquera-t-il pourquoi, si la règle *locus regit actum* a une application à ce point restreinte, sa formule est si générale ? 2° M. Duguit raisonne par induction de passages d'auteurs qui ne concernent que les actes publics. Mais il faudrait qu'il citât, pour étayer les distinctions qu'il dit avoir été admises par les anciens auteurs, des passages dans lesquels seraient formulées ces distinctions et ne les fît pas résulter uniquement de ce fait que certains auteurs, à certains endroits de leurs ouvrages, examinent des hypothèses qui ne concernent que des actes publics. Le passage de Bouhier n'a pas pour but de fixer l'étendue de la règle *locus regit actum*. Le président Bouhier l'a écrit comme argument en faveur de la personnalité du statut des formes. Il déclare ce statut personnel, entre autres raisons, parce que c'est à la personne des officiers publics chargés de rédiger l'acte qu'il s'adresse. — Tout ce qu'on peut en conclure c'est que cet argument, à supposer qu'il fût concluant, et Boullenois le réfutait, n'était relatif qu'aux actes publics. On ne peut en induire que le statut des formes ne concernait que les actes publics. Bouhier s'était-il rendu compte de la portée restreinte de l'argument qu'il invoquait ? Comment le dire ? Ce qui est certain, c'est qu'on ne peut pas, d'un argument invoqué dans une controverse qui peut être exact ou ne pas l'être, avoir une valeur dans telle hypothèse et n'en avoir aucune dans telle autre, faire résulter toute la théorie que M. Duguit en fait découler. D'ailleurs, il n'y a qu'à consulter Bouhier, Boullenois, pour se rendre compte de la généralité qu'ils donnaient au statut des formes. Loin de trouver chez les anciens auteurs les distinctions faites par M. Duguit, on y voit au contraire une tendance très accusée à régir les actes, quels qu'ils soient, à tous égards, par les mêmes règles, qu'il s'agisse de leurs conditions *de fonds*, internes, viscérales, substantielles, comme ils les appelaient, de leurs effets, qu'il s'agisse de leurs conditions de forme, formalités extrinsèques, ou de leur preuve, par quelque mode qu'elle fût faite. Ainsi Boullenois nous dit ce qu'il faut entendre par formalités, solennités des actes, dans quels cas il applique la règle, au chapitre XXIII de son traité. Nous en extrayons les quelques passages suivants : « Qu'est-ce que la forme d'un acte ? C'est l'assemblage et l'union de tout ce qui est nécessaire pour l'entière et parfaite composition de l'acte. Tout ce qui sert dans l'ordre civil, à la composition d'un acte, à sa preuve, et à lui donner une exécution, peut être appelé, à bon titre, formalité. Entre ces formalités, j'estimerais avec Lauterbœtius, que le terme solennité devrait être consacré à tout ce qui sert à la preuve, à la publicité et à l'authenticité de l'acte, et que celui de formalité devrait servir à signifier tout ce qui n'est pas pour la publicité et l'authenticité. Ce troisième genre de statuts, on peut l'examiner sous deux branches différentes : *ou il s'agit de la forme et solennité d'un acte*, ou de la matière et de la substance de la chose dont on dispose. S'il s'agit des formalités, il y a longtemps que, soit au barreau, soit dans les écoles, l'opinion a prévalu qu'il faut absolument suivre la loi du lieu où l'acte se passe..... Quant aux formalités probantes, il n'y a pas de difficulté qu'il faut suivre celles prescrites dans le lieu où l'acte se passe ;... l'on ne considère, en aucune manière, le domicile des parties, soit qu'elles soient majeures, soit qu'elles soient mineures. Paul de Castres, en son Cons. 13, dit « dicuntur ibi oriri et nasci : C'est un enfant citoyen du lieu où il est né, et qui doit être vêtu à la manière du pays. » Boullenois, Per^té et ré^té. Observation XXIII, p. 452 et 492.

On voit combien est large, général, le terrain sur lequel raisonne l'auteur. C'est de tous les actes qu'il parle, quel que soit leur objet et leur forme. — Bouhier donnait à la règle la même portée que Boullenois. Il disait en effet : « *Tout statut qui concerne les formalités extrinsèques des actes et leur authenticité, est personnel ; en sorte que, quand l'acte est passé dans les formes usitées au lieu où il est rédigé*, il a partout son exécution... La considération qui les a déterminés... c'est l'utilité publique et les grands inconvénients qui naîtraient de l'avis contraire. Ils ont *été très bien exposés par M. Boullenois*, auquel on pourra recourir. Je confirmerai seulement son sentiment par deux observations. » Ainsi Bouhier dont se prévaut M. Duguit donne au statut des formes, à la règle « *locus* » la portée large que lui donnait Boullenois, auquel il renvoie. — Bouhier, Cout. Bourgogne. I, p. 665, règle IV.

Enfin M. Duguit oublie que l'article 5 du projet primitif disait : « La forme des actes est régie par la loi du pays dans lequel ils sont faits ou passés. » Veut-on une disposition plus générale ? Sans doute cet article n'est pas au Code. Mais il est universellement reconnu que le principe qu'il formulait a été admis. Locré, I, p. 380, 400, 368. Art. 6, titre IV, livre Pré^{re}.

Donc, il faut voir dans l'article 999 que M. Duguit cite comme la règle, une exception à la règle.

86. — II. *Actes relatifs à des immeubles ou à des meubles.* — Les actes relatifs à des biens immeubles ou meubles situés en France, qui ont été faits à l'étranger dans les formes de la loi étrangère, sont-ils valables en France, y ont-ils la force probante qu'ils ont à l'étranger ?

Ne faut-il pas que les formalités prescrites par la loi française pour leur existence ou pour leur preuve aient été
remplies pour que ces actes y soient efficaces?

I. *Actes relatifs aux immeubles.* — En principe, il faut
dire la règle *locus regit actum* applicable. L'article 3 § 2
doit être combiné avec elle, comme nous avons dit qu'il
doit l'être avec le statut personnel, lorsque celui-ci produit
des effets sur les immeubles ; il n'y a pas de doute possible
à cet égard. L'ancien Droit n'a jamais hésité à déclarer valables les actes passés selon les formes d'une coutume autre que celle de la situation des biens. Ainsi Dumoulin disait : « *est omnium doctorum sententia ubicumque consue-
tudo vel statutum locale disponit de solemnitate vel formâ
actûs, ligari etiam exteros ibi illum actum gerentes, et
gestum esse validum et efficacem ubique, etiam super
bonis soli extra territorium vel statuti.* » *Est inspiciendus
locus actûs, non domicilii, non rei sitæ*, disait Hertius. —
Dumoulin, Consult. 53, t. II, p. 965.

Pourtant, quelque générales que soient ces formules,
l'application de la règle *locus regit actum* recevait des restrictions en matière immobilière. Boullenois et Bouhier
nous les font connaître. Nous lisons dans Boullenois : « Quand
la loi exige certaines formalités lesquelles sont attachées
aux choses mêmes, il faut suivre la loi de la situation.

« ...... Personne n'a droit d'ordonner ni de rien statuer
pour des biens qui sont sujets à des lois contraires et aucun
législateur ne peut entreprendre d'assujettir l'aliénation
de ces biens à la forme particulière qu'il a prescrite. Cela
serait bon pour les contrats et pour tous autres actes où il
ne serait question que d'engager la personne. La pratique

journalière du barreau nous apprend qu'à l'égard des droits réels et des actes par lesquels on en dispose et on en transfère la propriété, il en faut raisonner tout autrement. »

Dans une autre partie de son traité, il dit : « Comme toutes les formalités *quæ requiruntur in facto* contribuent à former l'acte en lui-même et à lui donner l'être et l'existence, je ne vois pas que l'on puisse suivre par rapport à ces formalités d'autres lois que celles du lieu du contrat, si ce n'est que ces formalités soient attachées à des choses réelles, dont il s'agit entre les parties... auquel cas il faut suivre la loi de la situation, *tanquam qualitas quædam rebus impressa.* Je mets au nombre de ces formalités attachées aux choses, celles, par exemple, requises pour les criées, dans les décrets, qui doivent être faites selon la coutume des lieux de la situation..... Le vest ou le devest ou autres certaines œuvres de la loi sont, de l'aveu de tout le monde, de nécessité indispensable dans la coutume d'Artois, pour acquérir hypothèque sur les biens qui y sont situés, en quelque endroit que le contrat puisse se passer..... Je n'ai jamais vu, à mon égard, la maxime révoquée en doute..... M. Froland, ch. 21 de ses statuts, p. 1043, dit qu'il n'est pas bien certain que le créancier ait besoin de nantissement, quand le débiteur, dont la terre est en pays de nantissement, a son domicile dans une coutume qui, pour donner hypothèque, ne le requiert pas, et qu'il contracte dans l'intérieur de cette coutume... M. Froland, pour appuyer son dire, renvoie à l'article 133 du Règl. gén. fait au Parlement de Rouen en 1666, qui porte que les contrats passés hors de Normandie ont hypothèque sur les immeubles situés en cette coutume encore bien qu'il n'aient pas été contrôlés ;

mais il n'y a de ce règlement aucune conséquence à tirer pour le vest et le devest requis dans la coutume d'Artois. Le contrôle est une formalité qui appartient au contrat et non aux choses... Au contraire, le vest et le devest appartiennent à la chose même dont on veut acquérir la propriété, Boullenois » : Per^{té} et Ré^{té}, Observ. XLVI, 4e règle, t. II, p. 467 ; t. I, p. 498, 501, 547.

Ainsi Boullenois distingue les formalités des actes, les formalités qui appartiennent au contrat, qu'il maintient sous l'application de la règle *locus regit actum*, les formalités qui tiennent à la chose, appartiennent à la chose, qu'il y soustrait. A notre avis, Boullenois qui, en définitive, se propose de régir par la *lex rei sitæ* toutes les formalités qui touchent à l'organisation territoriale, aurait dû décider que celles d'entre les formalités qui appartiennent au contrat, qui sont requises parce qu'il concerne des biens relèvent de la loi territoriale et non de la règle *locus regit actum*. Il se peut en effet que la loi exige pour la constitution d'un droit immobilier certaines formalités d'acte, certaines énonciations. Dans ces cas, ces formalités ne sont pas prescrites en vue de l'acte, mais en vue du bien qui en est l'objet ; la loi dans l'organisation du régime des biens fait entrer les solennités des actes qui les concernent ; il faudrait donc écarter la règle *locus regit actum* et exiger l'accomplissement des prescriptions de la loi territoriale.

2° Bouhier ne formule pas tout à fait de la même manière que Boullenois les exceptions qu'il apporte à la règle *locus regit actum*. Boullenois nous parle de *formalités attachées aux choses mêmes, qui appartiennent aux choses.* Bouhier est, semble-t-il, plus général, la rubrique du chapitre 31 sous lequel il signale les exceptions à la règle *locus regit actum*, porte : « De la réalité des statuts qui ont introduit des précautions en faveur des personnes tierces. » De même au commencement de ce chapitre il est question de *l'intérêt des tiers* : « Le malheureux penchant qu'ont la plupart des hommes à se tromper les uns les autres..... a fait imaginer aux législateurs diverses précautions pour obvier aux fraudes ; mais comme la défiance est quelquefois plus grande dans une nation que dans une autre, les précautions ont été aussi quelquefois plus fortes dans de certaines provinces que dans d'autres, et c'est ce qui peut donner lieu de demander quelle est la nature de ces statuts. Je ne fais point de doute qu'on ne doive les regarder comme réels. La raison est que ces précautions ayant été introduites pour assurer soit la propriété des fonds situés dans l'étendue de ces statuts, soit les droits et les hypothèques qu'on peut avoir sur ces mêmes fonds, elles regardent uniquement, ou du moins principalement, les biens. » Bouhier, I. ; C^me Bourgogne, ch. 31.— De la rubrique et des premières lignes du chapitre, il paraîtrait résulter que Bouhier écarte la règle *locus regit actum* toutes les fois qu'il s'agit d'une formalité relative aux tiers. D'où les exceptions par lui apportées à la règle seraient plus nombreuses que celles admises par Boullenois, qui n'écarte la règle que si le régime des biens est en cause. Mais ce qui permet de douter que Bouhier ait entendu écarter la règle quant à toutes les formalités concernant les tiers et apporter d'autres exceptions à la règle que celles indiquées par Boullenois, c'est que tous les exemples qu'il examine, l'étude du chapitre le prouve, sont du même ordre que ceux que prenait Boullenois. De même, les raisons juridiques qu'il donne pour déroger à la maxime, lorsqu'une formalité intéresse les tiers, sont les mêmes que celles fournies par Boullenois. Que dit-il en effet dans l'extrait cité plus haut ? Il n'y a pas lieu d'appliquer la règle parce qu'il s'agit de *formalités qui regardent uniquement ou du moins principalement les biens*. Aussi la question de savoir si, d'une manière générale, absolue, Bouhier dit de statut réel toutes les formalités d'acte qui concernent les tiers ou s'il veut que ces formalités touchent en outre à la réglementation des biens, est-elle, pour nous, très douteuse.

Que disent les auteurs modernes sur les exceptions à apporter à la règle *locus regit actum*, en matière immobilière ? Constatons que sur les restrictions à apporter à la règle *locus regit actum* en général, les auteurs sont très laconiques, soit qu'ils jugent qu'il n'y a que peu de restrictions à y apporter, soit qu'ils n'aient pas beaucoup porté leur attention sur ce point. La plupart signalent uniquement deux cas qui sont hors de doute : 1° celui où on emploie les formes étrangères en fraude des lois françaises ; 2° et, en matière immobilière, celui où il s'agit de formalités qui ne peuvent être accomplies qu'au lieu de la situation, comme la transcription de la loi du 23 mars 1855, l'inscription en matière hypothécaire. — Bonnier, Traité des preuves, t. II, p. 558. Demolombe, I, p. 107. Haus. D. privé qui régit les étrangers en Belgique, n° 89. Fœlix.

Certains auteurs se prononcent dans le même sens que Boullenois. M. Féraud-Giraud dit : « On pourrait faire rentrer dans la même classe d'exceptions celle qui résulte d'opposition expresse du statut réel. Je m'explique : la loi française soumettra telle convention immobilière à une forme déterminée. C'est une loi de statut réel auquel l'étranger doit se soumettre, et il ne peut s'y soustraire en passant cette convention à l'étranger et d'après les formes usitées dans ce pays, mais ne remplissant pas les conditions de la loi française. « Féraud-Giraud, France et Sardaigne, p. 265. — Alphonse Bard. Précis D. I. P. n° 205.

MM. Brocher et Laurent n'appliquent pas la maxime aux mesures de publicité des droits réels. Laurent, t. I, Droit civil, n° 102; t. II, D. I. P. n°ˢ 252, 3. — Brocher, Cours D. I. P., t. I., p. 140-1.

M. Fiore soumet les contrats relatifs aux droits réels aux formalités que la *lex rei sitæ* prescrit pour que ces contrats aient effet à l'égard des tiers. — D. I. P. n° 322.

M. Duguit s'inspire de Bouhier. Il déclare que les formalités qui touchent à l'organisation de la propriété, 2° celles prescrites spécialement dans l'intérêt des tiers sont de statut réel, fixées par la loi territoriale. M. Duguit dit catégoriquement que les formalités dans l'intérêt des tiers relèvent de la loi territoriale, bien que l'acte ait été fait à l'étranger, qu'il soit ou non relatif à des immeubles. En ce sens il est beaucoup plus affirmatif et beaucoup plus précis que Bouhier qui parlait, il est vrai, de l'intérêt des tiers, mais qui liait ensemble l'idée de tiers et l'idée de biens, donnait pour raison aux exceptions qu'il proposait, qu'il s'agissait du régime des biens, d'où l'on pouvait conclure que lorsque l'organisation de la propriété n'était pas en jeu, la règle « *locus regit actum* » demeurait en vigueur.

Ces notions fournies sur la doctrine ancienne et la

doctrine moderne, il faut dire à quelles règles nous nous arrêtons :

I. En règle générale, la règle *locus regit actum* s'applique aux immeubles.

II. Toutes les formalités qui touchent à l'organisation de la propriété sont fixées par la loi de la situation.

III. Les mesures de publicité sont déterminées par la loi territoriale.

IV. Relativement aux formalités qui, indépendamment des formalités de publicité, sont prescrites dans l'intérêt des tiers, nous n'acceptons pas sans réserves l'opinion de M. Duguit. Nous avons montré que Bouhier qu'invoque M. Duguit est loin d'être aussi catégorique que lui; de même Boullenois ne dit pas qu'il faille déroger à la règle *locus regit actum*, toutes les fois qu'il s'agit d'une formalité prescrite dans l'intérêt des tiers; de leur côté, les auteurs modernes ne formulent pas cette dérogation qui pourtant aurait une importance extrême. — En effet, écarter la règle *locus regit actum*, toutes les fois que dans le pays où l'acte est invoqué, certaines formes sont prescrites, en partie au moins, dans l'intérêt des tiers, serait méconnaître le but de la règle qui est de donner effet, en vue du commerce général, aux actes faits à l'étranger. Cette restriction à la règle entraînerait la nullité d'un nombre d'actes très considérable.

Pourtant nous croyons qu'il faut laisser une certaine faculté d'appréciation aux tribunaux, prendre un système mixte entre Boullenois et Bouhier, ne pas souscrire absolument à la manière de voir de M. Duguit et ne pas l'écarter absolument.

II. *Actes relatifs aux meubles :* Reste à dire si les actes faits à l'étranger, relativement à des meubles qui se trouvent en France, sont valables en France et y ont la force probante qu'ils ont à l'étranger. Aujourd'hui, le droit attache une même importance à la réglementation de la propriété mobilière et immobilière. Nous avons soumis les meubles *ut singuli* à la *lex rei sitæ*. Nous déclarons l'acquisition des droits réels sur meubles, les actes relatifs aux meubles, régis par les mêmes règles que l'acquisition des droits réels sur immeubles, et autres actes relatifs aux immeubles.

§ II. — *Application de ces règles aux causes de préférence.*

87. Faisons l'application de ces règles aux causes de préférence qui portent sur des biens immeubles ou meubles situés en France. Ces droits ont pu être consentis à l'étranger ; une cession a pu en être faite à l'étranger ; le payement avec subrogation d'une dette garantie par un droit réel accessoire qui porte sur un bien situé en France, a pu être fait à l'étranger, etc... A quelles conditions ces actes sont-ils valables en France?

La règle *locus regit actum* régit-elle ces actes ? Faut-il pour qu'ils soient valables que les formalités prescrites par la loi territoriale aient été remplies? Il résultera de l'examen auquel nous allons nous livrer, 1° qu'à certains égards il faut appliquer la règle *locus regit actum* ; 2° qu'à d'autres points de vue l'acte n'est valable que si les formalités prescrites par la loi territoriale ont été accomplies ; 3° enfin qu'il y a des cas où la controverse se conçoit sur la question de savoir s'il faut ou non appliquer la règle *locus regit actum.*

Supposons successivement, dans trois paragraphes distincts qu'il y a eu constitution, cession, subrogation de ces droits faite à l'étranger.

A. — CONSTITUTION DE CES DROITS

Les causes de préférence qu'en droit français les parties peuvent attacher à toute créance, sont le droit de rétention, l'hypothèque, l'antichrèse, le gage. Si le contrat constitutif de ces droits a été fait à l'étranger, la question de savoir à quelles conditions il est valable aux yeux de la loi française, quels modes de preuve elle en admet, reçoit une solution différente selon qu'il s'agit de tel ou tel de ces droits :

I. La règle *locus regit actum* est entièrement applicable si le droit consenti est un droit de rétention.

II. La constitution d'hypothèque faite à l'étranger, relève de règles spéciales qui excluent la règle « *locus...* »

III. Relativement à l'antichrèse et au gage, il faut faire des distinctions. On peut, à certains égards, appliquer la règle *locus regit actum* ; à d'autres égards, on doit exiger pour la validité du contrat ou pour sa preuve l'accomplissement des formalités prescrites par la loi territoriale ; enfin il y a des formalités au sujet desquelles le doute se conçoit entre l'application de la règle *locus regit actum* et l'application de la *lex rei sitæ*. Entrons dans quelques développements sur chacun de ces points :

I. — *Droit de rétention.*

87 *bis*. Nous croyons, bien que la loi française ne contienne que quelques textes d'application du droit de rétention et n'en formule nulle part la théorie, qu'il est licite aux parties de créer, en telle occurence qu'il leur

convient, un droit de rétention. Sans doute, les droits qui peuvent grever la propriété sont déterminés par la loi ; sans doute, les parties, bien que la liberté de contracter soit absolue, ne peuvent créer des droits qui bouleverseraient l'organisation territoriale, mais le droit de rétention est implicitement admis par la loi ; qu'on remarque qu'elle n'en contient que quelques cas d'application à l'occasion desquels elle ne s'explique ni sur la consistance ni sur les effets du droit. N'est-ce pas très vraisemblablement parce que toutes les fois que le code confère ce droit dans une matière déterminée, il se réfère au type de ce droit, à la théorie générale de ce droit, dont il ne fait que des applications ? Nous admettons donc que les parties peuvent créer un droit de rétention. Cette convention ne nous paraît porter aucune atteinte à l'organisation de la propriété. Elle n'est pas de nature à préjudicier aux tiers ; car ils peuvent aisément la connaître. La possession par le créancier les avertit. Le silence du Code sur ce droit et la manière de le constituer conduit à déclarer que sa constitution et la preuve de sa constitution relèvent du droit commun. Il n'y a donc aucune raison, si ce droit a été consenti à l'étranger, pour écarter la règle *locus regit actum*, qu'il s'agisse des conditions de son existence ou de sa preuve.

II. — *Hypothèque conventionnelle.*

88. — Le code civil veut, pour que l'hypothèque conventionnelle soit constituée, un acte authentique, fait devant notaires . Art. 2127. La constitution d'hypothèque est donc un contrat solennel. La loi exige un acte solennel, vu la gravité des conséquences de la constitution d'hypothèque. Ces conséquences n'étant pas immédiates, pourraient n'être

pas suffisamment pesées par le constituant, si un officier public n'appelait son attention sur les droits du créancier impayé. — L'article 2128 C. civ. relatif à la constitution d'hypothèque faite à l'étranger est ainsi conçu : « Les contrats passés en pays étranger ne peuvent donner d'hypothèque sur les biens de France, s'il n'y a des dispositions contraires à ce principe dans les lois politiques ou dans les traités. » Ainsi les contrats passés en pays étranger ne peuvent donner d'hypothèque sur les immeubles situés en France à moins de lois politiques ou de traités. La question de savoir si la règle *locus regit actum* s'applique aux hypothèques consenties à l'étranger, ne se pose donc pas. L'article 2128 reproduit l'article 121 du code Michaud. On ne s'explique pas que cet article ait été écrit, le code n'ayant pas maintenu les principes qui dans l'ancien Droit avaient conduit, inexactement d'ailleurs, à la rédaction de l'article 121. Les contrats authentiques ne produisent plus de plein droit hypothèque. Pour créer l'hypothèque, il faut le consentement des parties; elle naît de leur volonté. On ne peut donc plus faire de rapprochement entre la force hypothécaire et la force exécutoire, dire que l'hypothèque dérive de la force exécutoire des actes authentiques. La loi française reconnaît que les contrats faits à l'étranger ont force probante en France. Pourquoi n'en serait-il pas de même des contrats d'hypothèque? L'intérêt des tiers, l'organisation de la propriété, l'autorité publique en France n'en subiraient pas la plus légère atteinte. L'intérêt des tiers serait protégé, car l'hypothèque consentie à l'étranger n'existerait à leur égard que par l'inscription, mesure de publicité, qui ne peut être prise qu'à l'arrondissement de la situation du bien et échappe à la règle *locus regit actum*. Il n'est pas contraire à l'organisation de-la propriété qu'une vente, un échange, une antichrèse relatifs à des immeubles situés en France, soient faits à l'étranger. Pour quoi en serait-il différemment de la constitution d'hypothèque? Sans doute, à la différence de la plupart des contrats, l'hypothèque doit être consentie par acte authentique. Mais le contrat de mariage, la donation sont également des contrats solennels et ils peuvent être faits à l'étranger. Si on voit dans l'authenticité une formalité essentielle de notre système hypothécaire, ne suffit-il pas d'exiger que l'hypothèque soit consentie à l'étranger par acte authentique? L'admission des hypothèques consenties à l'étranger laisse intacte l'autorité publique, car reconnaître existence et force probante aux actes passés à l'étranger, n'est pas leur donner force exécutoire. Il faudrait, pour exécuter le contrat, avoir obtenu d'un tribunal français un jugement de condamnation. Art. 546. C. pr. combiné à art. 2128. C. civ.

Il faut donc regretter que le législateur de 1804 qui a abandonné la doctrine de l'ancien droit, ait mal à propos reproduit une de ses conséquences. L'article 2128 peut avoir des inconvénients pour les personnes, françaises ou étrangères, qui à l'étranger voudraient tirer crédit d'un immeuble qu'elles possèdent en France. Il se peut qu'elles n'aient pas d'autre moyen de constituer hypothèque sur cet immeuble, que de recourir en France à un notaire français. Or si elles résident, ont leurs affaires, leur domicile à l'étranger et si elles sont pressées par les circonstances, l'obligation de faire le contrat devant un notaire français peut leur faire manquer leur emprunt. En tous cas, l'article 2128 est une entrave, occasionne des lenteurs, des frais.

89. Pourtant il y a pour les Français qui contractent entre eux à l'étranger la possibilité d'éviter les inconvénients de l'article 2128.—Parfois aussi cette possibilité existe pour les Français et les étrangers, ou pour les étrangers entre eux.

1° Si les contractants sont Français, ils ont la ressource de s'adresser aux chanceliers des consulats français qui sont toujours compétents pour les actes intéressant des Français, et rédigeront un acte authentique dans les formes établies par la loi française. Grâce à cet acte, l'inscription sera possible en France ; il y aura force exécutoire. Ord. des 23 et 26 octobre 1833. Ord. Marine, 1681.

2° Dans certains pays, une convention consulaire donne aux consuls l'autorisation de recevoir les actes concernant les Français et les étrangers et les étrangers seuls. Ainsi la convention consulaire conclue le 1ᵉʳ avril 1874 avec la Russie autorise les consuls généraux, consuls et chanceliers, vice-consuls et agents consulaires à recevoir les actes passés entre un ou plusieurs de leurs nationaux et d'autres personnes du pays dans lequel ils résident, et même les actes passés entre les sujets de ce dernier pays seulement, pourvu que ces actes se rapportent exclusivement à des biens ou à des affaires à traiter sur le territoire de la nation à laquelle appartient le consul ou l'agent devant lequel ces actes seront passés. Art. 9, al. 2, n°2. L'alinéa 4 porte que tous les actes ci-dessus mentionnés auront dans chacun des deux pays la même force et valeur que s'ils avaient été passés devant un notaire ou autres officiers publics;

compétents dans l'un ou dans l'autre des deux États. S. L
ann. an. 1874, p. 555.

Des dispositions identiques se retrouvent dans les
conventions conclues par la France avec la Grèce, l'Espagne,
l'Italie, le Portugal, la république de Salvador, 7 janvier
1876. Clunet 78. p. 132. art. 10, al. 2 ; 7 janv. 62. art. 19. al.
3. S. 1. ann. an. 62. p. 21 ; 26 juillet 62 ; Art. 8, al 3, an.
62. p. 93 ; 11 juillet 66. Art. 7. al. 1. an. 67. p. 186 ;
6 août 79. Clunet. an. 79. p. 581. Art. 10. al. 2. 3 et 4.

Dans ces divers pays, des conventions d'hypothèque
portant sur des biens situés en France peuvent être faites
devant le consul soit entre Français et étrangers, soit entre
nationaux de ces pays. Les inconvénients de l'article 2128
n'existent donc pas.

Mais lorsque les parties constituent devant un officier
public étranger une hypothèque affectant un immeuble situé en France, le droit réel d'hypothèque ne prend pas naissance. L'accord des parties ne vaut que comme promesse
de constituer hypothèque ; *ils ne valent* que *comme simple
promesse*, disait l'article 121 de l'ordonnance. Pour avoir
une hypothèque, il faut que le créancier s'adresse à un
tribunal français, *obtienne un jugement de condamnation.*
Dans ce cas, il a une hypothèque judiciaire.

Nous avons dit que, l'article 2128 n'existât-il pas, le créancier qui aurait pour titre un contrat étranger devrait, pour
aboutir en France à son exécution, *obtenir un jugement de
condamnation.* Mais les deux jugements de condamnation
ne sont pas aux mêmes fins. De par l'article 2128, c'est du
jugement de condamnation que naît l'hypothèque ; elle n'est
inscrite qu'après le jugement ; il ne saurait être question d'ef-

fet à lui faire produire avant le jugement. Sans l'article 2128 le jugement de condamnation ne serait nécessaire que pour arriver à l'exécution de .l'hypothèque ; l'acte consenti à l'étranger aurait force probante en France ; le créancier pourrait avant le jugement, faire tous les actes qui ne sont pas des actes d'exécution, il pourrait s'inscrire, prendre rang, éviter les retards à la date de son droit dus au laps de temps nécessaire pour obtenir un jugement; si une collocation, un ordre étaient ouverts, il pourrait venir à la distribution, etc.

90. Il n'y a qu'une opinion eu doctrine pour réclamer l'abrogation de l'article 2128. Le rapport présenté à M. le Ministre de la justice en 1842 par la Faculté de Droit de Paris, proposait des modifications à cet article. Il voulait qu'on reconnût au contrat d'hypothèque fait à l'étranger la force probante qu'on accorde aux autres contrats faits à l'étranger et proposait le système que voici : Le créancier qui aurait voulu tirer profit en France d'un contrat hypothécaire fait à l'étranger, l'inscrire, n'aurait pas été obligé de lier une instance contradictoire contre son débiteur ; il eût suffi qu'il se pourvût par simple requête. Ainsi étaient évitées des lenteurs préjudiciables au créancier. Le rapport ne croyait pas qu'il fût nécessaire d'exiger que le contrat passé à l'étranger eût été fait par acte authentique, étant donné que l'acte ne pouvait pas arriver directement au conservateur, que l'inscription n'était possible qu'après que l'autorité judiciaire était intervenue; il trouvait raisonnable d'appliquer la maxime *locus regit actum*. Pourtant il ajoutait qu'il conviendrait d'exiger l'emploi de la forme la plus solennelle usitée dans le pays. —

Pour obvier aux retards qu'apporterait à l'inscription des droits du créancier conférés par contrat étranger, la vérification du fait générateur de l'hypothèque, il proposait un moyen qui continuait à maintenir aux tribunaux français le contrôle des contrats hypothécaires étrangers. Il disait : « Pour concilier l'intérêt du créancier avec la règle qui ne permet pas qu'une hypothèque étrangère affecte directement notre sol, il conviendrait d'adopter, avec certaines législations germaniques et le projet de Genève, le système des inscriptions provisoires connues sous le nom de prénotations : inscription conditionnelle qui tombe si le résultat est défavorable, qui vaut à sa date dans l'hypothèse contraire. Pour ménager le crédit des propriétaires français il faudrait se pourvoir par assignation à bref délai pour obtenir du tribunal la faculté d'opérer la prénotation avant l'examen du fond, en constatant seulement la régularité apparente de l'acte produit ; il faudrait au surplus admettre comme le projet de Genève que la prénotation ne peut valoir que pendant un certain délai donné à qui l'a opérée pour obtenir jugement en sa faveur. »

A la suite de l'enquête sur notre législation hypothécaire, que le gouvernement avait ordonnée en 1841, une commission législative, ayant M. Persil pour président, s'occupa de la réforme hypothécaire. En 1850 l'Assemblée Nationale fut saisie d'un projet de loi. Relativement à l'hypothèque conventionnelle née à l'étranger, M. Valette avait de concert avec M. Benoît-Champy proposé un système qui différait à certains égards de celui auquel s'était rallié le rapport de la Faculté de Paris. Ce fut sous forme d'amendement, le 26 décembre 1850, que M. Valette pro-

posa la disposition suivante : « Les contrats passés en pays
étranger ne peuvent conférer l'hypothèque sur les biens
de France qu'autant qu'ils ont été légalisés par les agents
diplomatiques de la France à l'étranger et vérifiés par le
président du tribunal du lieu de la situation des biens. »
M. Renouard fit un sous-amendement, il voulait qu'il fût
dit : « les contrats passés en pays étranger dans les formes
authentiques délivrées par la loi du pays », ce qui fut
adopté.— On sait par suite de quels événements les travaux
sur la réforme hypothécaire furent suspendus.

91. — La loi belge consacre des solutions qui se rapprochent beaucoup des amendements Valette, Benoît-Champy,
Renouard. Elle admet qu'une hypothèque peut être constituée en pays étranger sur des biens situés en Belgique. L'article 77 dit : «A défaut de dispositions contraires dans les traités, les hypothèques consenties en pays étrangers n'auront
d'effet, à l'égard des biens situés en Belgique, que lorsque
les actes qui en contiennent la stipulation auront été revêtus du visa du président du tribunal civil de la situation
des biens. Ce magistrat est chargé de vérifier si les actes
et procurations qui en sont le complément réunissent
toutes les conditions nécessaires pour leur authenticité
dans le pays où ils ont été reçus. » Ainsi les hypothèques
consenties à l'étranger doivent l'être par acte authentique.
Le président du tribunal de la situation vérifie si l'acte est
authentique ; y met son visa. Tant que l'acte n'est pas
visé, l'hypothèque n'a pas d'effet en Belgique et ne peut
être inscrite. — Le Code civil Italien a simplifié encore
les choses. En Italie, l'hypothèque conventionnelle peut
être consentie par acte public ou sous seing privé.

Il suffit que les actes passés en pays étranger, qui sont présentés pour l'inscription, soient dûment légalisés. Art. 1978, 1990 C. italien.

Si nos Assemblées législatives étaient saisies d'un projet de modification de l'article 2128, il y aurait lieu de se demander si, contrairement à ce que proposait le rapport de la faculté de Paris en 1842, il ne faudrait pas restreindre le recours à un tribunal français ou au Président du tribunal français à ce qui concerne l'exécution de l'hypothèque. Il semble que l'authenticité de l'acte et sa légalisation devraient suffire pour donner à l'acte fait à l'étranger force hypothécaire en France, permettre de l'inscrire, etc.

92. — L'article 2128 cesse d'être applicable s'il existe des lois politiques, des traités diplomatiques qui y dérogent. Il n'existe pas de lois politiques. Mais certains traités diplomatiques modifient sensiblement les effets des contrats d'hypothèque faits à l'étranger.

I. L'article 22 du traité Franco-Sarde de 1760, que nous avons étudié déjà à propos de l'hypothèque judiciaire dit que « de la manière que les hypothèques établies en France par actes publics sont admises dans les tribunaux de Sardaigne, l'on aura aussi pareil égard dans les tribunaux de France, pour les hypothèques qui seront constituées à l'avenir par contrat en Sardaigne ». Nous avons démontré à propos de l'hypothèque judiciaire que l'article 22 n'exigeait recours aux tribunaux français que pour l'exécution en France des actes et jugements étrangers.

Le traité avec la Sardaigne est devenu applicable à l'Italie tout entière. Le code civil italien admettant la constitution d'hypothèque par acte sous seing privé, il en résulte

qu'une hypothèque consentie par acte sous seing privé en
Italie, vaut sur bien sis en France. En effet le traité sanctionne
les sources d'hypothèque admises par la loi sarde, qu'elles
soient différentes ou non de celles admises par la loi française.

Pourtant parmi les auteurs qui ont traité de questions
analogues à celle que nous venons de résoudre, on rencontre des divisions sur le point de savoir s'il résulte des traités que les modes d'acquérir l'hypothèque différents de ceux
admis par la loi française sont valables en France. M.
Persil répond par l'affirmative ; il suppose que la loi du
pays avec lequel il y a traité fait découler l'hypothèque
des contrats *ipso jure*, sans stipulation des parties et déclare que cette hypothèque vaudra en France, où pourtant
la loi française veut consentement échangé pour que
l'hypothèque existe ; il dit : « Si les traités se bornent à
reconnaître d'une manière générale que les actes passés
à l'étranger produisent hypothèque en France, il faut donner à ces actes la même autorité que dans leur pays, leur
faire produire hypothèque encore que les parties n'en aient
rien dit, n'aient pas déclaré les biens qu'elles voulaient assujettir. Nous ne pouvons sans ajouter à la loi exiger
d'autres conditions que celles prescrites dans le pays où les
actes sont passés. » Persil. Art. 2128. n° 4. Id. Delvin-
court. t. III, p. 159, note 5.

M. Pont est d'un avis contraire : « L'hypothèque serait-
elle efficace, utilement inscrite si la constitution faite à
l'étranger ne se présentait pas dans les conditions imposées
par la loi française, si elle manquait du caractère de spécia-
lité. Quelques auteurs l'ont pensé. Je ne le crois pas trop, car

même à l'étranger l'hypothèque dont s'agit est une hypothèque française. Comment la constituer autrement que conformément aux lois françaises? »Nous ne saurions nous ranger à l'opinion de M. Pont, car elle est contraire au traité qui attache une foi réciproque aux actes faits dans les deux pays, ce qui sous-entend qu'il s'agit des actes faits en la forme de ces pays.

Ainsi l'hypothèque née en Italie, conformément à la loi italienne vaut en France ; l'acte qui la constate en fait foi ; le créancier peut, en vertu de cet acte, faire en France tous les actes qui ne sont pas des actes d'exécution.

II. La jurisprudence admet que les traités entre la France et la Suisse contiennent un cas de réciprocité diplomatique.

Elle en conclut que l'hypothèque consentie en Suisse est valable en France. Nous lisons dans un arrêt de la cour de cassation du 10 mai 1831 : « De ce qu'un contrat public, passé en Suisse, entre un Suisse et un Français, peut conférer hypothèque en France sur les biens du Français au profit du Suisse, il ne s'ensuit pas qu'il puisse en être de même, si le contrat a été passé au profit d'un Milanais : aucun traité conclu entre la France et les souverains du duché de Milan, n'étend à ce pays ou à ses habitants le privilège accordé, par le traité de 1777, à la Suisse et aux sujets Suisses. » L'arrêt dit en outre : « Attendu, en fait, qu'aux termes des traités conclus entre la France et la Suisse, et notamment de celui de 1777, sous l'empire duquel les parties ont contracté;..... » S. 1831.1.195.—Les conventions diplomatiques des 30 mai 1827, 18 juin 1828, 30 juin 1864, 15 juin 1869, 23 février 1882 entre la France et la Suisse,

ne contiennent aucune disposition qui ait dérogé à l'interprétation donnée aux traités par la cour de cassation, en
1831. — S. L. annot. I. 1175 ; an. 64, p. 75; an. 69, p. 429.
France judiciaire 6ᵉ année, t. II. p. 545. — Félix et Demangeat II. n° 476, p. 222. — Bonfils, Compétence des tr. fr.,
n° 288. — Duguit, Conflit des formes, p. 109.

Faisons une remarque commune à ces divers traités :
ils ne sont applicables que si le contrat a été fait entre les
nationaux des pays entre lesquels ils sont intervenus.

III. *Antichrèse et gage.*

93. 1° *Antichrèse*. — Supposons qu'une antichrèse portant sur un immeuble situé en France est constituée à
l'étranger. La règle *locus regit actum* régit-elle sa constitution ? A certains égards son application est possible,
mais il y a certaines formalités prescrites par la loi territoriale sans l'accomplissement desquelles le droit n'est pas
valablement constitué.

Le code civil déclare que l'antichrèse ne s'établit que
par écrit. La généralité des termes qu'il emploie démontre
qu'il entend parler des parties et des tiers. On est unanime
à reconnaître que l'écrit n'est pas une condition essentielle
pour l'existence de l'antichrèse, que la loi n'a pas entendu
en faire un contrat solennel. Il n'est exigé que comme
preuve du contrat. La loi déroge, en cette matière, au droit
commun en matière de preuve ; elle ne pourra, en effet,
sauf les cas d'exception indiqués aux articles 1347, 1348,
n° 4, être faite par témoins bien que la valeur des fruits à
percevoir ou celle de l'immeuble ne dépasse pas 150 francs.
On ne s'explique pas pourquoi le législateur, qui admet

que les ventes, les échanges, le gage se prouvent par témoins, quand l'intérêt du demandeur ne dépasse pas 150 francs, a posé une règle différente pour l'antichrèse. Mourlon, n° 1228. — Aubry et Rau, § 437. — Dalloz, Rép. n° 232; Laurent, XXVIII n° 536.

Quoi qu'il en soit, si la loi du pays dans lequel l'antichrèse a été consentie n'exige pas pour sa preuve un acte écrit, l'antichrèse pourra-t-elle être prouvée en France autrement que par un acte écrit, par les moyens admis par la loi du lieu où elle a été consentie? Nous le croyons. Nous appliquons la règle *locus regit actum.* L'article 2085, en effet, en exigeant un écrit, n'édicte pas une disposition qui ait en vue l'organisation de la propriété, ou soit spécialement écrite en vue des tiers.

L'antichrèse n'existe que si le créancier antichrésiste est en possession de la chose. Elle n'existe, vis-à-vis des tiers qui ont des droits sur la chose et les ont acquis en se conformant aux lois, que si elle a été transcrite. L. 23 mars 1855. Art. 2 et 3. Bien qu'elle ait été consentie à l'étranger, il faut pour qu'elle existe en France entre les parties et à l'égard des tiers, que le créancier ait été mis en possession, et elle n'est opposable aux tiers dont parle la loi de 1855 qu'autant qu'elle a été transcrite. La possession et la transcription jouent en effet un rôle essentiel dans le régime hypothécaire français.

94. 2° *Gage.* — Supposons qu'un contrat de gage relatif à des meubles qui sont en France est fait à l'étranger. Ce contrat est il régi par la règle *locus regit actum ?*

N'y a-t-il pas certaines conditions prescrites par la loi française qui doivent avoir été remplies pour que le

gage existe valablement ? Il y a lieu de distinguer entre le
cas où le gage porte sur un meuble corporel et celui où il
porte sur une créance ou un autre meuble incorporel.

1° *Contrat de gage corporel.* — Il ne faut pas confondre la promesse de gage et le droit réel, le gage.
Leur condition d'existence à l'égard des parties et à
l'égard des tiers sont distinctes. Fiore, n° 220. b. — Entre
les parties, dans les rapports entre débiteur et créancier, la convention d'affecter une chose à la sûreté d'une
dette n'est soumise à l'observation d'aucune formalité ex-
trinsèque. Rapport Gary. Locré Lég., XVI, p. 38, 39 ; n° 7
Duranton, XVII, 512 ; Troplong, n° 114. — Pont, II. 1098,
Paris 29 mars 1832, S.32.2.293. — Requ. 31 mai 36, S. 36.
1.857. — Bordeaux, 28 août 1840, § 41. 2. 169 civ. rej.
2 juin 1858. S. 58. 1. 59. — Dalloz, v° nantissement, n° 77.
Laurent. n° 446, Gage.

Mais le droit réel de gage n'existe entre les parties comme à
l'égard des tiers, que si le créancier ou un tiers pour lui
a été mis en possession. C'est la seule formalité requise
pour que le gage existe entre les parties. Il est admis en
jurisprudence que la détention à titre de gage peut être
établie par un acte quelconque, même par la possession lorsqu'elle est accompagnée de bonne foi et de tous les
caractères qui peuvent la justifier. — Ajoutons qu'entre les
parties, la preuve de l'existence du contrat de gage et de
la réception de la chose à ce titre est régie par le droit
commun. Ainsi à défaut d'acte écrit la correspondance des
parties, l'aveu du débiteur, le refus de prêter serment, la
preuve testimoniale au cas où l'on peut y avoir recours,
sont possibles.

A l'égard des tiers, la possession de la chose par le créancier ne suffit pas pour constituer le *jus pignoris*. Le contrat ne confère au créancier gagiste un droit de préférence sur les autres créanciers quasi un acte, contenant les énonciations prescrites par l'article 2074, ayant date certaine, c'est-à-dire authentique ou sous seing privé enregistré, a été dressé. Toutefois dans les matières qui n'excèdent pas 150 francs, le gage, comme la créance elle-même, peut être prouvé par témoins.

Quelles sont parmi ces formalités celles à défaut desquelles la constitution, la preuve du droit de gage consenti à l'étranger, n'existent pas en France, soit à l'égard des parties, soit à l'égard des tiers ?

. La règle *locus regit actum* s'applique à la promesse de gage. En effet le droit français régit par le droit commun, son existence et sa preuve. Aussi, cette promesse faite en les formes du pays où les parties ont traité est valable ; la preuve peut en être faite en France par les modes de preuve admis par la loi de ce pays ; ils ont l'étendue de force probante que cette loi leur donne.

Mais le droit réel de gage n'existe à l'égard des parties et des tiers que si la chose été remise au créancier. Bien que le gage ait été constitué dans un pays où il n'est pas nécessaire que le créancier gagiste soit mis en possession, il n'existera en France que si la possession de la chose a été remise au créancier. La possession est, en effet, une condition essentielle de l'existence du *jus pignoris* ; elle est un des éléments constitutifs de l'organisation de la propriété ; elle tient lieu aux tiers de publicité.

Faut-il également, pour que le droit de gage consenti à

l'étranger, existe en France vis-à-vis des tiers, que l'acte prescrit par l'article 2074 ait été rédigé ? Cet article exige un acte écrit ayant date certaine, contenant certaines énonciations relatives à la créance et à l'objet donné en gage, cela en vue d'éviter des fraudes, des collisions entre le débiteur et le créancier gagiste, et afin d'empêcher qu'une créance plus forte, un gage plus considérable que celui primitivement donné ne puissent être réclamés par le créancier gagiste. — Cette disposition de la loi, qui est protectrice des intérêts de la masse, est essentielle dans l'organisation du crédit français. Le gage ne pourra exister vis-à-vis des tiers en France que si on s'est conformé à ses prescriptions.

Nos décisions restent-elles, à tous égards, les mêmes si le meuble se trouvait à l'étranger lorsque le gage a été constitué, et si ce n'est que plus tard qu'il a été transporté en France ?

1° Evidemment la promesse de gage est valable en France, quoiqu'elle ait été faite selon les formes de la *lex loci contractûs*. Ce fait que le meuble était à l'étranger lors du contrat est une circonstance toute favorable à l'application de cette loi. Or, dans les cas même où cette circonstance ne se présente pas, nous avons appliqué à la promesse de gage la règle *locus regit actum*.

2° Mais le droit de gage, *jus in re*, n'existe soit entre les parties, soit à l'égard des tiers que si le créancier est en possession. C'est là une condition essentielle dans notre système de crédit; il importe peu que le gage soit né, et que le bien sur lequel il porte se soit trouvé, lors de sa constitution, dans un pays qui, comme certains pays régis par le droit romain, n'exigent pas pour l'existence du gage, que le créancier gagiste soit en possession.

3° Qu'en est-il, dans notre hypothèse, des formalités requises à l'égard des tiers par l'article 2074 ? Si la loi du lieu où étaient les meubles, lors de la constitution du gage qui y a été faite, n'exige pas un acte, comme l'article 2074, si elle ne prescrit pas toutes les énonciations requises par l'article 2074, le gage vaut-il en France vis-à-vis des tiers, bien qu'on ne se soit pas conformé à l'article 2.074, ou qu'on ne s'y soit pas conformé complètement ?

La question est délicate. En effet, le créancier gagiste ne pouvait pas, lors du contrat, prévoir que le meuble serait transporté à l'étranger, prévoir dans quel pays il serait transporté. — Fallait-il donc que, dans le doute, il accomplît les formalités de tous les pays dans lesquels le meuble pouvait être transporté ? Était-ce le seul moyen pour lui d'être sûr de son droit? Est-il besoin de dire tout ce que cette condition aurait eu d'irréalisable? ·

Il ne faut donc pas se montrer rigoriste à l'excès ; on doit pour sacrifier des droits acquis se trouver en face de motifs véritablement impérieux. Aussi, en l'espèce, nous appliquerions la règle *locus regit actum*. Sans doute l'article 2.074 est écrit dans l'intérêt des tiers. Mais, on se le rappelle, nous avons conclu à une certaine appréciation laissée aux juges dans la question de savoir s'ils doivent maintenir ou écarter la règle *locus regit actum* lorsqu'il s'agit de formalités édictées en vue des tiers. Or, qu'on le remarque, le but de cet article est très restreint ; il ne crée pas une mesure de publicité ; il veut empêcher les parties d'antidater leur gage, d'augmenter sa valeur, ou le montant .

de la créance garantie. Mais notre solution ne favorisera aucunement ces fraudes. Dans notre espèce, si l'une des conditions de l'article 2.074 n'est pas réalisée, on ne peut y voir l'indice d'une fraude. Cela tient à ce que dans le pays où le contrat a été passé et où le bien se trouvait, cette formalité n'était pas prescrite. Pourquoi dès lors, ferait-on retomber sur le créancier gagiste l'inacomplissement de formalités, qu'il n'était pas en son pouvoir d'accomplir? Prenons un exemple. L'article 1880, C. civ. I^n exige un acte contenant les mêmes énonciations que celles de l'article 2,074. Mais l'article 1880 ne dit pas que l'acte doive être authentique ou avoir date certaine par l'enregistrement.

C'est donc le droit commun qui doit être consulté quant à la date de cet acte. S'il est authentique, il fait foi de son contenu et de sa date. S'il est sous seing privé, il ne fait foi de sa date vis-à-vis des tiers que sous la réalisation d'une des conditions de l'article 1327, C, civ. I^n.

Or l'article 1327 énumère comme circonstances donnant à l'acte date certaine, outre celles admises par l'article 1328 C. civ. français, ce qu'il appelle « des preuves équivalentes ». — Ainsi, bien qu'en droit français on controverse, en se fondant sur les termes de l'article 2074, la question de savoir si l'acte constitutif du gage a date certaine autrement que par l'enregistrement, si le gage est né en Italie et si plus tard l'objet a été transporté en France, l'acte aura date certaine par l'un des moyens de l'article 1327. C, civ, It.

95. — 2° *Gage d'un meuble incorporel*. — Supposons une créance donnée en gage à l'étranger. Si le débiteur de la créance se trouve en France, à quelles conditions cette

constitution de gage est-elle valable, aux yeux de la loi française ? A quels points de vue la règle *locus regit actum* trouve-t-elle son application? A quels points de vue doit elle être écartée?

Le Code civil soumet à des règles différentes la constitution du gage d'une créance entre les parties et à l'égard des tiers ; entre les parties la promesse de gage résulte du seul accord des volontés ; la preuve en est faite par les modes de preuve du droit commun. D. 54. 5. 498. Mais le droit réel de gage n'existe soit à l'égard des parties, soit à l'égard des tiers, que si le créancier est en possession de l'acte qui établit l'existence de la créance.

Enfin, il y a des formalités qui ne sont prescrites que dans l'intérêt des tiers. Le gage n'existe à leur égard : 1° que si le contrat est constaté par un acte authentique ou sous seing privé dûment enregistré. L'article 2075 ne distingue pas comme l'article 2074 selon que la matière excède ou non la valeur de 150 francs ; 2° il faut en outre que signification du gage ait été faite au débiteur ou acceptation ait été faite par lui dans un acte authentique. Si l'une des formalités de l'article 2075 n'a pas été remplie, le débiteur cédé peut payer au cédant, 2° à un ayant-cause du cédant, postérieur en date à la constitution du gage, qui aurait rempli les formalités des articles 2.074, 2.075 ; 3° les saisies arrêts opérées par les créanciers de son créancier opèrent valablement vis-à-vis de lui.

Quelles sont parmi ces formalités, celles sans l'accomplissement desquelles, le gage d'une créance constitué à l'étranger n'est pas valable en France ?

Pour que la promesse de gage existe valablement en

France, il suffit que les prescriptions de la *lex loci con-tractûs* aient été suivies. Sa preuve peut être faite par les modes de preuve admis par cette loi. Mais le *jus pignoris*, *jus in re* n'existe *erga omnes* que si le créancier a été mis en possession du titre. C'est là une formalité que la loi française considère comme essentielle. En ce qui la concerne, la règle *locus regit actum* doit être écartée. — De même, le gage n'existe vis-à-vis des tiers, bien qu'il soit né à l'étranger, que si la signification prescrite par l'article 2075 a été faite ou s'il y a eu acceptation authentique de la part du débiteur. Ainsi supposons le gage consenti en Angleterre, où se trouvent le cédant et le cessionnaire. D'après la loi anglaise la notification du gage au débiteur n'est nécessaire que pour désigner la nouvelle personne qui, dans les cas prévus par la loi, a le droit d'exiger le payement de la somme due. Si la notification vient à manquer et que la créance soit frappée de saisie par un tiers créancier qui en obtient le payement, le débiteur est libéré. Mais le créancier nanti du gage peut, *pendente lite*, notifier au débiteur que la créance a été donnée en gage et bien qu'avant la notification il y ait eu saisie pratiquée par un tiers, il ne perd pas son privilège.

Dans notre hypothèse, bien que le gage ait été consenti en Angleterre où se trouvent le cédant et le cessionnaire, si le débiteur cédé est en France, il faut que les formalités de l'article 2075 aient été remplies pour que le gage existe à l'égard des tiers. Si l'une des formalités de l'article 2075 a été omise, la saisie-arrêt sur le débiteur par un créancier du cédant est valable, alors même qu'au cours de la procédure de saisie arrêt le cessionnaire ferait une signification

au débiteur, signification qui, en Angleterre, serait constitutive de ses droits. Elle ne l'est pas en France. La saisie-arrêt intervenue avant la signification empêche le
privilège d'exister. L'acte que l'article 2075 exige doit également être considéré comme une formalité essentielle,
sans l'accomplissement de laquelle le gage n'existe pas
en France.

C'est donc à tort, que le tribunal civil de la Seine a, dans
un jugement du 10 février 1874, déclaré certains nantisse-
ments valables, quant à la forme, parce qu'ils satisfaisaient
« *à la loi du pays ou ils avaient été faits*. » La question
était de savoir si les conditions que la loi française consi-
dére comme essentielles à la constitution du gage, avaient
été remplies. — Affaire de Bauffremont, jugement du
10 février 1874 ; Arrêt 28 décembre 1875.

Que décider si le débiteur se trouvait à l'étranger lorsque le gage y a été constitué et si ce n'est que plus tard
qu'il est venu en France ? A quelles conditions le gagiste
peut-il en France invoquer valablement son droit ? Il n'est
pas douteux que, vis-à-vis du créançier qui à l'étranger a
donné en gage sa créance, le contrat de gage fait conformément à la *lex loci contractûs* est valable et que la preuve
peut en être faite par les modes admis par cette loi. Mais à
quelles conditions le *jus pignoris* existe-t-il à l'égard des
tiers ? Le créancier gagiste ne peut-il prétendre à son droit
à l'égard des tiers que s'il a un acte réunissant les conditions de l'article 2074, s'il est en possession du titre de
créance, s'il a fait une signification au débiteur ou s'il y a
eu acceptation authentique de sa part ? Nous croyons qu'il
faut faire des distinctions parmi les tiers à l'égard des-

quels la loi française requiert ces formalités. Ainsi vis-à-vis du débiteur cédé, qui résidait à l'étranger lors de la constitution du gage, il doit suffire que les prescriptions de la loi étrangère aient été remplies lors de la constitution pour que le gage lui soit opposable, sans quoi il aurait le pouvoir, par un changement de résidence, de faire disparaître un droit valablement acquis à son encontre.

De même il suffirait que les formalités prescrites par la *lex loci contractûs* aient été remplies, pour que le gage existât valablement vis-à-vis des tiers qui, avant que le débiteur cédé ne vint résider en France, auraient eu connaissance du gage et su que le débiteur résidait à l'étranger lors de sa constitution. Quelle raison plausible, en effet, auraient-ils pour soutenir que le gage ne leur est opposable qu'autant que les formalités requises par la loi française ont été remplies? Si le débiteur cédé était demeuré à l'étranger, le gage leur eût été opposable. Il y a eu un moment où il a été valablement constitué à leur égard. Cela doit suffire pour qu'ils ne puissent, en aucune occurence, l'écarter.

Vis-à-vis de tous autres tiers, le gage n'est valable que si les formalités des articles 2074, 2075 ont été remplies. Sans doute lors de la constitution du gage le gagiste ne pouvait pas prévoir que de l'accomplissement de ces formalités dépendrait l'existence de son droit. Mais ne pouvait-il pas, en se rendant compte des facilités de se déplacer qu'a le débiteur, apprécier la fragilité de son droit ? C'est l'intérêt général français qui lui impose soit la perte de son droit, soit l'obligation de remplir des mesures de publicité longtemps peut-être après la naissance de son droit.

B. — CESSION DE CES DROITS

96. — Supposons que la cession d'une cause de préférence portant sur des biens situés en France est faite à l'étranger. Cette cession est possible de deux manières. Il se peut qu'elle soit faite avec la cession de la créance ; il se peut qu'elle soit faite seule. Ces deux cas, au point de vue de l'application ou de la non-application de la règle *locus regit actum*, donnent lieu à des solutions différentes.

97. — I. — *Cession de la créance et de ses accessoires.* — Il y a eu cession, à l'étranger, de la créance et de ses accessoires, au nombre desquels se trouve une cause de préférence qui affecte des biens situés en France. A quelle condition cette cession vaut-elle en France? Si seules les formalités prescrites par la *lex loci contractûs* ont été remplies, est-elle valable? Faut-il que les formalités auxquelles la loi française soumet la cession aient été remplies? Les solutions que ces questions doivent recevoir se rapprochent, à beaucoup d'égards, de celles que nous avons données pour la constitution du gage d'une créance faite à l'étranger. En effet, la loi française exige une signification au débiteur ou une acceptation authentique par lui pour que la cession de créance et la constitution de gage existent à l'égard des tiers. Nous ferons donc les diverses distinctions que nous avons faites à propos de la constitution du gage d'une créance. Si le débiteur cédé résidait en France, lors de la cession, il faudra que signification lui ait été faite ou qu'il y ait eu acceptation authentique de sa part. — Mais si au contraire, ce n'est

qu'après la cession, laquelle a eu lieu selon les formes de
la loi étrangère, que le débiteur est venu en France, la
cession sera valable vis-à-vis de lui. A l'égard des autres
tiers, il faut faire la distinction que nous avons proposée
relativement au gage de la créance : ceux qui ont connu la
cession, avant que le débiteur cédé ne fût en France, qui
ont su qu'il résidait à l'étranger lors de la cession, ne
pourront pas attaquer la cession faite conformément à la
lex loci contractûs. Mais vis-à-vis des autres tiers, la cession ne sera valable que si la signification en a été faite au
débiteur ou s'il en a fait une acceptation authentique.

Mais si le débiteur réside à l'étranger, n'a jamais cessé
d'y résider, la cession faite conformément à la loi étrangère
s'étend-elle valablement aux causes de préférence qui portent sur des biens situés en France ? Évidemment la cession
de la créance, du droit principal, du droit personnel, est
valable. Les parties ne pouvaient pas, en effet, remplir
d'autres formalités que celles de la loi du lieu où elles se
trouvaient. Nous croyons également que cette cession
entraîne celle des causes de préférence qui portent sur des
biens situés en France. En effet, la loi française ne prescrit,
en général, aucune formalité qui concerne en propre la
cession des droits réels accessoires ; elle la fait découler de
la cession du droit principal. Il est donc logique, dans
l'espèce que nous supposons, de déclarer la cession des
droits réels accessoires valable comme celle de la créance.

98. — II. — *Cession de l'hypothèque*. Supposons que
la cause de préférence est cédée seule, que le créancier conserve son action personnelle. La question de
savoir si la cession des sûretés réelles est possible sans

la cession de la créance qu'elles garantissent, est controversée. La doctrine ne se pose la question qu'à propos de l'hypothèque. Supposons donc que la cession d'une hypothèque qui affecte des biens situés en France, a été faite à l'étranger. A quelles conditions est-elle valable en France? Evidemment cette question ne peut se poser, que s'il est admis que les cessions d'hypothèque sont possibles en France. Or, on soutient que la cession de l'hypothèque n'est pas possible sans celle de la créance, que l'hypothèque forme avec la créance un tout indivisible, et ne peut en être détachée pour être adjointe à une autre créance. Aubry et Rau, II, p. 887.

Il faut se garder des exagérations. Sans doute l'hypothèque à beaucoup d'égards est un droit dépendant de la créance, mais elle ne se confond pas avec elle. Ce sont deux droits différents, l'un, réel, l'autre, personnel.

Nous ne voyons pas pourquoi, puisque les conventions sont libres, on opposerait une fin de non-recevoir aux cessions d'hypothèque.

La loi du 23 mars 1855 a considéré que ces cessions étaient possibles. Elle réglemente en effet la cession de l'hypothèque légale de la femme mariée. Or comprendrait-on que la femme eût le droit de céder son hypothèque et que les autres créanciers n'eussent pas le même droit?

En fait, les cessions d'hypothèque par d'autres créanciers que la femme mariée sont rares. Cela s'explique. Elles ne confèrent pas à ceux au profit desquels elles sont faites, un droit très sûr, car le créancier qui cède son hypothèque conserve sa créance, la disposition de sa créance.

Or l'hypothèque étant transmise dans les conditions de son existence première, dépend de cette créance qu'elle ne garantit plus. Si le créancier est payé, si une cause quelconque d'extinction de la créance se produit, l'hypothèque cédée est éteinte. Donc, dépendant du sort d'une créance qui est en mains tierces, l'hypothèque cédée ne constitue qu'un droit très aléatoire, très fragile. Aussi la pratique y recourt-elle peu. Au contraire les cessions d'hypothèque de femme mariée sont fréquentes. Cela tient à ce que jusqu'à la dissolution du mariage ou de la communauté leur créance est indéterminée, ce qui en rend la cession difficile. Restent les avantages de leur hypothèque qu'on comprend que les tiers veuillent s'assurer.

Quoi qu'il en soit, quelque rares que soient les cessions d'hypothèque faites indépendamment de la cession de créance, il peut s'en produire. Elles sont fréquentes de la part des femmes mariées. Si elles ont lieu à l'étranger, d'après les formes reçues par la loi étrangère, sont-elles valables en France?

Il faut distinguer selon qu'il s'agit de l'hypothèque légale de la femme mariée ou de toute autre hypothèque.

En effet, l'article 9 de la loi de 1855 prescrit des conditions de forme et de publicité pour la cession de l'hypothèque de la femme mariée qu'il n'y a pas lieu d'étendre à la cession des hypothèques en général.

On doit déclarer valables les cessions d'hypothèque faites à l'étranger en les formes reçues par la loi étrangère; on peut, en France, en faire la preuve par les modes de preuve reçus par la loi étrangère. En effet, la loi française ne prescrit aucune formalité quant à ces cessions d'hypothèque, ni à l'égard des parties ni à l'égard des tiers ; elle ne les soumet à aucune condition de publicité. C'est donc le droit commun qui à tous égards les régit, soit entre les parties soit vis-à-vis des tiers. La règle *locus regit actum* trouve son application.

Pourrait-on soutenir que les cessions d'hypothèque ne peuvent être faites à l'étranger, en raisonnant de l'article 2.128 qui ne reconnaît pas la constitution d'hypothèque faite devant un officier public étranger. Nous ne le croyons pas. L'article 2128 est dû à un oubli du législateur ; il faut donc se garder de l'étendre. Il ne parle que de la création du droit d'hypothèque, Mais la cession ne crée pas le droit, qui existe, est inscrit ; elle le fait seulement changer de titulaire. Cet acte nous paraît pouvoir être accompli à l'étranger.

99. — Si la femme mariée cède en pays étranger son hypothèque légale, cette cession ne vaut, quant aux biens du mari situés en France, qu'autant que les formalités prescrites par l'article 9 de la loi de 1855 ont été remplies ; il faudra qu'elle ait été faite par acte authentique ; le subrogé devra inscrire son droit. Si la femme a inscrit son hypothèque, le subrogé devra demander la mention de sa subrogation en marge de l'inscription de la femme. En effet toutes ces prescriptions font partie essentielle du régime hypothécaire. Ainsi l'inscription est constitutive de publicité pour les tiers. Il faut donc qu'elle ait été prise pour que la cession soit opposable aux tiers dont entend parler la loi de 1855.

On pourrait hésiter sur la question de savoir si la cession d'hypothèque faite par la femme mariée à l'étranger n'est valable en France qu'autant qu'elle a eu lieu par acte authentique. On pourrait se demander si la nécessité d'un acte authentique ne tient pas à l'état d'incapacité de la femme, partant n'est pas de statut personnel. Dans ce cas, elle ne serait requise qu'à l'égard des femmes françaises. Les femmes étrangères n'y seraient soumises que si leur statut personnel leur imposait cette solennité d'acte.

Mais il est beaucoup plus exact de soutenir que la nécessité d'un acte authentique tient au régime hypothécaire. En effet le but principal de la loi de 1855 n'est-il pas de régler la transmission de la propriété immobilière et des droits réels qui la composent? En outre il est à présumer que la loi, en exigeant pour la cession de l'hypothèque de la femme un acte authentique, s'est inspirée du Code civil qui veut pour la constitution d'hypothèque un acte authentique.

Bien que les actes authentiques étrangers ne puissent contenir une constitution d'hypothèque, ils pourront contenir une cession d'hypothèque. On ne saurait étendre l'article 2128 qui s'écarte du droit commun.

C. — SUBROGATION A CES DROITS.

100. — Supposons l'obligation régie par une loi étrangère et garantie par une cause de préférence qui porte sur des biens situés en France; supposons en outre que le créancier et le débiteur sont à l'étranger, qu'un tiers y paye le créancier ou bien que le débiteur y emprunte à un tiers une somme destinée à désintéresser le créancier et le paye effectivement avec les deniers empruntés. Dans ces deux cas, si le tiers qui a payé le créancier, ou dont les deniers ont servi à le désintéresser, est, de par la loi sous

l'empire de laquelle il a payé, subrogé de plein droit aux droits et actions personnelles et réelles du créancier; ou s'il s'est fait subroger par le créancier ou par le débiteur selon les formes voulues par cette loi, cette subrogation légale ou conventionnelle s'étend-elle à la cause de préférence qu'avait le créancier sur des biens situés en France? Ne faut-il pas pour que la subrogation existe valablement sur ces biens, que l'on soit dans un des cas où la loi française admet la subrogation de plein droit, ou que les formalités par elle prescrites pour la subrogation conventionnelle aient été remplies? La règle *locus regit actum* est-elle applicable ou doit-elle être rejetée? Nous croyons qu'il faut admettre les cas de subrogation légale institués par la loi étrangère et appliquer la règle *regit locus actum*.

Voici nos raisons :

La loi française, en énonçant un certain nombre de cas dans lesquels la subrogation a lieu de plein droit, nous paraît se faire principalement l'interprète de la volonté des parties, vouloir les dispenser de stipuler la subrogation dans des cas où incontestablement leur intention est de l'admettre. On ne peut pas dire qu'elle fait une énonciation limitative, car elle laisse aux parties le droit d'opérer une subrogation relativement à toute créance. Sans doute elle soumet la subrogation conventionnelle à certaines formes. Mais parmi les formalités qu'elle prescrit il n'en est aucune qui soit de nature à faire écarter la règle *locus regit actum*.

Aucune en effet n'intéresse essentiellement, directement même, l'organisation de la propriété ; aucune n'a en vue en toute première ligne l'intérêt des tiers.

Elles n'ont pas d'autre but que de fixer les éléments divers de la subrogation, opération juridique extrêmement complexe. La subrogation en effet se greffe sur un rapport de droit préexistant, suppose l'intervention d'un tiers au contrat primitif, n'est plus possible lorsque la créance primitive est éteinte. Une réglementation est donc nécessaire pour fixer un acte juridique qui n'est possible qu'à certaines conditions de fait et de temps.

L'article 1250 n'a pas d'autre objet que de fixer cette réglementation. Ainsi il déclare que la subrogation faite par le créancier est possible par un acte sous seing privé, pourvu qu'elle soit faite avec le payement. Il n'y a évidemment dans ce cas de subrogation aucune formalité qui soit prescrite en vue de l'organisation de la propriété.

Cela étant, pourquoi ne déclarerait-on pas valable en France la subrogation conventionnelle faite selon la *lex loci contractûs?* Si les formalités de la loi étrangère ne sont pas, à tous égards, celles voulues par la loi française, on se trouve néanmoins en présence d'un payement avec subrogation. Cela ne doit-il pas suffire? Qu'on le remarque, il y a subrogation en ce qui concerne tous les droits et actions que le créancier a à l'étranger. Ne serait-il pas singulier qu'il n'y eût pas subrogation quant aux causes de préférence que le créancier a en France? Nous le répétons, nous ne comprendrions cette scission dans les effets de la subrogation que si, parmi les formalités requises par la loi française pour que le payement avec subrogation eût lieu, il s'en trouvait qui fussent spé cialement édictées en vue des droit réels accessoires, qui eussent pour but de rendre publique la subrogation à ces droits, comme celles prescrites par la loi belge, qui exige pour la subrogation à une créance garantie de privilège ou d'hypothèque, inscription de la subrogation. (art. 5). Mais rien de pareil ; le Code civil ne prescrit aucune inscription ; la subrogation aux privilèges et hypothèques se fait sans qu'il soit rempli aucune mesure de publicité.

Donc la subrogation conventionnelle, opérée à l'étranger, selon les formes de la loi étrangère, vaudra relativement aux sûretés réelles qui affectent des biens situés en France. Prenons un exemple. La loi italienne contient sur la subrogation conventionnelle à peu près la même réglementation que la loi française. Elle la reproduit dans ses grandes lignes, quant à l'ensemble et quant au genre des mesures prescrites. Art. 1252 C. civ. i^n.

Pourtant il y a entre les deux lois des différences de détail au cas où la subrogation est faite par le débiteur. Tandis que l'article 1250 2° C. civ. fr. veut que le débiteur et celui à qui il emprunte fassent un acte notarié qui détermine le but de l'emprunt, exige une quittance notariée qui indique que la somme empruntée a été employée au payement de la dette, l'article 1252, C. civ. i^n requiert ce même acte, cette même quittance, ces mêmes énonciations, mais n'exige pas que ces actes soient notariés. Il suffit qu'ils aient date certaine. Or, en droit civil italien, la date certaine des actes sous seing privé, outre qu'elle peut être acquise par les moyens énumérés à l'article 1328, C. civ. fr. peut, aux termes de l'art., 1327 C. civ. i^n, résulter d'autres preuves équivalentes. D'où si l'on suppose que créancier et débiteur sont en Italie, que l'obligation est régie par la loi italienne, que le débiteur emprunte en Italie à un tiers pour payer son créancier, que la subrogation est faite par acte sous seing privé et quittance sous seing privé qui ont date certaine par un des modes admis par la loi italienne, cette subrogation vaut relativement aux causes de préférence qui grèvent des biens situés en France en garantie de cette créance.

De même, dans nos hypothèses, la subrogation légale produit ses effets sur les droits réels accessoires que le créancier a en France. Nous ne voyons rien d'impossible à ce qu'un droit réel qui affecte des biens situés en France passe d'un créancier à un autre en vertu d'une loi étrangère. On ne peut tirer objection de ce fait qu'une loi étrangère ne peut, en règle générale, conférer un droit réel sur des biens situés en France. Il y a en effet une très grande différence entre la création d'un droit et la transmission d'un droit, d'une personne à une autre. En outre, ce qui fait écarter la loi étrangère comme source des droits réels accessoires, c'est que la constitution des droits réels dépend d'une série de formalités qui touchent à l'organisation de la propriété. Or, parmi les formalités qui concernent la subrogation, il n'en est aucune de cet ordre. Pourquoi dès lors ne sanctionnerait-on pas une disposition de la loi choisie par les parties ou présumée choisie par elles en des questions où leur autonomie est souveraine ?

101. — M. Fiore est du même avis que nous en ce qui concerne la subrogation légale. Il dit : « Quant à la subrogation légale, nous remarquons qu'elle a lieu de plein droit par

l'effet de la loi sous laquelle se réalise le fait en vertu duquel elle est accordée, et qu'elle doit être reconnue partout, parce que, bien qu'elle dérive de la loi, elle n'est pas une concession, mais un droit de la partie, garanti et reconnu par la loi civile. »

Mais il n'admet, en Italie, la subrogation conventionnelle que si on s'est conformé aux formalités de la loi italienne. Ainsi, il raisonne sur le cas de subrogation par la volonté du créancier. Le Code civil italien veut, comme le Code civil français, que la subrogation soit faite dans le même acte. M. Fiore dit que, faite à l'étranger séparément du payement, elle ne vaut en Italie ; il en donne pour raison que cette subrogation peut être considérée comme une contre-lettre. Or la contre-lettre n'a pas d'effet vis-à-vis des tiers. Nous ne croyons pas qu'on puisse voir une contre-lettre dans un acte de subrogation fait en les formes de la loi étrangère, au cas où cette loi régit l'obligation et le payement. Nous trouvons que la décision de M. Fiore quant à la subrogation légale ne cadre pas avec sa solution en matière de subrogation conventionnelle. En effet, si on admet la subrogation légale dans des cas où la loi territoriale ne la consacre pas, c'est qu'elle est créée par interprétation de la volonté des parties, équivaut à une stipulation tacite, présumée, remplace cette stipulation que les parties ne pouvaient pas faire, la loi la faisant pour elles. Dès lors pourquoi, lorsque leur volonté est exprimée en la forme du pays où elles contractent, refuserait-on de sanctionner leur volonté ? (Fiore, D. I. P., n° 302-303 ; Brocher, t. II, p. 113 à 117, 1883).

CHAPITRE VII

LOI DU PAVILLON

102. — Il nous reste une question à examiner que
nous avons réservée au cours des diverses parties de cette
étude pour ne pas diviser les développements qu'elle com-
porte, celle de savoir s'il y a lieu d'appliquer aux conflits
de lois concernant les privilèges et hypothèques qui portent sur les navires les règles que nous avons posées
quant aux droits réels accessoires qui affectent les meubles.

On peut supposer que sur un navire, soit français soit
étranger, qui est saisi et vendu en France, des droits ont

été consentis à l'étranger, dans des pays où a mouillé le navire au cours de ses voyages. Dans ces cas, la loi du lieu où les contrats ont été faits et la loi française ou loi du lieu où s'opère la saisie sont en conflit. Nous avons à nous demander à quelle loi le droit français reconnait compétence pour déterminer les causes de préférence que peuvent avoir les créanciers sur ces navires, pour régler leurs modes de constitution, leur publicité, pour fixer en un mot tout ce qui est essentiel dans leur manière d'être, dans les phases diverses de leur existence, exécution, réalisation, extinction par voie principale.

Si les règles que nous avons posées quant aux meubles, devaient être étendues aux navires, il faudrait appliquer à la plupart de ces questions la *lex rei sitæ*. Nous avons dit longuement en vertu de quels principes il fallait régir les meubles *ut singuli* par la *lex rei sitæ*. Recherchons 1° si la nature spéciale des navires, leur destination n'exigent pas qu'on leur applique des règles différentes. 2° Demandons-nous si la loi française consacre les données du droit rationnel, à supposer que celles-ci réclament l'application aux navires d'une loi autre que la loi de la situation. A ces deux questions nous répondrons : 1° Que le point de vue rationnel veut qu'on écarte en ce qui concerne les navires la *lex rei sitæ*, qu'on les régisse par la loi du pavillon ; 2° Que le droit français permet de déclarer les navires régis par la loi du pavillon.

103. — I. *Droit international privé théorique.* L'application aux navires de la loi du lieu où ils se trouvent offrirait peu d'avantages et présenterait des inconvénients considérables : nous ne voyons d'avantages pos-

sibles pour les contractants dans l'application de la loi de
la situation que si cette loi est à la fois la loi sous l'empire de laquelle leurs droits sont nés et sous l'empire de
laquelle ils se réalisent, c'est-à-dire si le navire est saisi
dans le pays où le contrat a été fait. Il se peut que dans
ce cas les contractants aient intérêt à soutenir que la loi
territoriale régit leurs droits et détermine seule les droits
qu'on peut leur opposer. En effet, en fait, peut-être ont-
ils véritablement compté sur l'application de cette loi,
sans réfléchir qu'il se pourrait très bien qu'une autre loi
régît leurs droits si la saisie avait lieu dans un autre
pays que celui où ils se sont formés. Dans ce cas, si on
leur opposait des droits non consacrés par la loi territoriale, il pourrait en résulter pour eux de gros préjudices.
Néanmoins ceux qui, en ce qui concerne les navires,
auraient ainsi, aveuglément en quelque sorte, compté sur
l'application de la loi territoriale, ne mériteraient pas
d'être protégés au détriment de ceux qui auraient mieux
compris ce que la nature et la destination des navires
réclament. Or, ne peuvent-ils pas être très nombreux les
tiers qui, tenant compte de la nature des navires, de leur
destination qui rend tout à fait éventuelle leur réalisation sur le territoire où il traitent, renonceraient volontiers à l'*alea* de l'application de cette loi pour la certitude de l'application d'une loi stable ? Les navires voya-
gent d'une mer à l'autre ; c'est leur destination ; le plus
souvent, les législations loin d'édicter des dispositions
qui soient un obstacle à leurs déplacements, en prennent
au contraire qui facilitent leur départ. Ains la loi française, article 215 C. com., déclare insaisissable le navire

prêt à mettre à la voile, sauf pour dettes pour le voyage qu'il va faire et l'on peut même empêcher cette saisie en donnant caution. De même les législations espagnole, portugaise, art. 605, 1213, déclarent insaisissables les navires étrangers pour dettes contractées hors du territoire qu'elles régissent.

Donc lors de la naissance d'un droit sur un navire, on ne peut pas dire s'il est de l'intérêt de celui au profit duquel il naît de le déclarer régi par la loi territoriale. En effet, on ignore où le navire sera saisi; on ne peut affirmer, lors du contrat, qu'il le sera au lieu du contrat; il se pourrait qu'il fût saisi à l'étranger et que la loi étrangère n'admît pas l'application de la loi du lieu où le droit est né et se déclarât seule compétente; dans ce cas, le droit pourrait se trouver modifié, amoindri, supprimé même. Ajoutons que ce sont là des éventualités susceptibles de se réaliser très fréquemment. Les navires ne sont-ils pas en effet constamment appelés à changer de situation? Aussi, en définitive, appliquer aux navires la *lex rei sitæ*, c'est n'assurer aux contractants qu'un droit incertain, aléatoiré, qui dépend du hasard des mers, qui peut aussi dépendre du caprice ou du calcul de l'armateur.

Pourtant la première condition d'un état de droit n'est-elle pas la stabilité? Les navires ont une valeur considérable et font l'objet de transactions très importantes; leur construction, leur équipement, leur approvisionnement exigent de gros capitaux; ils sont l'instrument par excellence du commerce entre nations. Il faut donc faciliter, encourager le crédit sur les navires. On n'y arrive qu'en

lui donnant des garanties. La première qu'on lui doive
est évidemment la certitude que les droits acquis seront
maintenus, que la loi qui les régit lors de leur naissance
les protégera partout.

On peut aisément assurer aux droits sur les navires
cette stabilité, en leur appliquant la loi du pavillon. Il en
résulte qu'en France les navires étrangers sont régis par
leur loi nationale, qu'à l'étranger les navires français
sont régis par la loi française. L'application de cette loi
n'est pas de nature à occasionner aux tiers qui traitent
sur le territoire où est saisi le navire un préjudice inévi-
table, que les lois doivent s'efforcer d'empêcher. L'organisation légale des navires, en effet, leur permettra d'avoir
des informations précises et faciles sur la loi de laquelle
ils relèvent, sur les droits qui les affectent, sur ceux qui
naissent pour les parties de leur contrat: 1° Les navires, à
la différence des meubles ordinaires, sont individualisés,
personnalisés ; on peut reconstituer leur passé juridique.
Ainsi, en droit français, ils ont un nom, décret 27 vendém. an II, art. 19. — La loi du 5 juillet 1838, en son
article 8, défend qu'ils en changent pendant toute la
durée du navire;—2° ils ont une nationalité qui s'acquiert,
se perd comme celle des personnes, sous des conditions
légales précises, qui est inscrite sur le registre matricule
du port auquel ils appartiennent et constatée par l'acte
de nationalité que le navire transporte avec lui, actes qui
véritablement peuvent être comparés aux actes de l'état
civil des personnes. Art. 225 C. com. fr. Décret 27 vendém. an II, art. 10 et 39; — 3° ils ont un siège fixe, un
domicile, le port d'attache, consigné au bureau de l'ad-

ministration des douanes, qui ne peut être changé que par une double déclaration analogue à celle qu'exige l'article 104 C. civ. Ord. 31 octobre 1784, tit. I, art. 7 et 11. Là sont faits les procès sur assurances, abordages, avaries, faillites, et en matière pénale, si un crime est commis en pleine mer à bord, et si les coupables sont justiciables des tribunaux maritimes, ils sont traduits devant le tribunal dans la circonscription duquel est le port d'attache. Qu'on le remarque, nom, nationalité, domicile des navires sont mieux connus que ceux des personnes. En effet le pavillon révèle extérieurement leur nationalité; en outre le nom et le port d'attache de tout bâtiment ou embarcation exerçant une navigation maritime sont marqués à la poupe, en lettres blanches de 8 centimètres au moins de hauteur, sur fond noir, sous peine d'une amende. Art. 6, L. 19 mars 1852. On rencontre au contraire des personnes qui n'ont pas de nationalité, pas de domicile; d'autres ont intérêt à les dissimuler, et y parviennent, rien ne manifestant extérieurement leur nationalité et le plus souvent, le physique, les traits ne la révélant pas.

Ajoutons que les droits sur les navires ont une publicité aussi effective, et parfois plus complète même que les droits sur les immeubles. Cette publicité résulte d'un texte formel de la loi ou est requise par une jurisprudence constante : ainsi les ventes des navires se font par écrit; on en fait transcription en douane, sur les registres du port d'attache, Loi 7 vendém. an II, art. 17 et 18; on inscrit l'acte au dos de l'acte de francisation qui est toujours à bord du bâtiment; la jurisprudence française n'en considère la propriété transmise à l'égard des tiers qu'après inscription : 1° sur le registre de douane du port d'immatricule; 2° sur l'acte de francisation. Cass. 3 juin 1863, 16 mars 1864, *contrà* Bordeaux, 26 juillet 1858, 22 août 1860. — De même, l'hypothèque doit être inscrite au bureau de la douane du port d'immatricule et sur l'acte de francisation.

Ainsi non seulement l'état des navires est mieux connu que celui des personnes, mais leur condition juridique est aussi mieux connue que celle des immeubles. Les registres matricules, en effet, équivalent aux registres du conservateur et, de plus, le navire emporte avec lui la constatation de certains des droits qui l'affectent (acte de francisation).

Il n'y a donc aucun préjudice à craindre, pour les tiers vigilants; sans doute nous n'avons cité que l'organisation que la loi française crée pour les navires, mais on peut affirmer que toutes les législations ont une réglementation analogue, que dans toutes, les navires y sont plus ou moins individualisés. La loi du pavillon n'offrirait donc aucun danger sérieux. Peut-être les tiers rencontreraient-ils quelques difficultés au début pour connaître exactement leurs droits. Mais que sont ces difficultés, au prix de la certitude qu'ils acquerraient, que partout où le navire irait, leurs droits seraient respectés et que les droits autorisés ou concédés par la loi du pavillon leur seraient seuls opposables ?

Reste une objection : n'est-il pas, dira-t-on, directement contraire à l'organisation du régime de crédit dans un pays d'admettre parallèlement à lui les régimes de

crédit étrangers ? Cela ne va-t-il pas amoindrir le régime
de crédit territorial, jeter sur lui du discrédit? Non, le
régime de crédit territorial restera-intact puisqu'aucun
des cas dans lesquels il doit être appliqué.ne sera soustrait à son application ; son prestige ne subira aucune
atteinte puisqu'il ne sera écarté que pour laisser le pas à
la loi naturellement compétente.

104. Pourtant, en l'état des législations, ce système
se heurterait à des difficultés d'application que seuls des
traités diplomatiques pourraient trancher : une loi étrangère ne peut, on le sait, sortir à effet sur un territoire
qu'autant qu'elle n'y porte atteinte à aucun principe
d'ordre public territorial. Tout ce qui concerne les voies
d'exécution des droits, les formes de la saisie, de la vente
forcée, relève donc exclusivement de la loi territoriale.
Il en résulte que les formes de procéder de la loi territoriale, les délais pour agir accordés par elle, devront être
adaptés aux régimes de crédit étrangers. Ce qui n'ira pas
sans inconvénients : en effet, les créanciers ayant leurs
droits régis par deux lois, il leur faut distinguer ce qui
relève de l'une et de l'autre; l'appréciation sera parfois
extrêmement délicate; ils pourront se tromper. — En
outre il se pourra que la procédure créée pour les droits
territoriaux ne puisse pas s'adapter aux droits étrangers.
En effet, les droits conférés par les diverses législations
étant distincts, il n'y aurait rien de surprenant que les
voies d'exécution de l'une d'elles ne pussent pas correspondre aux droits de l'autre. Ces difficultés, ces impossibilités, ces incompabilités, il faudrait des traités diplomatiques pour les faire cesser.

105. — II. Règles du Droit français. — Doit-on, en
Droit français, appliquer les solutions réclamées par le
Droit international théorique, se prononcer pour la loi du
pavillon ? Il y a dans la doctrine un courant assez prononcé
pour la loi de la situation. Pourtant, depuis quelques
années la loi du pavillon compte parmi ses partisans d'émi-
nents jurisconsultes. Les uns l'appliquent à tous les droits
sur navires, en font la règle. D'autres ne l'appliquent qu'à
certains droits. Messieurs Labbé et Renault ont soutenu la
loi du pavillon dans des notes pubiées sous arrêts. M. Lyon-
Caen a publié une remarquable étude de Droit international privé maritime, dans laquelle il démontre que la loi du
pavillon est admise par la loi française et en donne les applications. M. Clunet applique la loi du pavillon. M. Brocher distingue entre les privilèges et l'hypothèque maritime, n'admet la loi du pavillon qu'en ce qui concerne
l'hypothèque maritime. La jurisprudence française, en
principe, est pour la *lex rei sitæ*. Mais sur divers points,
depuis quelques années, elle se départit de l'application
stricte, rigoureuse de la *lex rei sitæ;* elle accepte des
équivalents aux formalités que la loi de la situation impose; parfois elle applique la loi du pavillon, se fonde sur
des arguments qui conduisent directement à sa consécration.

Nous croyons qu'on peut appliquer aux navires, en
droit français, la loi du pavillon. Une des raisons pour
lesquelles on régit les meubles par la *lex rei sitæ* est
que rien ne les individualise, ne permet de les reconnaître; qu'aucune publicité ne révèle les droits qui portent sur les meubles, sauf parfois celle résultant de la

possession, laquelle d'ailleurs n'a rien de précis puisque l'on possède à des titres très divers, que rien ne permet de distinguer extérieurement. D'où, si avant d'être en France ces meubles s'étaient trouvés à l'étranger, si des droits avaient été consentis sur eux, différents de ceux admis par la loi française, et s'ils pouvaient être opposés en France aux tiers qui auraient traité en vue de ces meubles, il en résulterait pour eux des préjudices considérables, contre lesquels ils n'auraient aucun moyen de se prémunir. Nous avons donc déclaré la *lex rei sitæ* applicable, bien que le code fût muet et que l'ancien Droit fût contraire. En somme, ce qui nous a décidé surtout, c'est le point de vue rationnel. Or, le point de vue rationnel, nous venons de dire quelle est la solution qu'il réclame en ce qui concerne les navires. Pourquoi n'y souscrirait-on pas? Y a-t-il un intérêt français supérieur, une raison d'ordre public, qui impose l'application de la loi française, exige que sur les navires étrangers, venus de l'étranger, on fasse table rase de tous les droits consentis conformément à la loi étrangère, concédés par la loi étrangère, que la loi française n'admet pas? Nous ne le pensons pas. En effet, est-ce que les tiers qui traitent en France ne peuvent pas aisément se renseigner? Déjà le pavillon leur révèle que le navire a une nationalité étrangère; tous les mouvements des navires sont mentionnés sur un registre d'entrée et de sortie des ports tenu par la douane, qui contient l'espèce, le nom du bâtiment, le lieu de destination, ce qui contribue également à fixer les tiers sur leur condition juridique; avec les papiers de bord et les renseignements pris à l'étranger, ils peuvent arriver à constituer un dossier complet de l'état des navires ; il serait donc par trop exigeant à eux, étant donnés les moyens qu'ils ont de connaître la loi qui régit le navire, de prétendre écarter cette loi et les droits consentis suivant ses prescriptions.

Evidemment les navires sont meubles |par leur mobilité et leur dénomination légale. Mais on rencontre en eux, d'une part, divers caractères qui peuvent les faire considérer comme des personnes, comme une propriété vivante; d'autre part, des règles leur sont communes avec les immeubles ; une fiction les considère, en certains cas, comme une portion du territoire de la nation à laquelle ils appartiennent; leur vente forcée a lieu dans les formes prescrites pour les immeubles; comme eux ils sont susceptibles d'hypothèque. — Autre particularité : les créanciers même chirographaires du vendeur ont sur les navires un droit de suite qui n'existe pas sur les meubles ordinaires, et qui, en matière immobilière, ne peut appartenir qu'aux créanciers privilégiés et hypothécaires. — Enfin la jurisprudence française, se basant sur les caractères spéciaux, l'organisation propre aux navires, ne leur applique pas l'article 2279, bien qu'elle n'y soit autorisée par aucun texte. Cass. Civ. 18 juillet 1870. — Nous croyons que toutes ces différences consacrées par le droit interne autorisent des différences sur le terrain du droit international privé : *ubi non eadem ratio non idem jus.*

106. — Il faut d'autant moins hésiter à appliquer aux

navires la loi du pavillon que cette décision cadre absolument avec la théorie des statuts.

Nous avons dit que l'ancien droit n'appliquait pas aux
meubles la loi de situation, mais la loi du domicile de
leur propriétaire. Il avait voulu que les droits sur meubles fussent stables, que le transport des meubles d'une
coutume dans une autre ne les fît pas changer de loi ;
la raison maîtresse de sa théorie avait été le désir de
stabilité. C'est la même nécessité pratique qui, en ce qui
concerne les navires, fait écarter la loi de la situation. Il
n'y a pas en effet de meuble qui change plus souvent de
situation. Seulement, il n'est nullement besoin de les
rattacher par fiction à la loi du domicile du propriétaire,
d'en faire une dépendance de la personne, de les confondre avec elle, de leur donner une personnalité fictive et
d'emprunt, comme le faisait l'ancien droit pour les meubles ordinaires. C'étaient là des moyens nécessaires pour
les meubles que rien ne distingue ; ce sont des fictions
inutiles pour les navires que les lois individualisent.

Ainsi la doctrine qui applique la loi du pavillon est
dans l'esprit de l'ancien droit ; elle n'en modifie que ce
qui est inutile, la fiction *mobilia sequuntur personam*,
les navires pouvant et devant relever de leur loi nationale.

107. — Faisons quelques observations critiques sur la
manière dont MM. Desjardins, Dufour, Laurent, qui
n'admettent pas la loi du pavillon, Brocher, qui l'admet
quant à l'hypothèque maritime, justifient leurs opinions.
MM. Desjardins et Dufour estimant que l'application
d'une loi étrangère porterait atteinte à la souveraineté,

écartent la loi du pavillon. Ils n'en concluent pas que les droits conférés par la loi de la situation protègent indistinctement toutes les créances qu'on veut réaliser sur les navires. Raisonnant sur le droit de suite de l'article 190 C. com., ils ne l'accordent aux créanciers qu'autant que la loi qui régit leur créance le leur confère. Nous avons démontré au chapitre sur la loi de l'obligation qu'elle n'avait pas compétence pour conférer un droit réel sur un bien situé hors de son territoire, et que le fait par les parties d'avoir choisi ou d'être présumées avoir choisi une loi pour régir leur contrat, ne contenait pas leur renonciation aux causes de préférence attachées à leur créance par les lois des pays où le débiteur a des biens. En vertu des mêmes raisons nous écartons la loi de l'obligation comme source des causes de préférence qui portent sur les navires, lorsque cette loi n'est pas la loi du pavillon. Nous reportons sur la loi du pavillon la compétence que nous accordons d'ordinaire à la loi de la situation. Seule, la loi du pavillon a le droit de fixer les droits réels qui peuvent grever le navire. Sauf renonciation formelle de leur part, les créanciers, bien que la loi qui régit leur créance ne soit pas la loi du pavillon, ont droit aux causes de préférence que cette loi attache à leur créance. Desjardins, Droit commercial maritime, t. I, n° 104, pag. 210–213. — Dufour, Droit maritime, t. I, nᵒˢ 63–68.

En théorie, M. Laurent est pour la loi du pavillon : « Autre est la question de savoir si la législation répondait aux exigences des relations commerciales » dit-il, et plus loin : « Les principes du droit civil devraient être élargis dans les matières commerciales, notamment

quand il s'agit d'un gage aussi mobile que l'hypothèque
maritime. Que devient la garantie hypothécaire si le
créancier ne peut pas l'exercer à l'étranger? Les traités
devront prévoir la difficulté. »

D'après M. Laurent, le droit français est pour la *lex
rei sitœ*. Pourtant la manière dont il apprécie le droit
français relatif au statut mobilier aurait dû, semble-t-il,
le rendre moins affirmatif. L'auteur, en effet, à propos de
décisions rendues à Anvers et à Bruxelles qui avaient refusé
de reconnaître un mort-gage anglais, critique les considérants sur lesquels elles sont fondées en des termes in-
téressants à noter. Dire comme ces décisions : « il est généralement admis que les meubles considérés individuel-
lement sont régis par la loi de leur situation actuelle, »
c'est, d'après l'éminent jurisconsulte, aller trop loin.
« *Les affirmations de ce genre sont très contestables,*
dit-il, *tout est controversé en matière de statut mobilier. Au lieu d'affirmer mieux eût valu prouver.* »
Pourquoi donc M. Laurent, sur ce terrain indécis sur lequel s'élève le statut des meubles, n'a-t-il pas, quant aux
navires, édifié, posé des bases fixes et durables ?

M. Laurent reproche à notre opinion de reposer sur
une fiction qui n'est établie que pour les matières disci-
plinaires et pénales et doit être restreinte strictement,
comme toute fiction, à l'objet pour lequel elle a été créée;
il dit qu'étendre à des rapports privés, purement com-
merciaux, une fiction ayant un caractère public c'est créer
une fiction nouvelle. Si M. Laurent entend prouver qu'à
un point de vue rigoureusement exact on ne peut appeler
les navires des personnes et on ne peut étendre la fiction

qui les rattache au territoire de la nation à laquelle ils appartiennent, il n'est personne qui ne lui donne raison. Mais là ne tend pas notre opinion. Elle raisonne de *toutes les particularités* que l'on rencontre dans l'organisation des navires et conclut que ces caractères spéciaux, ces signes distinctifs, cette destination propre, ces formalités particulières aux droits qui grèvent les navires, *en leur ensemble*, justifient, réclament des règles différentes de celles appliquées aux meubles; elle démontre que les règles du droit français ne s'opposent pas à une distinction entre les meubles ordinaires et les navires. Laurent, D. I. P., t. VII, n. 385.

M. Brocher a, quant aux causes de préférence portant sur navires, une opinion mixte. Les développements qu'il fournit conduisent à une distinction entre les privilèges et l'hypothèque maritime. Mais les raisons sur lesquelles nous avons fait reposer la loi du pavillon ne permettent pas cette distinction. Aussi les motifs en vertu desquels M. Brocher justifie la loi du pavillon quant à l'hypothèque maritime ne sont-ils pas tout à fait ceux qui nous ont décidé. Le principal raisonnement de M. Brocher, celui autour duquel il groupe tous les autres, peut se résumer ainsi : La loi de 1874 n'est écrite qu'en vue des navires français; chacun de ses articles le prouve. Ainsi l'acte de francisation y joue un rôle important. Lorsque l'hypothèque est consentie à l'étranger, c'est le consul français qui remplit les formalités. Pourtant l'hypothèque maritime a été votée, vu la possibilité qu'il y a d'avoir un droit de suite sur les navires, ajoute l'auteur. Il faut donc admettre l'hypothèque attachée aux navires par la loi de leur pavillon, substituer la nationalité à la territorialité quant aux navires, tenir compte de la fiction.

Outre que nous reprochons à l'argumentation de M. Brocher de ne porter que sur l'hypothèque maritime, nous croyons qu'il fait résulter d'importantes conséquences d'un fait duquel il nous semble qu'on ne peut rien déduire. En effet, lorsqu'une loi organise un droit qui porte sur des biens, il est tout naturel qu'elle se place en face des biens qui sont sous sa mouvance, et charge ses fonctionnaires d'accomplir les formalités diverses auxquelles elle soumet ce droit. Nous l'avons constaté à propos de l'hypothèque légale des incapables : nous avons remarqué qu'en organisant l'hypothèque, la loi nationale de l'incapable a en vue les biens territoriaux, sans nous laisser arrêter par cette difficulté. On comprend, en effet, que le législateur, au moment où il s'occupe de l'organisation de la propriété, n'ait en vue que les biens situés sur son territoire et ne songe pas aux questions de conflits de lois. Pour trancher ces questions il faut uniquement se référer aux règles posées dans la partie du Code où il en est traité. De même on s'explique que le législateur, en écrivant la loi de 1874, n'ait eu en vue que les navires français. Néanmoins si, au point de vue des conflits de lois, les navires devaient être régis par la loi de la situation, l'hypothèque maritime pourrait porter sur un navire étranger, pourvu que toutes les formalités de la loi de 1874 eussent été remplies.

Ajoutons que, même en ce qui concerne l'hypothèque maritime relativement à laquelle M. Brocher accepterait

la loi du pavillon, il n'est pourtant pas absolument catégorique, semble faire des réserves, notamment pour le cas
où la loi étrangère ne requerrait pas une publicité suffisante quant à l'hypothèque. Mais un principe doit recevoir toutes ses conséquences. Ces distinctions ne
sauraient donc être admises. — Brocher, D. I. P.,
t. II.

Faisons quelques applications de notre système :

108. — III. *Applications*. — I. — En France, sur un
navire français, on ne peut avoir d'autres droits que ceux
admis par la loi française ; sur navire étranger on peut
prétendre, mais on n'a droit qu'aux causes de préférence
consacrées par la loi du pavillon. Ainsi, tandis que la loi
française donne aux créanciers chirographaires du vendeur un droit de suite sur le navire, droit qui ne s'éteint
que par la vente judiciaire ou si la vente volontaire a été
suivie d'un voyage en mer fait par l'acheteur à ses
risques et périls, sans opposition de la part des créanciers du vendeur, les lois anglaises et allemandes né
donnent pas aux créanciers chirographaires le droit de
suite, et le code hollandais ne le leur donne que sous certaines conditions non requises en France. Article 315.
Il veut une stipulation par acte ayant date certaine, inscription sur un registre public. Les principes que nous
avons exposés voudraient que toutes les législations
permîssent à tout créancier d'invoquer un droit de suite
sur un navire français. Ils conduisent à décider que ce
droit n'existe en France sur un navire étranger que si
la loi du pavillon l'accorde. Ainsi les créanciers, Français, Anglais ou Allemands, que leurs droits soient

nés en Angleterre, en Allemagne ou en France, n'ont pas de droit de suite sur un navire anglais ou allemand. Les créanciers, Français ou Hollandais, que leurs droits soient nés en France ou en Hollande, n'ont un droit de suite sur un navire hollandais que si les conditions requises par la loi hollandaise pour que ce droit existe, ont été remplies.

De même il y a des législations qui n'admettent pas l'hypothèque maritime. Elle ne peut exister en France sur navires portant leur pavillon. — Enfin les privilèges ne sont pas les mêmes dans toutes les législations. Ainsi en France la loi de 1874 a supprimé le prêt à la grosse avant le départ. La loi grecque l'admet. Sur navire grec, en France, il existera valablement.

C'est aussi la loi du pavillon qui détermine les effets essentiels de ces droits. Ainsi, en Angleterre, le créancier hypothécaire n'a droit à l'indemnité d'assurance qu'autant que le propriétaire lui a, par avance, cédé sa créance contre l'assureur ; en Belgique le créancier hypothécaire et les créanciers privilégiés sont subrogés à l'indemnité d'assurance. En France, dans le cas de perte et d'innavigabilité, les créanciers hypothécaires ont droit à l'indemnité d'assurance qui est considérée comme subrogée au navire. Ils exercent sur elle leur droit de préférence au rang de leur date d'inscription, laquelle vaut opposition entre les mains de l'assureur. Art. 17, Loi 10 décembre 1874, française. Art. 149, Loi belge 1879. L'article 17 de la loi du 10 décembre 1874 ne disant rien des créanciers privilégiés, on en conclut que le droit commun leur est applicable. Or le droit commun ne voit pas dans l'indemnité d'assurance la représentation du bien, mais la représentation des primes payées par l'assuré, prises non sur le bien mais sur le patrimoine, et accorde l'indemnité d'assurance à tous les créanciers. Sic Desjardins, I, n° 144. En sens contraire, Laurin, I, p. 633. — Notons que le projet de loi modificatif de la loi de 1874, actuellement soumis aux Chambres, voté par le Sénat le 8 mai 1883, rétablit le droit commun sur ce point, en supprimant la disposition de la loi de 1874 qui subroge le créancier hypothécaire à l'indemnité d'assurance. Journal officiel du 8 juin 1883, annexe 1891.

Par application de la loi du pavillon, si le navire est anglais, les créanciers hypothécaires, Anglais ou Français, n'ont pas en France droit à l'indemnité d'assurance. Si le navire est belge, les créanciers hypothécaires et privilégiés, Belges ou Français, ont droit à l'indemnité d'assurance.

109. — II. De même la loi du pavillon régit les modes de constitution de ces droits dans toutes les questions les concernant auxquelles la règle *locus regit actum* ne peut s'appliquer. C'est elle qui fixe leur publicité vis-à-vis des tiers, c'est elle qui régit leur preuve lorsqu'elle est soumise à des conditions qui ne sont pas requises en droit commun, mais sont spécialement exigées en vue de ces droits.

En droit français, l'hypothèque maritime n'a qu'une source, la convention des parties. La loi de 1874 a considéré que les hypothèques légales et judiciaires étaient nuisibles au crédit. La convention des parties doit être faite par écrit. Mais, par dérogation à l'article 2127, elle

peut être faite par acte sous-seing privé. Cette hypothèque, ne .vaut vis-à-vis des tiers, ne prend rang que de
la date de son inscription sur le registre tenu par le
receveur des douanes du port d'attache. Art. 6, L. 10 décembre 1874. Mention en est faite au dos de l'acte de
nationalité et sur le contrat d'hypothèque.

La loi de 1874, article 26, contient des dispositions
relatives aux hypothèques en cours de voyage, hypothèques éventuelles. On peut hypothéquer en cours de
voyage par mandataire spécial, capitaine ou subré-
cargue. A cet effet, une inscription en blanc est
prise avant le départ sur le registre du port d'attache
jusqu'à concurrence d'une somme déterminée et men-
tionnée sur l'acte de francisation à la suite des hypothèques déjà existantes. En France et dans les posses-
sions françaises, cette mention est faite par le receveur
des douanes, à l'étranger par le consul de France ou,
à défaut, par un officier public du lieu du contrat. Cette
hypothèque prend rang du jour de son inscription sur
l'acte de francisation.

En Angleterre, pour la constitution d'hypothèque, le
commerce se contente de formules imprimées qui contiennent toutes les énonciations nécessaires pour la validité de l'acte et qu'on se borne à remplir au moment du
contrat. L'acte sur la marine marchande de 1854 fait
une distinction entre la vente et l'hypothèque des navires.
D'après les articles 55-65, la vente se fait par un acte de
vente ordinaire, qui doit être présenté à l'enregistreur,
pour l'enregistrement. L'acheteur doit déclarer qu'il est
sujet anglais, né en Angleterre. Quant à l'hypothèque,

la production de l'acte constitutif à l'enregistreur n'est pas exigée. Le créancier hypothécaire n'a pas à déclarer sa nationalité. Pourtant si l'enregistrement de l'hypothèque n'est pas exigé pour sa validité, il sert à régler le conflit entre créanciers hypothécaires. S'il y a plusieurs hypothèques enregistrées, les rangs se déterminent par les dates d'enregistrement. S'il n'y a pas eu d'enregistrement, elles ont date du jour où elles ont été concédées. Article 69, acte 54. En Grèce, la publicité des hypothèques résulte du dépôt du contrat au greffe du tribunal de commerce du port d'attache et de la transcription du contrat sur le livret du navire.

En vertu de la loi du pavillon, sur navire anglais ou grec, l'hypothèque pourra être invoquée en France pourvu que les conditions de constitution et de publicité de la loi anglaise ou grecque aient été remplies. Sur navire français l'hypothèque ne vaudra que si les conditions prescrites par la loi française ont été remplies, qu'elle ait été constituée en France ou à l'étranger.

Il est d'autant plus nécessaire d'appliquer aux modes de publicité des droits sur navires la loi du pavillon qu'il serait parfois impossible aux parties d'accomplir, en ce qui concerne un droit sur un navire étranger, les formalités prescrites par la loi française. Ainsi, qu'on suppose la vente d'un navire étranger ou une constitution d'hypothèque sur un navire étranger. Transcription et inscription n'en peuvent être faites en France, le navire n'y ayant pas son port d'immatricule. D'autre part, il est bien certain que la loi française ne peut prescrire l'accomplissement de ces formalités à l'étranger, car elle n'a pas le pouvoir de commander aux autorités étrangères.

Le projet de modification de la loi de 1874. dont sont en ce moment saisies les Chambres, et qui a déjà été voté en première lecture, modifie. les modes de publicité de l'hypothèque maritime. Article 6, prop. de loi votée par Sénat le 8 mai 1883. — Il supprime la nécessité de reporter l'inscription sur l'acte de francisation.

C'est pourtant là une de ces formalités qui pourraient être de nature à engager les Etats à signer des traités diplomatiques consacrant la loi du pavillon. Voici pourquoi : supposons un navire français à l'étranger ; des contrats relatifs à ce navire sont sur le point d'être faits. Dans ce cas l'inscription sur l'acte de francisation qui est à bord, des droits qui grèvent le navire, présente des avantages très appréciables. En effet, les seuls inconvénients de la loi du pavillon, c'est qu'elle occasionne aux personnes qui veulent contracter certaines craintes, est cause de certaines lenteurs dans les transactions, oblige à s'informer à l'étranger de la situation du navire, à consulter les registres du port d'attache pour la connaître. Que si l'acte de bord, juridiquement, de par la loi du pavillon, fournit aux parties ces renseignements, cela leur évite ou rend moins indispensables les informations prises au port d'attache qui. bien que faciles, sont coûteuses, prennent du temps. Donc, si la loi du pavillon était admise à l'étranger, la nécessité de reporter l'inscription sur l'acte de bord serait très favorable aux transactions dont les navires français y seraient l'objet. Il semble que pour encourager les législations à appliquer la loi du pavillon, il faudrait, loin de supprimer des formalités qui ont de tels avantages, s'ingénier au contraire à en augmenter le nombre.

Quoi qu'il en soit, les Chambres proposent de supprimer l'inscription sur l'acte de bord. Le projet voit là une formalité formant en quelque sorte double emploi, une superfétation, une complication. Il s'est surtout inspiré de la loi anglaise.

110. — Ainsi nous déclarons les hypothèques sur navire étranger, qui ont été constituées et rendues publiques selon les formes de la loi du pavillon, valables en France : 2° les hypothèques sur navires français, constituées, où qu'elles l'aient été, selon les prescriptions de la loi de 1874, valables en France. Mais ne peut-on pas nous objecter l'article 2128, C. civ. qui n'admet pas l'existence, l'efficacité, la validité des hypothèques sur immeubles français consenties par contrat authentique à l'étranger?

Ne peut-on pas, argumentant de cet article, dire que les hypothèques consenties à l'étranger, sur navire étranger ou français, ne sont pas valables en France, que les contrats faits à l'étranger ne sont qu'un titre servant de preuve pour obtenir un jugement de condamnation, jugement qui, à la différence de ce qui se produit pour les immeubles, ne rendrait pas inutile la constitution d'hypothèque, puisqu'il n'en résulterait pas d'hypothèque judiciaire sur les navires, comme il en résulte hypothèque judiciaire sur les immeubles du débiteur condamné?

En vertu de la loi du pavillon, il n'est pas douteux que

la constitution d'hypothèque sur navire étranger, faite à l'étranger, est valable en France, si elle est conforme à la loi étrangère. En effet, à supposer que l'art. 2128 dût régir les navires, il ne s'appliquerait pourtant qu'aux navires qui relèvent de la loi française et serait lettre morte pour ceux qui ne font pas partie des biens auxquels ses règles s'appliquent.

Nous n'avons donc, en définitive, qu'à démontrer que l'article 2128 ne doit pas s'étendre aux hypothèques consenties à l'étranger sur navire français. On peut dire, dans le sens de l'application de l'article 2128 aux navires, que la loi de 1874 contient seulement des dispositions qui relatent des différences entre l'hypothèque maritime et l'hypothèque des immeubles, et que dans toutes les questions non tranchées par elle on doit avoir recours au droit civil.

Nous ne croyons pas qu'il soit nécessaire, au point de vue spécial qui nous occupe, d'examiner cette délicate question, de rechercher notamment s'il faut conclure de ce fait que la loi de 1874 mentionne certaines dispositions qui sont au Code civil, tel l'article 2151 sur les intérêts, qu'en dehors des cas où la loi de 1874 reproduit le Code, il faut écarter ses règles.

Nous en donnons une double raison : 1° l'une, déjà connue, c'est que l'article 2128 ne cadrant pas avec les principes du Code en matière hypothécaire doit être strictement restreint à l'hypothèse qu'il désigne ; 2° la deuxième, c'est que la loi de 1874 fournit de puissantes inductions pour décider que l'article 2128 ne s'applique pas aux navires.

1° Nous l'avons dit longuement ; le législateur, ayant admis que l'hypothèque découlait de la convention des parties, n'aurait pas dû empêcher cette convention de se former valablement à l'étranger ; l'article 2128 est un nons-ens. Il ne faut pas l'appliquer en dehors du cas qu'il énonce. Or, en 1804, les hypothèques sur meubles n'étaient pas consacrées ; l'hypothèque maritime n'existait pas ; l'article 2128 n'avait très certainement en vue que les immeubles. Il ne faut donc pas l'étendre aux navires.

—2° De plus nous ne trouvons dans la loi de 1874 aucune disposition qui puisse par quelque côté rappeler l'ancien Droit. Tandis que l'hypothèque des immeubles doit être consentie par acte authentique, ce qui, étant donné le rôle qu'avait joué l'authenticité en matière hypothécaire dans l'ancien Droit, a pu être une des raisons de l'erreur du législateur de 1804, la loi de 1874 déclare qu'un acte authentique n'est pas nécessaire, que l'hypothèque est valablement consentie par acte sous seing privé.

Enfin, l'article 26 de la loi de 1874 nous paraît trancher absolument le débat. Il organise les hypothèques éventuelles consenties dans un port autre que le port d'immatricule, port qui peut être étranger, et il dit : « *elles prennent rang du jour de leur inscription sur l'acte de francisation.* » Or, si l'article 2128 était applicable, l'hypothèque n'existerait, partant ne pourrait prendre rang qu'après qu'un jugement de condamnation aurait été prononcé.

Constatons que l'article 26 de la loi de 1874 est modifié par la proposition de loi dont sont saisies les Chambres, art. 33, § 2. L'hypothèque n'existerait plus vis-à-vis des tiers que du jour de l'inscription sur les registres du port d'immatricule. Cette modification est la transaction heureuse proposée par le Sénat à la Chambre des députés qui, effrayée des dangers qu'offrait l'hypothèque éventuelle par suite soit de sa clandestinité, soit de l'aléa de son existence, avait décidé que l'hypothèque ne pourrait plus être constituée à l'étranger. Il y a là la preuve que nos législateurs ne mettent pas en doute que, sous l'empire de la loi de 1874, les hypothèques consenties sur un navire français à l'étranger ont existence et effets sans qu'il soit besoin d'en passer par les exigences de l'article 2128.

111. — Ce n'est pas à dire pourtant que l'article 2128 soit sans application aucune en ce qui concerne les hypothèques nées à l'étranger. Il faudra s'y être conformé pour pouvoir procéder à un acte d'exécution en France. De par le jeu des articles 546 C. pr. et 2128, il faut avoir obtenu un jugement de condamnation pour pouvoir exécuter un acte fait à l'étranger, à moins qu'il n'ait été dressé à l'étranger à la chancellerie du Consultat français, cas auquel il a de lui-même force exécutoire.

Les articles 2128, 546 C. pr. ne sont applicables qu'aux actes d'exécution. Ainsi, si le navire a été saisi, si une collocation est ouverte sur son prix, ceux qui ont obtenu hypothèque par contrat consenti à l'étranger, n'ont pas besoin de demander en France jugement de condamnation pour se faire colloquer à leur rang. La collocation d'un créancier dans un ordre ou une distribution par contribution n'a rien de commun avec la force exécutoire. Des créanciers pouvant invoquer seulement un acte sous seing privé se font valablement colloquer.

Le code de commerce consacre deux articles à la preuve des privilèges, les articles 192 et 134 C. com. ; ils ne s'appliquent qu'aux navires français. Si en France un privilège est réclamé sur un navire étranger, on consultera la loi étrangère pour l'administration de la preuve de ce droit. Ici, comme pour la publicité, en outre des raisons générales en faveur de la loi du pavillon, on rencontre parfois cette raison spéciale qu'exiger l'accomplissement des formalités des articles 192 et 134, serait imposer des formalités impossibles à réaliser en ce qui concerne les navires étrangers. Ainsi, les gens d'un équipage étranger ne pourraient pas présenter un rôle d'armement et de désarmement aux bureaux de l'inscription maritime française. Ils se verraient donc refuser leur privilège parce qu'ils n'ont pas rempli une formalité que la loi française ne leur donne pas le moyen pratique de remplir.

112. — Dans certains cas, il est difficile de dire s'il faut maintenir la loi du pavillon ou appliquer la loi territoriale. Citons-en deux :

1° L'article 215. C. com. dit insaisissables les navires prêts à mettre voile, sauf pour dettes contractées pour le voyage. Cet article s'applique-t-il aux navires étrangers comme aux navires français ? M. Lyon-Caen le dit exclusivement applicable aux navires français. L'éminent professeur ne déroge pas, dans ce cas, à la loi du pavillon. Études D. I. P. maritime, n° 24 ; Revue critique, 1883, p. 645. — Le tribunal civil de Nice, le 25 juin 1883, a déclaré l'article 215 applicable aux navires étrangers. Le Droit, 3, 4 sept. 83 ; Journal D. I. P. 1884, p. 69.

La question nous paraît délicate. Nous serions porté à voir dans l'article 215. C. com. une disposition de la loi des saisies, d'une application générale, de nature à faire écarter la loi du pavillon. L'article 215 est général en ses termes ; de plus, son esprit n'est pas douteux, il veut favoriser le commerce maritime ; dans ce but il supprime des obstacles au départ des navires. Or, le commerce d'un pays ne confie pas toutes ses exportations à la marine marchande nationale ; des chargements sont faits sur navire étranger, et il y a intérêt à ce qu'ils arrivent à destination. En outre, les questions d'insaisissabilité sont si intimement liées à la saisie, aux conditions auxquelles elle est possible, qu'il nous paraît difficile de soutenir que l'article 215 ne s'applique pas aux navires étrangers. Signalons pourtant une décision du tribunal civil d'Anvers du 11 janvier 1877, qui déclare que l'article 215 C. com. n'est applicable qu'aux navires nationaux. Belgique judiciaire, 1877, p. 846, voir n° X. Revue de Gand, 1881.

2° Comme les personnes, les navires peuvent changer de nationalité. Ainsi un navire étranger a pu devenir français. Dans ce cas, la loi française sanctionne-t-elle les droits consentis sur ce navire à l'étranger, conformément à la loi étrangère, pendant qu'il était étranger ? De plus, ces droits sont-ils garantis par les causes de préférence que la loi française attache à leur cause et qui les auraient garantis, s'ils étaient nés sur un navire français ? Ainsi, le navire était anglais avant de devenir français.

La loi anglaise ne donne pas aux créanciers chirographaires le droit de suite. Les créanciers dont les droits
sont nés antérieurement à la francisation, l'ont-ils? La
loi anglaise admet le pledge, le mort-gage. Les créanciers
qui ont acquis ces droits antérieurement à la francisation,
les conservent-ils? Nous croyons qu'il faut écarter tous
les droits obtenus de par la loi du premier pavillon, qui sont
contraires à la réglementation faite par la loi française.
En effet, admettre parallèlement aux droits nés depuis la
francisation, lesquels relèvent de la loi française, des
droits conférés par une loi étrangère, serait donner
cours à toutes les difficultés et à toutes les impossibilités
de combinaison que nous avons si souvent signalées
dans cette étude. En outre, les tiers qui ont traité depuis
la francisation pourraient éprouver des préjudices si des
droits autres que ceux admis par la loi française leur
étaient opposés, préjudices qu'ils n'éviteraient pas aussi
aisément que ceux que peuvent éprouver les personnes
qui, traitant sur leur territoire quant à un navire étranger, ont cru qu'il relevait de la loi territoriale, ont compté
sur son application, et se sont vu opposer la loi du pavillon. En effet, le pavillon leur dit que le navire est
français. N'est-il pas très plausible que l'idée ne leur
vienne pas de contrôler s'il a toujours été français? Cette
manifestation extérieure de la nationalité du navire
n'est-elle pas de nature à les induire en erreur? M. Lyon-
Caen admet toutefois: 1° que les droits acquis avant la
dénationalisation subsistent; 2° l'éminent jurisconsulte
accorde en outre aux créanciers les garanties dont les
protège la loi du nouveau pavillon.

113. — IV. — *Jurisprudence*. Quelle est la jurisprudence sur ces questions ? En principe, la jurisprudence française applique aux navires, quelle que soit leur nationalité, la loi française. Pourtant il y a un certain nombre de questions concernant les navires étrangers, relativement auxquelles elle n'exige pas que la loi française ait été observée. — En ce qui les concerne, elle se rapproche, dans des limites plus ou moins larges, et plus ou moins ouvertement, de la loi du pavillon; parfois même elle l'applique.

Passons en revue successivement les décisions de jurisprudence qui se prononcent pour la loi de la situation, et celles qui révèlent une tendance marquée à l'écarter.

114. — La jurisprudence n'admet sur les navires, en France, d'autres droits que ceux reconnus par la loi française. Ainsi avant la loi du 10 décembre 1874, elle ne sanctionnait pas les hypothèques sur navires étrangers. La Cour de Caen décidait, le 12 juillet 1870, que la constitution en Angleterre d'un droit de mort-gage ou hypothèque conformément à la loi anglaise, au profit d'Anglais sur navire anglais, appartenant à un Anglais en France, était inefficace en France, les meubles n'y étant pas susceptibles d'hypothèques. Constatons pourtant que le tribunal civil de Honfleur, le 9 avril 1870, avait maintenu l'hypothèque. Mais il n'en avait donné aucune des raisons sur lesquelles nous nous fondons. Il avait dit: Le contrat est valablement fait. Il faut qu'il puisse sortir à effet en France. En effet, jusqu'à la faillite le propriétaire du navire a eu le droit de le vendre.

L'hypothèque est un droit moindre que la propriété,
n'est qu'un démembrement de la propriété. Il faut l'admettre. C'était sortir de la question, qui n'était pas de savoir
si l'hypothèque est un droit moindre que la pleine propriété, mais si les démembrements de la propriété, non
organisés par la loi française, peuvent être exercés en
France. Donc si le tribunal de Honfleur admettait que
les navires relèvent de la loi de situation, il ne devait pas
accorder sur navires des droits que la loi de la situation
ne reconnaissait pas. — La Cour de cassation, le
19 mars 1872, a confirmé l'opinion de la Cour de Caen.
D. 72. 1.238. — Voir aussi Tr. civ. Marseille, 13 juin 74,
Trib. comm. Vannes, 27 juillet 74, confirmé par Rennes,
14 avril 75.

La jurisprudence est tellement fixée en ce sens que,
non seulement lorsque la question des droits sur navire
se pose en France, elle ne consulte pour la résoudre
que la loi française, mais encore, qu'elle approuve les
solutions prises à l'étranger qui appliquent la loi étrangère territoriale au détriment de créanciers français
que la loi française favorise plus que la loi étrangère.
Ainsi, la Cour de Rouen décidait, le 22 juillet 1873, que
l'existence des privilèges et l'ordre dans lequel ils
s'exercent sont régis par la législation particulière à
chaque État; que le consul qui a fait vendre les débris
d'un navire naufragé en pays étranger, a pu valablement
remettre le prix à un créancier dont le privilège avait
été judiciairement reconnu par les tribunaux du pays
sans faire valoir la priorité qui, d'après la loi française,
aurait appartenu à la créance privilégiée des matelots

pour leurs gages et loyers, alors qu'il n'était pas établi que cette priorité fût consacrée par la loi du lieu où le payement avait été effectué. D. 74. 2. 181.

Il résulte d'un jugement du tribunal de Marseille du 8 juin 1874, confirmé par arrêts de la cour d'Aix du 22 mai 1876, de la Cour de cassation du 25 novembre 1879, et de la Cour de Grenoble, chambres réunies, du 11 mai 1881, qu'en France, on ne peut prétendre sur navire grec à un prêt à la grosse consenti avant le départ, l'article 27 de la loi du 10 décembre 1874 ayant abrogé le prêt à la grosse avant le départ. — La *Loi*, 22 mai 1881 : avocat général, Sarrut. — D. 83, 2. 65 et *note* Levillain. Aff. *Barbaressos c. Nicolaïdes.*

Constatons toutefois que parfois la jurisprudence admet que les droits, non reconnus par la loi française, qui ont été obtenus sous l'empire d'une loi étrangère, ont, parmi les droits consacrés par la loi française, un équivalent qu'elle leur substitue. Ainsi le tribunal de Marseille a jugé en 1881, que bien que la loi grecque du 13-25 novembre 1851 n'ait pas organisé en Grèce le fonctionnement de l'hypothèque dans la forme où l'a fait la loi française, on trouve, dans l'ensemble, les véritables caractères de l'hypothèque maritime; qu'on doit donc attribuer au prêt fait en Grèce sur navire grec, avant son départ, conformément à la loi grecque, tous les droits attachés en France au prêt hypothécaire, cela malgré la qualification de prêt à la grosse et l'élévation du taux de l'intérêt. Nous voyons dans ces assimilations, dans ces substitutions d'un droit à un autre la preuve que la jurisprudence française, autant qu'il est en son pouvoir, évite de refuser sa sanction aux droits acquis sur les navires.

Mais nous ne croyons pas que cette analyse, ces appréciations sur l'analogie qui peut exister entre droits différents, conférés par des lois différentes, puissent donner des résultats certains, et qu'on puisse affirmer sans arbitraire qu'un droit qui n'existe pas en France équivaut à un autre droit qui y existe. Ces assimilations, que la jurisprudence s'efforce de faire, contiennent au fond la preuve que la stricte et rigoureuse application en ces matières de la loi de la situation est impossible ; elles sont une application dissimulée, ignorée peut-être, de la loi du pavillon.

115. — En ce qui concerne les modes de preuve et les modes de publicité de ces droits, la jurisprudence française contient aussi des décisions qui se prononcent pour l'application de la *lex rei sitæ* mais le plus souvent elle l'écarte et a des tendances très marquées à appliquer la loi du pavillon. Citons quelques décisions qui ont déclaré la *lex rei sitæ* applicable ; précisons les progrès opérés par d'autres décisions.

La Cour d'Aix, le 9 décembre 1870, décidait que le créancier étranger qui réclame le bénéfice d'un privilège établi par la loi française doit prouver l'accomplissement des formalités exigées par cette loi ; que spécialement le privilège accordé au prêteur qui a fourni les fonds pour les besoins du navire pendant le dernier voyage, ne peut être exercé qu'autant que la nécessité de l'emprunt est justifiée au moyen d'états arrêtés par le capitaine et les principaux de l'équipage ; et cela alors même

que le dit emprunt aurait été contracté à l'étranger pour
un navire étranger et par un capitaine étranger ignorant
la loi française ; que de même le privilège attribué au capitaine et aux gens de l'équipage pour les gages et loyers
du dernier voyage n'a lieu que si lesdits gages et loyers
sont justifiés par les rôles d'armement et de désarmement arrêtés dans les bureaux de l'inscription maritime,
sans que les réclamants puissent prétendre que leur qualité d'étrangers, non soumis aux règles de l'inscription
maritime, les dispense de l'accomplissement de cette
formalité.

2ᵉ Dans l'affaire *Barbaressos*, la cour d'Aix a jugé,
le 22 mai 1876, que l'hypothèque donnée sur un navire
en pays étranger ne peut produire des effets en France
qu'à la charge, par le créancier, de se conformer aux prescriptions de la loi française. En l'espèce, le créancier
n'avait pris aucune inscription en France; il avait transcrit son contrat au tribunal de commerce de Syra, ce
qui, pour la cour d'Aix, ne pouvait ni équivaloir, ni sup-
pléer. La cour disait qu'il n'y avait pas à se préoccuper de
l'impossibilité pour le créancier de prendre inscription,
d'autant que l'inefficacité absolue d'une hypothèque contractuelle venant de l'étranger serait d'accord avec l'esprit général de la loi française, article 2128. Sic. Rouen,
31 juillet 76, J. P. 77, 577. — S. 77. 2., 129., — le
Havre, 14 août 77. Le Droit, 20 décembre 77.

- Pourtant les décisions les plus nombreuses et les plus
récentes sur des questions relatives soit à la publicité
soit à la preuve de ces droits, ne déclarent plus néces-

saire l'application de la loi de la situation, et assez souvent optent pour la loi du pavillon : .

1° La cour de Caen a décidé, le 7 février 1878, sur renvoi de la cour de cassation, que l'acte de nantissement sous forme de vente passé en Angleterre, dans la forme de la loi du pavillon, était valable à l'égard d'un navire anglais même mouillé dans les eaux françaises.

2° Le tribunal de commerce de Marseille a, le 25 juillet 1872, opposé la loi grecque à un créancier français dans les circonstances suivantes. D'après la loi grecque, les navires ne sont affectés au payement des dettes du vendeur que si inscription a été faite sur un registre spécial que le capitaine doit avoir à son bord. Le négociant grec, qui achète d'un autre Grec un navire de nationalité grecque, est fondé à payer comptant s'il ne trouve sur le registre l'inscription d'aucune dette. Le tribunal de Marseille a décidé que cette vente et le payement ne pouvaient être attaqués comme frauduleux par le créancier même français qui aurait négligé de requérir l'inscription de sa créance. — Recueil de Marseille, 1872. I, 22.

3° De même, dans l'affaire *Barbaressos*, la Cour de cassation, contrairement à l'arrêt d'Aix, a décidé, le 25 novembre 1879, que peu importait que les formalités prescrites par la loi française, n'eussent pas été remplies, si la loi du pays du navire avait été observée ; que l'article 6 ne s'appliquait qu'à l'hypothèque des navires français. La cour de Grenoble, chambres réunies, s'est rangée à cette manière de voir, le 11 mai 1881.

4° Enfin, en 1881, á Marseille, le tribunal a admis, sur

navire grec, une hypothèque constituée selon les prescriptions de la loi grecque, 4 avril, Clunet. 82. p. 302.

Il semble donc bien que quant aux modes de constitution et de publicité de ces droits, l'admission de la loi du pavillon est définitive. Rien d'étonnant qu'on s'y soit rallié. Nous l'avons dit, le plus souvent les modes de publicité organisés par la loi française ne sont pas réalisables en ce qui concerne les navires étrangers. En effet, ils sont accomplis au port d'attache, et les navires étrangers n'ont pas leur port d'attache en France ; ils ne peuvent l'être à l'étranger, la loi française ne pouvant pas prescrire à des fonctionnaires étrangers l'accomplissement de certaines formalités.

De même, en ce qui concerne la preuve que la loi française exige des créanciers privilègiés pour qu'ils puissent prétendre à leur droit, la jurisprudence française, lorsque ces créances privilégiées sont réclamées sur navires étrangers, ne se prononce pas toujours dans le sens rigoureux de l'arrêt de la cour d'Aix de 1870, qui aboutit à imposer aux créanciers l'accomplissement de formalités qu'il leur est matériellement, légalement impossible d'accomplir. Ainsi, en 1881, 31 décembre, le tribunal de commerce de Marseille a jugé que, quand une distribution par contribution est ouverte en France, sur le prix d'un navire étranger saisi en France, le privilège accordé par l'article 191, C. com. aux marins et gens de l'équipage, est régulièrement justifié par les rôles d'armement et de désarmement arrêtés dans les bureaux du consulat de la nation à laquelle le navire appartient ; qu'il en est de même du privilège accordé pour les sommes payées à titre de droit de tonnage, de navigation, etc., dont l'avance est constatée par les pièces émanant du consul étranger. Ce jugement raisonne ainsi. En fait, toutes les formalités prescrites par la loi française, qui ont pu être accomplies devant les fonctionnaires que la loi française en charge, l'ont été. Celles que les fonctionnaires français ne pouvaient pas remplir ont été accomplies devant le consul étranger. Or la loi française substitue les consuls français aux fonctionnaires français, tels que les préposés à l'inscription maritime, dans les pays où il n'y a que des consuls. Il faut étendre cette assimilation aux consuls étrangers pour les cas où les formalités, en ce qui concerne un navire étranger, ne sont pas susceptibles d'être accomplies devant un fonctionnaire français.

Le jugement invoque aussi la fiction qui fait des navires une portion détachée du territoire de l'État auquel ils appartiennent. On ne peut que souscrire au résultat consacré par ce jugement : le maintien des privilèges dont la cause avait été constatée par le consul étranger. Mais en droit, il y arrive par des raisonnements indirects, d'une vérité douteuse, et ne dégage pas les raisons décisives, ne fait que les indiquer sans en déduire les conséquences. Faisons sur ce jugement quatre observations critiques. Il aurait dû dire : 1° Il s'agit de droits sur navire étranger ; leur preuve relève de la loi du pavillon. Au contraire, il pose en principe que les formalités de la loi française sont prescrites, admet seulement que celles qui ne pourront pas être accomplies par les autorités françaises, pourront l'être par les consuls de la nation à laquelle les navires appartiennent. Il aurait dû déclarer les formalités requises par la loi du pavillon, seules nécessaires. 2° De même seule la loi du pavillon pouvait permettre à ses consuls d'accomplir les formalités par elle prescrites. Le jugement ne pouvait pas raisonner de la loi française pour donner ce pouvoir aux consuls étrangers. 3° Il semble en outre résulter du jugement qu'il faut que les consuls étrangers remplissent les formalités françaises. Pourtant la loi française n'a pas à leur indiquer les actes qu'ils doivent faire et la forme dans laquelle ils doivent les faire . 4° Enfin le jugement raisonne de l'assimilation que font nos ordonnances de 1681 et 21 novembre 1833, entre fonctionnaires français et consuls français, et en conclut à l'assimilation entre nos fonctionnaires et les consuls étrangers. Il n'y a pas lieu de faire cette assimilation.

116. — Il nous reste à dire quelle portée la jurisprudence française donne à l'article 2128 quant aux contrats d'hypothèque faits à l'étranger, concernant des navires étrangers ou français. La jurisprudence n'a eu à connaître directement ou indirectement de cette question qu'à propos des navires étrangers. Dans l'affaire *Barbaressos*, il en était question. Seulement l'affaire se présentait à la suite d'un jugement du tribunal de commerce de Marseille ayant rendu exécutoire le contrat grec duquel résultait l'hypothèque. D'où la question de savoir si la force exécutoire était nécessaire pour que l'hypothèque pût être invoquée, ne se posait pas directement. Pourtant la cour suprême fait intervenir, comme motifs de la décision qui casse l'arrêt de la Cour d'Aix, des considérants qui peuvent laisser entrevoir quelle est la théorie sur ce

point. L'arrêt de la Cour de cassation déclare que les navires étrangers étant, par une fiction, une partie du territoire de la nation à laquelle ils appartiennent, étant biens étrangers, il n'y a pas lieu de leur appliquer l'article 2128 qu'invoque l'arrêt d'Aix. Elle dit: « Si, de par l'article 2128, le contrat passé à l'étranger ne peut donner hypothèque sur les biens de France; ce texte, terme et esprit, ne s'applique qu'aux immeubles situés en France et ne peut être étendu aux navires étrangers, accidentellement en France, et qu'une fiction légale, sur laquelle repose la sécurité des mers et du commerce maritime, répute partie intégrante du pays dont ils portent le pavillon. Il doit suffire que ces contrats aient été déclarés exécutoires. » Ainsi, la raison pour laquelle la Cour de cassation écarte l'article 2128 est qu'il s'agit d'un navire étranger qui, par fiction, fait partie du territoire étranger, auquel dès lors l'article 2128 ne peut s'appliquer puisqu'il ne concerne que les biens français. Il semble qu'il faille en conclure que la même fiction, appliquée aux navires français, aurait conduit la jurisprudence à régir les contrats d'hypothèque consentis à l'étranger sur navire français, par l'article 2128. On ne peut rien affirmer pourtant, car le juge qui, dans l'espèce d'un navire étranger, étayait sa décision sur un raisonnement concluant, à savoir que le navire étranger relève de la loi de son pavillon, ce qui écartait *a priori* l'article 2128, très vraisemblablement en présence d'un contrat d'hypothèque fait à l'étranger quant à un navire français, aurait examiné la question de savoir si l'article 2128, qui ne parle que des immeubles, s'étend aux navires français, et rien ne permet de préjuger ce qu'il aurait décidé à cet égard.

Quoi qu'il en soit, les applications que la jurisprudence fait de l'article 2128 en nos matières nous amènent à présenter une double critique : 1° l'une sur la portée qu'elle donne à l'article 2128 ; 2° l'autre sur la manière dont elle interprète l'article 546 C. pr. relativement à l'exécution des actes étrangers.

1° Nous avons déclaré que, de par les articles 546 C. pr. et 2128 combinés, il fallait obtenir un jugement de condamnation, pour arriver à un acte d'exécution, mais dans ce cas seulement. Pourtant la jurisprudence, dans des cas où il ne s'agissait pas d'un acte d'exécution véritable, a raisonné sur ce fait que l'acte avait été déclaré exécutoire, raisonnement qui implique que si l'acte n'avait pas été déclaré exécutoire, elle aurait refusé le droit.

Constatons pourtant un progrès, dans une décision du tribunal de Marseille du 4 avril 1881, qui déclare que l'hypothèque maritime légalement conférée en pays étranger, sur un navire étranger, peut produire ses effets en France, lorsque le titre d'où elle résulte y a été déclaré exécutoire ; que cependant l'existence du titre est indépendante de l'*exequatur* ; qu'ainsi le délai fixé par l'article 213 pour la production des titres de créance dans la distribution du prix des navires n'entraîne déchéance que pour le cas où le titre lui-même n'aurait pas été produit dans le délai ; que si ce titre, souscrit à l'étranger, avait besoin d'être déclaré exécutoire, par jugement du tribunal français, le créancier qui l'a produit dans le délai n'est pas forclos pour n'avoir fait rendre ce jugement qu'après le délai, et même après clôture provisoire du règlement.

Ce jugement est un progrès en ce sens qu'il a admis qu'on pût produire les titres de créance dans la distribution, bien qu'on n'eût pas obtenu encore l'*exequatur*. Mais il aurait dû aller plus loin et dire qu'à aucun moment il n'était besoin, pour produire, d'avoir obtenu un jugement de condamnation. Car ce n'est pas là un acte d'exécution.

2° Le tribunal de Marseille a dit dans l'affaire Barbaressos : « Les articles 546-2123-2128, pour donner force parée *aux actes* comme aux jugements étrangers, veulent *qu'ils aient été déclarés exécutoires* par la juridiction française. » De même d'autres décisions déclarent que l'acte fait à l'étranger est ou doit être déclaré exécutoire. Ce n'est pas exact. L'article 546 renvoie distributivement à l'article 2123 pour les jugements et à l'article 2128 pour les actes. Or, l'article 2128 veut *un jugement de condamnation* pour que les contrats d'hypothèque sur immeubles français, faits à l'étranger, aient effet en France. C'est donc *un jugement de condamnation* qu'on devra obtenir pour arriver à l'exécution des contrats faits à l'étranger.

TABLE DES MATIÈRES

PRINCIPES

DU

DROIT INTERNATIONAL PRIVÉ

DANS LEUR APPLICATION AUX

PRIVILÈGES ET HYPOTHÈQUES

AU POINT DE VUE DU DROIT POSITIF FRANÇAIS

Imp de la Soc. de Typ. - Noizette, & r. Campagne-Première. Paris.

9 782019